교회와 여성의 리더십

침례교신학연구소 편

침례신학대학교출판부

추 천 사

『교회와 여성의 리더십』 출간에 즈음하여

　개화기의 기독교는 여성의 각성과 분발에 크게 의존하였다. 여러 개신교 교파들 가운데에 특히 감리교는 1885년에 이미 미신 타파와 새 교육을 지향하면서 이화여자대학교의 전신인 이화학당을 설립하고 여성교육의 기치를 높이 들었다. 17세기 프랑스의 사회학자 샤르르 푸리에는 "한 사회의 발전의 척도는 그 사회의 여성의 자유로움에 있다…. 그 사회의 질서는 여성을 사닥다리 꼭대기에 끌어 올려야 바로 설 수 있다"고 말했다.

　한국사회에서의 여성사는 가히 눈물과 고통의 역사라고 말할 수 있을 것이다. 일본 제국주의 시대에는 수많은 여성들이 정신대에 끌려가서 수욕을 당했으며 1960년대 말부터 시작된 산업사회에서는 값싼 노동력으로 전락하여 민족의 고통을 대신졌다. 어떤 사회학자는 한국의 여성들은 여섯 가지 "ㅂ"에 시달려 왔다고 말했다. 그것은 배움, 벌이, 밥, 방, 병, 빚이었다. 이것은 우리의 어머니들이 시대의 고뇌를 홀로 지고 고군분투 한 역사를 웅변하고 있다.

이와 같은 수난의 역사 속에서도 여성들은 꿋꿋하게 제 자리를 지키면서 이 나라와 우리 사회의 발전의 원동력이 되었으며, 특히 교회 안에서의 활동은 괄목할 만한 것이었다. 침례교 여선교회는 총회가 변변한 회관을 가지지 못하였고 있던 시절에 이미 강남에 단독 건물을 마련하고 총회의 발전에 못지 않게 활약하고 있다.

차제에, 우리 대학 신학연구소가『교회와 여성의 리더십』에 관한 여러 새 논문을 묶은 책을 펴내게 된 것은 여성과 교회 역사에 하나의 새로운 이정표를 놓는 것과 같은 일이라고 생각한다. 이 책은 우리 대학 교수 열 명이 성서 속의 여인상, 교회사 속의 여성, 남침례교회 안에서의 여성, 한국사회와 교회 안에서의 여성의 역할 등의 주제를 가지고 집필한 논문이다. 이 책이 한국교회 여성사의 한 페이지를 장식하며 뭇 여성들에게 긍지와 사명을 되새겨주는 역할을 할 수 있기를 기대한다.

2006년 3월 8일
세계 여성의 날에

침례신학대학교
총장 도 한 호

발 간 사

　한국교회 구성원의 약 70%가 여성이다. 그들의 지위와 역할 향상 그리고 리더십 배양 문제, 특히 여성 사역자의 목사안수의 문제는 어제 오늘에 발생한 새로운 이슈가 아니다. 이미 여러 개신교단에서 안수 받은 여성목회자를 배출하고 있고 초교파적으로 활발하게 활동하고 있는 것이 현실이다. 물론 아직도 많은 교단들이 여성의 목사안수를 망설이고 있는 형편인 것이 사실이다. 하지만 이 문제는 21세기에 하나님의 나라를 위해 일해야 할 오늘날의 한국교회가 반드시 해결해야 할 당면과제 중 하나라고 판단된다. 이런 상황 속에서 우리 기독교한국침례회에서는 이 문제에 대하여 그 동안 몇 분의 목사님들이 교단 신문 지상에 자신의 의견을 피력하거나 총회에서 몇 차례 안건으로 채택되어 부결되기는 했어도 이 문제에 대한 보다 전문적인 의견을 청취하려고 시도한 적은 없었던 것으로 보인다. 따라서 본 연구소에서 "여성 목사안수"라는 주제를 화두로 삼아 신학자들의 전문적인 연구를 요청하고 그것을 한 권의 책으로 교단과 교회 앞에 선을 보이게 된 것은 참으로 시의적절하고 환영할 일이라고 말하고 싶다. 우리는 여기에 실린 글들을 중심으로 본 교단의 목회자들이 여성사역자의 안수 문제를 보다 효과적으로 충분하게 논의할 수 있기를 기대해 본다.

    이 책은 본 연구소에서 『교회와 여성의 리더십』이란 연구 과제를 미리 설정한 후 세부적인 주제를 나누고 그것을 연구하기에 충분하다고 판단한 침례신학대학교의 전공 교수들에게 연구를 의뢰한 것이다. 아쉬운 점이 있다면 이 책의 연구논문을 쓴 저자들 가운데 단 한 명의 여성 학자도 이 작업에 참여하지 못했다는 사실이다. 그래서 여성의 문제를 다루면서 남성 학자들의 견해로만 이루어진 연구논문들이 어쩌면 여전히 편향된 시각을 가질 수밖에 없다고 우려할지도 모른다. 하지만 주제가 주제인 만큼 연구자들은 본 주제를 다루는데 적절한 시각을 가지고 전문적으로 접근했음을 잘 알 수 있다. 먼저 "창조기사에 나타난 구약성서의 여성관"을 연구한 우택주 박사는 여성창조와 관련하여 여성 폄하적인 시각을 갖게 만든 창세기 본문들(창 1:26-30; 2:7-3:24)에 대한 해석의 오류를 바로 잡아주고 있다. "신약성서의 여성관"을 연구한 장동수 박사는 예수의 여성관을 정리한 후 여성에 대해 왜곡된 시각을 갖게 해준 신약의 본문들(고전 11:2-16; 고전 14:34-35; 딤전 2:9-15; 엡 5:21-6:9)을 토론하면서 초대교회가 남녀평등의 원칙을 위배한 적이 없다고 역설한다. 이상의 두 논문이 여성목사안수에 대한 신구약성서의 근거를 제시했다면 더욱 흥미로운 연구는 역사 속에서 이 주제가 어떻게 다루어졌는가 하는 일을 탐구하는 일이다. 먼저 초대교회사의 형편을 다룬 남병두 박사는 "초대교회의 역사에 나타난 여성들의 역할"을 통하여 초대교회의 이레니우스, 터툴리안, 크리소스톰과 같은 유명한 교부들이 대부분 여성혐오론자라는 사실을 일깨워주면서 동시에 초기의 여성지도자들(알렉산드리아의 캐서린, 테클라, 몬타누스주의의 여성지도자 프리스길라와 막시말라, 동방 수도원 운동의 기초를 제공한 마크리나 등)의 활약상을 소상히 밝히고 있다. 이 연구를 통해 우리는 초대교회 이후의 신앙공동체들 안에서 긍정적으로 발휘된 여성 리더십의 증거를 구체적으로 발견할 수 있다. 현대 교회사로 접어들면 더욱 흥미로운 현장을 목격할 수 있다. "남침례교 총회와 여성목사 안수"를 연구한 김승진 박사는 남침례교가 초창기에는 여성에게 목사안수를 주었다가 그것을 다시 1984년 연차 총회에서 거부하는 역사적 변천과정, 그리고 여성안수에 대한 찬반논쟁을 소상하게 보도하고 있다. 총회에서 여성안수를 거부하게 된 주된 이유는 남침례교 총회의 지도부가 지닌 근본주의 신학 때문이란 사실도 지적한다. 한편, 김용국 박사는 한국교회에서 여성교역자에 대한 인식이 초기부터 현재까지 어떻게 형성되고 발전해 왔는지를 주로 장로교회 인사들의 견해를 중심으로 살피고 있다. 하지만 이런 현상은 우리 침례교회의 여성교역자 인식문제와도 직결되어 있다고 보아야 할 것이다. 이어서 김병권 박사는 한국교회 안에서 여성안수문제는 남녀평등의 구현을 위해 무엇보다도 여성의 인권이라는 측면에서 심각히 재고해야 한다는 논지를 펼치고 있다. 그리고 그 실질적 대안으로서 "잠정적 우대조치"를 제안한다. 이것은 바꾸어 말하자면 "여성목회자의 안수 할당량을 교회 사역자 수효의 일정한 비율에 이를 때까지 일정한 요건 하에 우선적으로 고려하는 조치"라고 바꾸어 말할 수 있다. 우리 침례교회가 이런 조치의 실행을 위해 남성과 여성이 다 함께 머리를 맞대고 숙고하는 그런 시간이 다가오기를 기대해본다.

이제까지의 연구와 그 방법론을 달리해서 김용복 박사는 본격적으로 "한국침례교와 여성 리더십"을 여성목사 안수문제를 중심으로 실제로 교인들을 대상으로 설문을 조사한 결과를 분석하고 그 결과를 제시하고 있다. 어떤 면에서 이 연구서의 핵심 현안을 구체적으로 다룬 이 연구는 결론적으로 여성목사안수에 관한 한 교회 현장에서 남성보다 여성의 목소리가 필요하다고 지적한 후 여성지도자를 세우기 위한 실질적인 네 가지 단계를 제시한다. 이어지는 나머지 세 연구는 지금까지의 연구들을 효과적으로 보완해 준다. 윤원준 박사는 "엘리자베스 쉬슬러-피오렌자의 생각 속에 나타나는 여성 해방적 성경해석과 여성안수"라는 주제의 논문에서 여성신학자 쉬슬러-피오렌자의 견해를 집중적으로 분석하여 그 실상과 허상을 조직신학적 관점에서 해부하며, 양병모 박사는 "한국교회 여성사역자의 역할과 그 전망"이란 주제로 한국교회에서 벌어지고 있는 여성사역자의 문제점을 다양한 시각에서 살피고 균형 잡힌 여성사역자의 모습을 제안한다. 끝으로 박홍규 박사는 "영국 청교도 신학의 전통에서 본 결혼, 가정 그리고 여성"이란 주제를 다루고 있어서 여성의 리더십의 문제를 가정이란 상황을 전제로 그곳에서 형성해야 할 남성과 여성의 관계 그리고 성서적 역할론을 강조적으로 탐구하고 있다.

다시 한 번 이 옥고를 써주신 여러 박사님들의 노고에 감사를 드리며 무엇보다도 이 주제의 연구를 발주시킨 전임연구소장 김용복 박사님께도 감사의 말씀을 드리고 싶다. 아울러 이 연구소의 발전을 위해 항상 격려와 충고를 아끼지 않으시는 총장님과 원고들을 모으고 정리하며 다듬는 일에 수고와 땀을 아끼지 않은 허윤기 연구원과 교정에서부터 책의 출판에 이르기까지 불철주야로 수고해준 출판부 이정훈 편집장에게도 깊은 감사를 드린다. 아무쪼록 이 연구서가 여성목사 안수에 관한 침례교의 현주소를 자리매김하고 새로운 이정표를 세우는 장래의 논의들에 있어서 중요한 몫을 감당하기를 바란다.

2006년 3월
침례교신학연구소
소장 장 동 수

차 례

- 추천사   도 한 호
- 발간사   장 동 수
- 창조기사를 중심으로 살펴본 구약성서의 여성관   우 택 주 · 13
- 신약의 여성관   장 동 수 · 43
- 초대교회의 역사에 나타난 여성들의 역할   남 병 두 · 75
- 남침례교 총회와 여성목사 안수   김 승 진 · 113
- 영국 청교도 신학의 전통에서 결혼, 가정 그리고 여성   박 홍 규 · 153
- Elisabeth Schüssler Fiorenza의 생각 속에 나타나는 여성해방적 성경해석과 여성안수   윤 원 준 · 183
- 한국교회와 여성 인권:남녀평등의 실제적 구현을 위해   김 병 권 · 213
- 여교역자에 대한 한국교회의 인식 및 정책   김 용 국 · 245
- 한국 침례교와 여성리더십:여성목사 안수 문제를 중심으로   김 용 복 · 283
- 한국교회 여성사역자의 역할과 그 전망   양 병 모 · 329

창조기사를 중심으로 살펴본 구약성서의 여성관

우 택 주 조교수 | 구약학

1. 들어가는 말

    21세기는 여성의 시대라고 말한다. 이에 발맞추어 한국사회는 여성의 사회진출과 여권 신장에 관한 의식이 점차 성숙해지고 있는 실정이다. 한국교회사의 흐름도 이와 비슷한 사정이다. 교회 안에서 여성의 목사안수 문제는 지난 2-30년 동안 교계의 뜨거운 이슈였다. 그 결과 현재는 몇몇 개신교 교단에서 여성의 안수를 법적으로 허락하고 실시 중에 있다.[1] 그러나 기독교한국침례회에 소속한 교회들은 아직도 이 문제를 명확하게 결론짓지 못하고 있는 형편이다. 이 연구는 이런 상황 특히 구약성서의 여성 리더십에 관한 성서적 입장을 얻으려는 필요에 부응하여 시작되었다. 그런 맥락에서 이 연구는 창조기사를 중심으로 살펴본 구약성서의 여성관을 수사학적 방법과 사회학적 방법을 동원하여 제시하는데 목적이 있다. 가장 기본적이고 정경적인 진술은 창세기 1-3장에서 얻을 수 있기 때문이다. 이 논의의 끝부분에서는 고대 이스라엘의 역사 속에 출현한 세 가지 주요 리더십(예언자, 제사장, 왕)과 여성의 관계를 아주 간략하게 언급할 수 있을 것이다.

연구를 시작하기 앞서 미리 언급해 두고 싶은 사항이 있다. 그것은 성서의 해석과 그 타당성의 문제이다. 성서의 권위는 교회의 삶과 활동에 최고의 규범성을 지닌다. 다시 말하자면 성서 해석의 결과는 교회의 정책과 신자의 삶의 방향을 결정짓는 근거라는 말이다. 하지만 그 성서를 누가 어떻게 해석하느냐에 따라 견해가 달라질 수 있다. 물론 그리스도를 주와 구주로 고백할 수 있는 신앙인이라면 누구라도 성서를 읽고 그 의미를 신성한 권위가 있는 것으로 받아들여 삶에 적용할 수 있다. 하지만 과연 그 또는 그녀의 성서 해석이 과연 정당한 해석 과정과 절차를 거친 정당한 해석으로서 인정받을만한 것인지는 반드시 검증해 볼 문제이다. 그런 맥락에서 보면 교회의 목회자 혹은 신자의 성서해석은 그 신뢰도가 어떤 방식으로 해석되었는지에 따라 상당히 달라질 수 있다. 정당한 해석이란 본문이 통전적으로 언급하는 바를 편견 없이 전달하는 본문 읽기를 말한다. 반면에 정당치 못한 해석은 본문을 편파적으로 읽거나 전체가 아닌 부분만을 강조하거나 해석자의 필요에 부응한 내용만을 선택적으로 읽는 것을 말한다. 정당치 못한 성서해석은 일고의 가치도 없다. 그러나 반대로 정당한 성서해석이라면 그리고 혹시 그 결과가 현재 교회의 관행과 정책에 역행하는 내용이라고 하더라도 교회는 이를 긍정적으로 받아들이고 스스로를 개혁하는 중대한 결정을 조속히 내려야 할 것으로 보인다.

구약성서의 여성관에 관한 연구는 인류 역사와 문화 속에 거의 보편적으로 진행되어온 성(gender) 차별의 문제점에 대한 공정한 성서적 견해를 얻으려는 시도임에도 불구하고 그 동안 이 주제에 관한 성서 연구들은 주로 서구의 백인 남성 신학자들에 의해 주도되어 왔고 그 결과 또한 남성의 생리와 관점 그리고 가부장 사회적 관습을 크게 벗어나지 못한 채로 진행되어온 것이 사실이다.[2] 따라서 우리는 먼저 그 동안의 성서해석의 결과가 어느 정도 제한적일 수밖에 없었다는 사실을 긍정하고 이 연구를 시작하려고 한다. 연구자 역시 남성이기에 본문 읽기의 공정성에는 한계가 있음을 시인한다. 그런 의미에서 이 연구는 주로 여성 구약학자들의 성서 주석의 결과를 활용하여 우리의 관심사에 대한 이해를 추구하려고 한다.[3]

2. 창조질서 속의 남성과 여성

창세기 1-3장의 창조 이야기에는 태초의 남성과 여성이 창조되는 과정에 대한 상세한 설명이 포함되어 있다. 이곳의 남녀 창조에 관한 진술은 시편 8편을 제외하고는 구약성서에서 두 번 다시 등장하지 않는다는 측면에서 이 주제에 관한 유일무이한 정보 소재지이다. 비록 현대의 주석은 관련 구절들에 지대한 관심을 쏟아 부어 왔지만, 구약의 나머지 부분에서는 이 진술을 그렇게 중요하게 취급하지 않은 것 같다. 남성과 여성의 창조에 관한 창세기 1-3장의 진술은 양성(two genders)이 사회 안에서 차지해야 할 지위와 기능에 관한 가장 정경적인 가르침을 제공해준다. 우리의 관심사를 담고 있는 본문은 창세기 1:26-30과 창세기 2:7-3:24이다.

(1) 창세기 1:26-30

창세기 1:26-27은 인간이 하나님의 형상과 모양대로 지음 받되 남성과 여성으로 지음을 받았다는 진술을 담고 있다. 이 진술을 온전하게 이해하기 위해서는 창세기 1장의 세계 창조 이야기의 전체 맥락과 더불어 고찰할 때 보다 명료해진다.

창조이야기는 제사장들이 보존해 온 자료로써 무질서와 혼돈의 세상에서 질서의 세계로 변화하는 것을 노래하는 장엄한 예배문으로서 그 범위는 1:1-2:4a이다.[4] 이 단락의 끝을 2:4a로 보는 이유는 창세기 1:1에서 시작된 "하늘과 땅"이 2:4a의 결론적인 진술 속에서 "하늘과 땅"을 반복되어 일종의 수미쌍괄구조(inclusio)를 갖추기 때문이다. 이 문학구조 안에서 창조는 7일 동안 진행되며 마지막 제7일은 안식일로서 다른 날들과 구별된다.[5] 그 날이 특별히 구별되는 이유는 본문의 나머지 6일 동안의 창조 묘사가 아주 유사하게 진행되는 것과 차이가 있기 때문이다. 나머지 6일 동안의 창조는 매일 동일하게 반복되는 후렴구, "저녁이 되고 아침이 되니… 째 날이니라"로 끝마친다. 게다가 6일 동안의 창조는 대칭구조를 갖고 전개된다. 처음 3일 동안에는 하나님이 우주의 뼈대를 세우고 나머지 3일 동안에는 그것을 채운다.[6]

첫째 날 : 빛
둘째 날 : 궁창(물의 나눔)
셋째 날 : 땅과 채소
넷째 날 : 큰 광명과 작은 광명
다섯째 날 : 바다의 물고기와 공중의 새들
여섯째 날 : 땅의 짐승과 인류 창조

창조가 진행되는 과정 속에서 반복해서 등장하는 단어들은 온 우주의 조화를 암시한다. "하나님이 보시기에 좋았더라"(1:4, 10, 12, 18, 21, 25, 31)를 일곱 번 사용하는 것이 이것을 지시한다. 그럼에도 불구하고 이속에서 하나님의 창조는 다양하고 개별적인 행위들을 통해 이루어진다. 이런 맥락에서 인간 창조는 다른 창조와 다른 독특성을 지닌다.

여섯째 날 하나님은 땅의 짐승과 인간을 만든다(1:24-31). 특히, 인간 창조는 세 개의 작은 단락들로 이루어져 있다(1:26, 27, 28). 26절은 인간 창조를 제안하고 27절은 그것의 실행을, 그리고 28-30절은 창조된 인간에게 복을 주시는 내용을 묘사하고 있다.

> ²⁶하나님이 이르시되 우리의 형상(בְּצַלְמֵנוּ 브-찰메누)을 따라 우리의 모양대로(כִּדְמוּתֵנוּ 키-드무테누) 우리가 사람(אָדָם 아담)을 만들고 그들로 바다의 물고기와 하늘의 새와 가축과 온 땅과 땅에 기는 모든 것을 다스리게 하자 하시고 ²⁷하나님이 자기 형상(בְּצַלְמוֹ 브-찰모) 곧 하나님의 형상대로(בְּצֶלֶם אֱלֹהִים 브-첼렘 엘로힘) 사람(הָאָדָם 하-아담)을 창조하시되 남자와 여자(זָכָר וּנְקֵבָה 자카르 우-느케바)를 창조하시고 ²⁸하나님이 그들에게 복을 주시며 하나님이 그들에게 이르시되 생육하고 번성하여 땅에 충만하라, 땅을 정복하라, 바다의 물고기와 하늘의 새와 땅에 움직이는 모든 생물을 다스리라 하시니라 ²⁹하나님이 이르시되 내가 온 지면의 씨 맺는 채소와 씨 가진 열매 맺는 모든 나무를 너희에게 주노니 너희의 먹을거리가 되리라 ³⁰또 땅의 모든 짐승과 하늘의 모든 새와 생명이 있어 땅에 기는 모든 것에게는 내가 모든 푸른 풀을 먹을거리로 주노라 하시니 그대로 되니라

여기서 인간의 창조는 하나님의 "형상"(צֶלֶם 첼렘)과 하나님의 "모양"(דְּמוּת 드뭇)에 따라 이루어진다. "하나님의 형상과 모양"의 의미는 오랫동안 주석자들의 주요한 해석 과제였다.[7] 이를 영적인 특성이나 능력,

외적인 모습, 하나님의 지상 대리자 등등 여러 가지로 해석한다. 연구자는 '지상 대리자'란 의미가 가장 적절하다고 생각한다.[8]

인간은 남성과 여성으로 창조되었다. 남성과 여성의 창조기사는 본문의 형식, 내용, 그리고 문맥으로 볼 때 다른 피조물들의 창조와 아주 독특하게 다르다.[9] 여기에 일곱 가지 측면을 고려할 수 있다. 첫째, 다른 피조물의 창조 묘사에 비해 더욱 길다. 둘째, 창조하기로 결정하는 방식이 다른 피조물의 창조와 다르다. 인간의 창조는 하늘 회의의 합의를 따라 이루어졌다. 셋째, 창조의 방식이 다르다. 인간은 하나님의 형상을 본 따 이루어졌다. 넷째, 다른 피조물들은 종류가 다양하지만 인간에게는 그런 다양한 종류의 구분이 없다. 다섯째, 인간에게는 다른 짐승과 달리 남성과 여성으로 정의되는 성의 구별이 언급된다. 그러나 이 언급조차도 생산(procreation)의 의미보다는 하나님의 형상을 지시한다. 생산하는 일은 짐승들과 공유하는 특징이지만 하나님의 형상인 성의 구별은 공유하지 않는다. 여섯째, 인간에게만 땅을 다스릴 권세를 주신다. 일곱째, 인간에게만 하나님은 1인칭으로 말씀하신다.

이를 전제로 창세기 1:27의 주장을 조밀하게 분석해 보자. 이 구절은 모두 세 문장으로 구성되어 있다. 히브리어 구문을 있는 순서 그대로 우리말로 옮겨보면 다음과 같다.

      a. 그리고-창조하였다 하나님이 사람을 그의-형상-대로
      b. 그의-형상-대로 하나님이 창조하였다-그를
      c. 남자 와-여자로 창조하였다-그가 그들을

세 개의 문장 abc는 모두 네 개의 단어들로 구성되어 있다. 문장 a와

b는 "그의-형상- 대로"를 중심으로 교차대구를 만들고 있다. 또 문장 b와 c는 동의적 평행구를 이룬다. 이것은 b의 "그의-형상"을 c의 "남자와-여자"로 풀게 만든다. 또 문장c는 문장 a-b의 "그"를 "그들"로 변경함으로써 문장a의 "사람"이 자웅동체로 된 단일 개체가 아닌 두 개의 성(gender)으로 나뉘어 있는 복수 개체임을 확증해준다. 그리고 그것은 이미 창세기 1:26에서 하나님의 인간창조 계획에 들어 있었다. 하나님은 "우리가 사람을 만들고 그들로 바다의 물고기와… 다스리게 하자"고 말씀하였을 때 하나님은 사람을 처음부터 복수로 만들 계획이었음이 분명하다. 결과적으로 이 구절은 "하나님의 형상"이란 "남성과 여성"을 지칭하는 것임을 알 수 있다.

이와 같은 분석 결과를 두고 트리블은 의미 있는 해설을 제시한다. 그녀는 현재의 본문이 시문(poetry)임을 강조하고 시문의 언어는 독자에게 이미 잘 알려진 요소인 매체(vehicle)와 잘 알려져 있지 않은 요소인 취지(tenor)가 협력하여 의미를 구성한다고 설명한다. 그래서 27절의 평행법은 일종의 은유로서 "남성과 여성"은 의미를 전달하는 매체이며 그 본문이 전달하려는 본래의 취지는 바로 "하나님의 형상"이라고 풀이한다.[10] 그런 의미에서 남성과 여성은 다른 쪽의 성에게 상대적으로 우월하거나 열등하지 않으며 오직 대등한 위치에서 하나님의 형상이 되게 하는 것이 본래의 창조목적이라는 사실을 알 수 있다.

본문에서 남성과 여성 사이의 관계를 좀더 분석해 보자. 무엇보다, 현재의 창세기 본문은 어느 곳에서도 남성과 여성 사이의 위계질서를 암시한 곳이 없다. 27절 본문에서 사람(הָאָדָם 하-아담)은 남성과 여성의 동의어이며 이를 그(אֹתוֹ 오토)라는 3인칭 단수 대명사로 받을 때 그것은 남성과 여성으로 이루어진 사람이 하나의 통일성을 지닌 존재라는 의미로 해석할 수 있다. 여기서 통일성이란 성의 차이를 포용한다는 의미이지 성이 같아야 한다는 의미가 아니다. 사람은 남성과 여성이란 두 개의 개체로 나뉘어 지음을 받았지만 세상을 다스리는 책임에 관한 남성과 여성은 동등한 입장에서 그것을 공유한다(1:28-30). 또한 동시에 창조된 남성과 여성의 관계는 전자가 후자보다 더 많은 힘을 갖고 있는 우월한 존재가 아니라는 사실을 뜻한다. 그들은 이 세계를 다스릴 동일한 권세를 부여받은 대등한 존재로 지어졌다.[11] 그러므로 창세기 1장의 분석을 종합해 볼 때 창조질서 속에서 남성과 여성은 하나님의 형상을 은유적으로 표현하는 도구이며 양자 사이에는 아무런 차별이나 우열이 있을 수 없는 대등한 존재라고 결론지을 수 있다.

(2) 창세기 2:7-3:24

아담과 이브(하와)의 이야기로 잘 알려진 이 본문은 창세기 1장의 내용과 비교해서 그 출처가 다르다고 주장하는 것이 관례이다. 앞의 이야기가 제사장들에 의해 전수된 이야기라면 현재의 본문은 그 기록 연대가 아무리 빨라도 다윗의 통일왕국 시대일 것이며 기록자는 고대 세계에서 온갖 정보를 입수하고 정리하며 긴 문장을 쓸 수 있도록 훈련받은 전문가였던 왕궁의 서기관에 의해 기록되었을 것으로 보인다.

본문의 이야기는 아주 친숙해서 사람들은 제각기 나름의 해석을 갖고 있다. 그러한 견해들을 요약한다면 다음과 같다.[12]

(a) 남성 하나님은 먼저 남자를 창조하고(2:7) 마지막으로 여성을 창조하였다(2:22).
시간적으로 먼저 창조된 존재가 우월하며 마지막에 창조되었다는 것은 그만큼 열등하거나 종속적인 존재임을 뜻한다.
(b) 여성은 남성의 고독을 해소하기 위해 돕는 배필로 창조되었다 (2:18-23).
(c) 여성은 남성의 갈빗대로서 남성에게 삶을 의존하는 존재이다(2:21-22).
(d) 여성은 남성으로부터 파생한 존재이며 자율성이 없다(2:23).
(e) 남성이 여성의 이름을 지으므로(2:23) 그녀를 압도하는 권세가 있다
(f) 여성의 실수로 죄와 저주가 세상에 들어왔다(3:6). 혹은 여성이 하나님의 말씀을 곡해한 일차적 책임이 있다. 따라서 중대한 책무를 맡기기에 부적절하다.
(g) 여성의 죄에 대한 하나님의 저주로 해산의 고통을 경험한다(3:16). 남성이 땀을 흘려야 하는 저주보다 더욱 혹독한 저주이다.
(h) 여성이 남성을 사모하는 것(3:16)이 여성을 충실하고 복종하는 존재로 유지하는 하나님의 방식이다.
(i) 하나님은 남성에게 여성을 다스릴 권세를 주셨다(3:16).

이러한 남성 중심적 해석은 본문에 대한 편견과 곡해를 가져왔고 그것이 오랫동안 방치된 채로 교회 안팎에서 모종의 정경적 의미가 되어온 것 같다. 그러나 이러한 해석은 한 마디로 본문의 원래 의도를 제대로 분석하지 못한 부당한 해석이라고 해야 한다. 그것은 본문의 의미를 논리적으로 설득력 있게 이끌어내지 못한 채로 지극히 편파적인 관점을 주입시킨 해석이다. 창세기 2-3장에 있는 본문은 정확한 주석 방식을 사용하여 새롭게 해석되어야 한다.

현재의 긴 본문은 크게 세 개의 장면으로 구성되어 있고 각 장면은 여러 개의 에피소드와 작은 단락들로 이루어져 있다.[13]

> 장면 1 2:4b-6   서론(1)
>   2:7-8   인간 창조(2)
>   2:9-17   에덴 동산과 식물(3)
>   2:18-20 짐승(4)
>   2:21-24 인간의 성 분화(5)
> 장면 2 2:25-3:7 불순종(6)
> 장면 3 3:8-24   관계의 손상(7)
>   3:8-13   시험(8)
>   3:14-19 심판(9)
>   3:20-24 결과(10)

우리는 이 단락 전체를 주석하는 것이 목적이 아니다. 또 그런 작업은 우리 논의의 범위를 넘어서는 것이므로 여기서는 논의 중인 주제와 직접적인 관련성이 있는 단락과 질문에 초점을 맞추어 집중적으로 해석할 것이다.

1) 먼저 위에서 지적한 본문 곡해 가운데 (a-e)항에 대한 올바른 해석은 무엇인가? 우선, 전체 이야기의 전개와 흐름을 살펴보면서 본문의 의미를 탐구해보자. 서론(1)은 창세기 1장과 달리 묘사의 초점이 하늘이라는 우주적 배경이던 것에서 땅(אֶרֶץ 에레츠)으로 변화한다. 이후의 기사는 이 땅에서 바라본 세상 창조 과정을 묘사한다. 여기서의 관심사는 사람이 살아갈 환경과 일터 그리고 가정의 건설에 집중하여 있

다. 먼저, 하나님이 땅에 사람을 창조하기 전에는 세 가지 실재가 없었다. 그것은 비, 사람 그리고 식량으로 사용할 초목과 채소이다(2:5). 장면1의 첫 에피소드는 하나님의 창조가 땅에 결여된 이 세 가지 실재를 창조하여 채우는 방향으로 진행한다. 즉 없는 상황을 존재하는 방향으로 기술된다. 이 중에 제일 처음 창조된 실재는 사람(הָאָדָם 하-아담)이다 (2:7). 그 다음에는 에덴 동산과 초목, 마지막으로는 사방으로 흘러가는 강이다(2:8-14). 엄밀히 따지자면 자연이 있고 그 속에 사람의 창조가 자연스러울 법 한데 여기서는 거꾸로 사람이 먼저 창조된다. 생존 조건도 없이 사람부터 창조되는 일이란 부적합하다는 뜻이다. 그만큼 창세기 2장의 주요한 관심사는 사람의 생존에 집중하여 있음을 알 수 있다. 여하튼 이렇게 해서 창조 이전에 결여된 상황은 완벽하게 채워진다. 사람(הָאָדָם 하-아담)이 생존할 세계가 이루어진 것이다.

이어서 하나님은 그 사람(הָאָדָם 하-아담)을 에덴 동산으로 인도하여 그곳을 가꾸고 지키게 하면서(2:15) 그 사람(הָאָדָם 하-아담)이 마땅히 지켜야 할 생존의 원칙을 명시한다. 그것은 잘 알려진 대로 선악과를 먹지 말라는 금지명령이다(2:16-17). 세상에서 사람이 살아가는 데는 반드시 분명한 원칙과 질서가 있다는 뜻이다.

2) 2:18-25는 그동안 진행된 창조 과정의 기술에서 언급하지 않았던 내용을 재차 언급함으로써 시작한다. 그것은 하나님이 지은 사람(הָאָדָם 하-아담)이 혼자 사는 것이 좋지 않음에 대한 발견(깨달음)으로부터 전개된다. 창세기 1장에 비해 하나님은 창조를 완성하지 못한 것이다. 부정적 여건에 대한 하나님의 발견은 그것의 해소를 위해 움직이게끔

이끈다. "평가자(evaluator)인 하나님은 조정자(rectifier)인 하나님이다."[14]

하나님은 이 문제를 해소하기 위해 사람의 "돕는 배필"(עֵזֶר כְּנֶגְדּוֹ 에체르 크네그도)을 짓겠다고 결심한다. "돕는 배필"이란 "같은 종류의 동반자"(a companion according to its kind)를 의미한다.[15] 이어지는 본문(2:18-23)은 해석자에 의해 어떻게 이해하느냐에 따라 그 내용의 의미가 판이하게 달라진다. 이 본문은 단순히 동물세계와 여성의 창조를 보도하고 있는 것이 아니다. 그것은 2:18에서 지적한 창조과정 중에 하나님이 스스로 발견한 문제에 대한 해소과정이라는 사실을 잊지 않아야 한다. 그래서 본문의 이야기는 야훼 하나님이 그 해소방법으로 이를 위해 두 가지 대안을 연속적으로 시도하였음을 암시한다. 첫 번째 대안은 흙으로 짐승을 창조하는 일이다(2:19-20a). 그 사람(하-아담)은 각 생물에게 이름을 불렀다. 이어지는 2:20b의 문장은 우리말 성경에는 분명하게 번역되어 있지 않다. 하지만 히브리어 접속사 와우(ו)가 사용되고 있고 그 의미는 앞 문장의 진술과 반대되는 내용을 전개하므로 반대 접속사 "그러나"를 삽입하여 읽는 것이 문맥을 명료하게 만든다.[16]

한편, 2:19부터 2:25까지 본문은 이제껏 "사람"으로 번역한 히브리어를 아무런 이유 없이 고유명사 "아담"(הָאָדָם 하-아담 = '그 사람')으로 읽는다. 이와 같은 번역은 성서를 읽는 독자에게 명백한 오해를 일으킨다. 그것은 마치 첫 사람이 "아담"으로 일컬어지는 남성이었다는 해석으로 유도하기에 충분하다. 하지만 히브리어는 여전히 "그 사람"을 뜻하는 하-아담으로 기술되어 있으므로 특별한 이유 없이 남성을 뜻하는 고유명사 아담으로 부르는 것은 부당하다. 그것은 남성 위주의 전통적인 성서 읽기 관행을 좇은 것에 불과하다. 여하튼 그 사람은 하나님이 흙으로 지어서 자기 앞에 데려온 짐승들에게 이름을 불렀고 그것이 각 짐승의 이름이 되었다. 이름을 부르는 행위는 창조주의 권위를 대행함을 암시한다. 또 그것은 짐승이 존재하는 이유와 목적을 사람과의 인식과 관계 속에서 규정한다. 이 첫 번째 해법 끝에 등장하는 문구는 여전히 아담에게 돕는 배필(עֵזֶר כְּנֶגְדּוֹ 에체르 크네그도)이 없다는 진술(2:20b)을 반복한다. 그것은 각종 짐승의 존재가 그 사람(우리말, 아담)에게 "돕는 배필"이 되지 못했다는 평가 외에 다름 아니다. 그래서 하나님은 재차 대안 모색에 나선다. 그리고 그것은 여자의 창조로 귀결된다(2:21-25).

여자(אִשָּׁה 잇샤)의 창조는 그 사람이 잠든 동안에 이루어진다. 잠든 사람은 여성의 창조과정에 대해 전적으로 무지한 상태이다. 잠에서 깬 그 사람 앞에 이 인간을 보여주었을 때 그 사람은 이름을 불러주면서 그 이유를 시적 운율이 있는 문장으로 노래한다. 그 사람의 갈빗대로 지어진 이 인간은 여자로 일컬어질 것이다. 히브리어 본문은 운율 있는 문장을 구사하여 이렇게 노래한다.

זֹאת הַפַּעַם עֶצֶם מֵעֲצָמַי וּבָשָׂר מִבְּשָׂרִי
לְזֹאת יִקָּרֵא אִשָּׁה כִּי מֵאִישׁ לֻקֳחָה־זֹּאת

조트 핫파암 에쳄 메아차마이 우바사르 밉바사리
르조트 익카레 잇샤 키 메이쉬 루카하-조트
이번 경우는 내 뼈에서 나온 뼈이며 내 살에서 나온 살이로다.
이것을 여자라고 부를 것이다 그 까닭은 남자(אִישׁ 이쉬)에게서 그녀가 취함을 받았기 때문이다(2:23. 직역).

여성 창조에 관한 이 본문은 오랫동안 남성우월주의의 출발점으로 오해되어 왔다. 하지만 본문에는 그런 해석을 지지할 단서를 찾아내기 어렵다. 우선 사람의 갈빗대로 만들었다는 것이 여자의 열성적 본질을 뜻하지 않는다. 갈빗대를 창조의 소재로 삼은 것은 "돕는 배필"을 지으려는 하나님의 창조 계획의 필수 요건을 충족시키기 때문이다. 문맥을 다시 한 번 돌이켜 보자. 문제의 발단은 사람이 홀로 사는 것이 좋지 못하다는 하나님의 깨달음이었고 두 번씩 제시된 해법은 사람과 같은 종류로써 사람의 홀로 살기를 해소할 목적으로 창조된 존재의 짝짓기를 목표하였다. 첫째 해법은 사람과 동일한 창조소재였던 흙으로 지은 짐승이었다. 그러나 짐승과 사람의 짝짓기는 실패로 끝났다. 그래서 두 번째 해법을 찾을 때 하나님은 역시 같은 종류를 창조할만한 소재를 찾게 되었는데 그것이 바로 사람의 몸 안에 있는 갈빗대였던 것이다. 갈빗대가 사람의 전 존재의 일부라는 사실이 결코 그것으로부터 지음 받은 여자의 열성적 본질을 의미하는 것으로 이해해서는 안 되는 이유가 여기에 있다. 갈빗대는 첫 사람과 동일한 종류를 만들기에 합당한 다른 여러 가지 창조 소재 중의 하나를 뜻한다. 또 갈빗대를 사람의 옆구리에서 취했다고 보고 여성을 "여편네"로 이해하는 한국식 이해도 올바르지 않다. 해부학적으로 볼 때도 사람의 갈빗대란 옆구리에 위치하기보다 앞가슴부터 뻗어나 옆으로 휘면서 장기를 보호하도록 되어 있기 때문이다. 그 사람이 이 지음 받은 존재를 처음 보자마자 부른 노래의 내용은 한 마디로 자신과 동일한 종류임을 인정하는 것이다. "내 뼈에서 나온 뼈이며 내 살에서 나온 살이로다"란 말은 나와 같은 종류임을 인정하는 말이다.

또 다른 문제는 성(gender)의 분화 문제이다. 그 사람과 그 여자의 성별이 다르다는 인식은 본문 2:23의 노래에 이르러서야 고백된다. 더 이상 깊이 질문할 수 없는 고대의 본문은 성의 차별성에 대한 인식에 있어서 남성성의 인식이 여성성을 인정한 다음에야 비로소 이루어지는 방식으로 묘사되어 있다. 다시 말해서, 본문의 문장 구조는 여자(אִשָּׁה 잇샤)가 먼저 언급된 후에 남자(אִישׁ 이쉬)가 뒤따라 등장한다는 의미이다. 이런 구조는 여성성의 인식이 선행되고 난 다음에 남성성이 인식되었다고 해석할 수 있다.[17] 이렇게 볼 때 여성이 남성보다 늦게 창조되었다거나 남성에게서 여성이 창조되었다는 해석은 본문의 진술과 일치하지 않는 주장들이다.

이와 달리 본문에서는 여성 창조가 짐승의 창조나 다른 창조에 비해 독특하다고 볼 이유가 적지 않게 발견된다.[18] 우선, 여성의 소재는 흙이 아니라 갈빗대(갈비뼈와 살)이므로 더 귀중한 재료를 사용한 것이며 여성의 창조는 남성에 비해 상대적으로 집중력이 필요한 각고의 노력이 필요했을 것이다. 하나님의 창조 행위를 지시하는 동사를 볼 때 남성의 경우는 "형성하다 혹은 만들다"(form or make)를 뜻하는 *아싸*(עָשָׂה)인데 비해서 여성 창조는 "건축하다"(build)를 뜻하는 *바나*(בָּנָה)로써 창조과정에 더욱 세밀하고 견고한 청사진이 필요했음을 암시한다. 그리고 본문은 그녀가 그의 배필로서 그의 홀로 살기를 완벽하게 해소하는 하나님이 만들어주신 구원자로 판명되었다. 여기서 배필에 해당하는 히브리어 עֵזֶר(에체르)는 다른 곳에서는 신적인 도움을 주는 자(divine assistance)를 표현하는데 사용된다(사 30:5; 겔 12:14). 여기서는 우세한 힘을 가진 자란 뜻이나 약간의 힘을 보태어 온전케 하는 보조자(assistance)의 의미가 아니라 상호 보완적으로 도움을 주는 존재(companion)라는 뜻으로 사용되었다.[19] 영어성경의 "돕는 자"(helpmate)란 은연중에 보조자라는 의미로 이해되어서 여성의 열등함을 암시하기에 본래적 의미에 충실한 번역이 못된다. 트리블은 이 단어(עֵזֶר 에체르)가 본문 속에서 사람의 정체성, 상호성 그리고 동등성을 뜻한다고 풀이한다.[20]

3) 마지막으로 본문을 곡해하는 의견들 가운데 (f-i)항에 대한 정당하고 올바른 해석은 무엇인지 알아보자. 이 곡해들의 초점은 여성이 먼저 범죄했고 그 결과 해산의 고통을 저주받게 되었고 또한 남성에게 예속된 존재로 살아야 할 운명이라는 주장에 있다. 이와 관련된 성서증거는 장면2와 장면3을 묘사하는 창세기 2:25-3:24이다. 정말 그런가?

성서 속 장면2는 창세기 2:25-3:7에서 첫 사람 아담과 하와의 불순종[21]을 다룬다. 이 주제는 발가벗음을 주요 소재언어로 삼고 전개된다. 2:25는 벗었지만(עֲרוּמִּים 아룸밈) 부끄러워하지 않음을, 3:7은 벗은 줄(עֵירֻמִּם 에루밈)을 알고 무화과나무 잎을 엮어 치마로 삼았음을 기술한다. 그리고 뱀은 하나님이 지은 들짐승 가운데 가장 간교한(עָרוּם 아룸) 짐승으로 표현된다. 장면2는 발가벗음과 간교한 짐승이 내는 유사한 소리를 중심으로 전개되는 이야기이다. 여기서 여성이란 남성에 비해 유혹받기 쉬운 존재라는 암시가 깔려 있다고 말할 수도 있다.

그러나 이 해석에 대한 반론은 여러 가지로 제기할 수 있다. 우선 남성과 여성을 분리하여 이해하는 것이 문제다. 2:24는 남성과 여성이 한몸을 이룬 존재라고 설정하고 있기 때문이다. 3장에서 여성은 하나님의 금지 계명을 적극적으로 해석한 최초의 신학자라고 판단할 수 있다.[22] 트리블은 2:25-3:7의 문학구조가 여성의 말씀 해석(3:2-3)을 중심에 위치시키고 있음을 지적하고 이런 구조가 여성의 말씀 해석이 지닌 중요한 의미를 부여한다고 해석한다.[23] 말씀의 읽기는 동시에 해석을 유발한다. 반대로 말씀을 읽지 않으면 해석이 이루어지지 않는다. 하와는 아담보다 먼저 말씀을 해석한 존재이다. 2:17에서 분명히 "먹지 말라"고 금지한 말씀을 3:3에서 하와는 "먹지도 말고 만지지도 말라"고 해석한다. 만지지 않으면 따먹을 수 없는 것은 자명한 이치이다. 그런 의미에서 하와의 해석은 잘못되지 않았다.[24] 그것은 어떤 측면에서 보면 하나님의 말씀의 의도를 더욱 강화시킨 해석이라고 할 수 있다. 반면에 아담은 어디에서도 해석하는 행동을 찾아볼 수 없다. 오히려 아담은 하와가 제공한 말씀 해석과 그에 따른 행동결과를 말씀에 비추어 비평적으로 해석하지 않는 채 결과를 무조건 수용하는 무책임과 수동적 자세 그리고 여성에 대한 맹종을 보여준다.[25] 그러므로, 뱀의 유혹이란 의지가 약한 여성을 겨냥한 것이라고 이해하는 것은 본문에 부적절한 의미를 주입한 해석이라고 말할 수 있다.

4) 위의 해석은 이어지는 심판의 내용을 자세히 분석해 보아도 그 신뢰도가 증가한다. 하나님의 심판은 장면3(창 3:8-24)에서 펼쳐진다. 선악과를 먹지 말라는 말씀을 어긴 사실을 알아차린 하나님이 불순종의 원인을 심문하기 시작한다. 먼저 하나님의 추궁에 대한 일차적 답변 책임자는 아담이다(3:11). 뱀이 유혹하는 궁극적 목표는 여자로 시작하여 남자(아담)까지이므로 불순종의 연결고리 마지막에 위치한 자

는 아담이기 때문이다. 이 아담의 답변은 무책임하게도 말씀을 불순종하여 금단의 과일을 먹게 된 이유를 자신의 실수라기보다 하나님이 지어주신 여자 때문이라고 변명한다(3:12). 이 말은 범법의 원인제공자는 여성이요, 또 그 여성은 자신의 의지와 관계없이 전적으로 하나님이 만드셨으므로 지금 벌어진 모든 일을 궁극적으로 책임질 자는 바로 하나님이라고 비난하는 말이다. 이런 책임전가는 남성과 여성이 이룬 한 몸 상태의 통일성을 깨뜨린다.

이어서 하나님은 여성을 심문한다. 하나님은 여성에게 금지한 과일을 따먹은 불순종의 이유를 묻기보다 곧장 그 행위를 책망한다. 이어지는 여성의 고백은 앞서의 남성 답변과 네 가지 면에서 다르다.[26] 첫째, 그녀는 하나님을 비난하지 않는다. 둘째, 축복이든 저주든 동반자인 남성을 연루시키지 않는다. 셋째, 뱀을 유혹자요 속이는 자로 묘사한다. 넷째, 짧게 변명하고 즉시 죄를 자백하는 것이 남자보다 더욱 빠르다. 하나님은 뱀에게 유혹의 목적이나 이유를 묻지도 않고 곧장 저주한다. 이어서 여성 그리고 마지막으로 남성을 심판한다. 이런 이야기의 흐름은 꼬리에 꼬리를 물고 이어지는 순환구조를 이룬다.[27]

  뱀-〉여자-〉남자 ---- 남자-〉여자-〉뱀 ----- 뱀-〉여자-〉남자
   유혹의 방향   불순종의 책임 전가   심판의 순서

더욱 흥미로운 사실은 여성이 지은 불순종에 대한 심판의 형식과 내용이 뱀과 남자에게 내린 심판보다 가볍다는 사실이다. 흔히 주장하듯이 여성의 책임이 크고 심각한 것이라면 그에 따른 형벌도 상대적으

로 무겁고 그래서 문장도 길어야 마땅하다. 하지만 본문은 이런 예상과 달리 여성에 대한 심판이 하나의 문장 속에 13개 단어로 진술되어 있는 반면 뱀에 대한 저주는 두 문장 33개 단어, 남성에 대한 심판은 세 문장 속에 46개 단어로 진술되고 있다. 즉 여성에게 주어진 심판선언의 길이가 뱀이나 남성에 비해 절반 정도로 짧다. 또 뱀에게 내려진 심판에는 "저주"(אָרוּר 아루르)란 말이 등장하지만(3:14) 여성과 남성의 경우는 이 단어가 등장하지 않는다는 점이 특이하다.[28] 그러므로 "저주"란 단어가 등장하지 않는 여성에게 하나님의 가장 엄한 심판이 내려진 것이라는 주장은 근거가 약하다. 이와 비교해서 남성에게 주어진 심판이 길고 장황하다는 사실은 그 불순종의 책임이 뱀이나 여성보다 더 막중함을 시사한다.

여성에게 내려진 심판 내용도 가장 많이 곡해되는 부분 중 하나이다. 보통 해산의 고통이 여성에게 내린 심판이라고 이해한다. 하지만 본문(3:16)을 정확히 읽는다면 반드시 그런 의미로만 읽혀지지 않는다.

    a   הַרְבָּה אַרְבֶּה עִצְּבוֹנֵךְ וְהֵרֹנֵךְ בְּעֶצֶב תֵּלְדִי בָנִים
    b   וְאֶל־אִישֵׁךְ תְּשׁוּקָתֵךְ וְהוּא יִמְשָׁל־בָּךְ
  a 내가 네게 임신하는 고통을 크게 더하리니 네가 수고하고 자식을 낳을 것이며
  b 너는 남편을 원하고 남편은 너를 다스릴 것이니라

문장a의 구문은 현재의 번역을 다르게 읽을 가능성을 안고 있다. 특히 "고통"(pain)으로 번역된 단어는 히브리어로 잇츠보네크(עִצְּבוֹנֵךְ 너의 고통)인데 땀을 흘리는 수고, 고생스러움(toil)이란 의미도 있다. 이것을

감안하여 현재의 문장을 직역하면 "내가 너의 수고로움과 너의 임신을 크게 증가시킬 것이다"로 읽을 수 있다. 보통 이 구절은 중언법(hendiadys)으로 읽어서 해산의 고통을 증가시킬 것이라고 이해한다.[29]

그러나 이 문장은 농경사회와 문화를 배경 삼아 나온 표현이므로 그런 사회에서 여성의 역할과 기능을 적극적으로 동원한다면 이 본문은 새롭게 읽혀진다. 농사를 주업으로 살아가는 농가에서는 남성은 물론이고 여성도 식량 생산에 직접적으로 참여해야 한다. 오늘날처럼 직업과 일감의 분화가 이루어지지 않은 농경사회에서 여성의 일감은 비단 식량생산뿐 아니라 그 식량의 가공책임과 집안의 허드렛일을 두루 도맡아 하는 동안에 자녀를 출산하고 양육해야 했다. 이렇게 여성에게 집중된 일감의 중첩 상황을 염두에 두고 본문을 다시 읽어보면 그것은 여성에게 수고스런 노동의 양이 증가하면서 동시에 임신의 횟수도 증가될 것이란 의미로 이해하는 것이 자연스럽다.[30] 그러므로 이 문장을 단순히 해산의 고통이 증가될 것이라는 의미로 읽는 것은 고대 사회의 맥락을 염두에 두지 않은 읽기이다. 게다가 이 문장의 다섯 번째 단어는 "수고 중에"라고 표현하고 있는데 그 의미 역시 폭넓게 이해할 수 있다. 그 '수고'가 자녀를 해산하는 고통을 뜻할 수도 있고 달리는 밭에서 일하는 중에 일손을 놓고 자식을 해산해야만 하는 여성의 힘겨운 모습을 회화적으로 묘사하는 문장으로 해석할 수도 있다.[31]

이러한 읽기는 뒤따르는 문장b의 의미에도 영향을 준다. 여기서 "너희 소원(desire)은 남편에게 향하고 그는 너(의 견해)를 압도할 것이다"는 뜻이다. 위에서 새롭게 읽은 의미를 발전시켜 본다면 여기서 "너의 소원"이란 밭 노동과 자녀 양육 그리고 집안 일에 지친 아내에게 또 다른 임신으로 증가되는 생존의 힘겨움을 피하기 위해서 남편에게 자신의 뜻과 소원을 피력하는 모습을 암시한다. 하지만 남편은 아내가 겪는 온갖 수고로움을 감안하여 자신의 성적 욕구와 자녀생산을 조절하기보다는 자신의 욕망을 관철하는데 몰두함으로써 아내의 의사를 묵살하는 경향으로 사태가 진행될 것임을 뜻한다. 결국 아내가 온갖 노동과 자녀 양육에 시달리면서도 그것을 형편에 맞게 적절히 조절하지 못한 채 남편의 의지에 짓눌려 살게 되는 불행함과 불화를 뜻하는 말로 이해할 수 있다. 한편, "너의 소원"에서 "소원"(테슈카)의 뜻은 욕망, 욕구라는 뜻 이외에 "매력"(attractiveness, charm, sexual vigor)으로 번역할 수 있어서 문장b는 "너의 매력이 남편에게 향하고 그는 너를 다스릴 것이다"로도 읽을 수 있다.[32]

3. 나가는 말

창세기 1-3장에 표현된 두 가지 전승, 즉 제사장 전승과 다윗 왕실의 서기관 전승은 태초부터 남성과 여성이 동등한 자격과 권리를 부여받은 채로 지음 받았다고 밝히고 있다. 창세기 1장은 남성과 여성이 공히 그 지상적 존재와 활동으로 창조주 하나님의 형상과 모양을 반영하는 삶을 살도록 지음 받았다고 기술하고 있다. 창세기 2-3장은 여성의 창조로 사람의 창조가 완성되었고, 남성은 여성성의 인식과 동시에 발생한 것으로서 남성이 먼저 창조되고 여성이 늦게 창조되었다는 이해는 정당한 본문이해라고 하기 어려움을 알 수 있다. 여성은 첫 사람의 홀로 있음의 문제를 해결하기 위해 야훼 하나님이 첫 사람과 동일한 종류의 소재를 가지고 첫 사람과 상호보완적 관계를 맺으며 살아갈 수 있는 존재로 창조되었다. 이 본문에서도 여성과 남성은 남자와 대등한 자격과 지위를 지닌 사회적 존재임을 알 수 있었다. 또 에덴 동산에서 하나님의 금지 명령을 어긴 죄에 대해서도 여성은 남성에 비해 상대적으로 완화된 내용의 심판을 받은 것을 고찰할 때, 죄의 책임은 남성과 여성이 똑같지만 궁극적으로는 말씀을 적극적으로 해석한 여성에게는 상대적으로 가벼운 심판을, 말씀 해석에 소홀한 남성에게는 중한 저주를 내린 것을 알 수 있었다.

그러므로 우리는 창세기 1-3장의 어느 구절에서도 여성을 남성에 견주어 비하하거나 남성에게 종속되거나 열등한 존재라고 말하고 있지 않다고 단언한다. 그런 의미에서 여성이 남성에게 종속적 존재로 살아온 인류역사와 문화를 당연한 것으로 묵인해온 이제까지의 해석은 우리의 창세기 1-3장의 분석에 비추어 볼 때 부당한 것이라고 말할 수 있다. 그와 같은 남녀관계는 창조 질서에 합당치 않으며 오히려 타락한 인류가 저주를 받아서 유지해온 부조리한 모습에 불과하다. 예수 그리스도 안에서 거듭나 새로운 피조물로 살아가는 신앙공동체는 여성과 남성이 그 자격과 권리 그리고 가치 모든 면에 있어서 대등하고 평등한 존재라는 것을 공공연하게 긍정하고 천명해야 한다. 구약성서의 창조기사는 여성이 하나님이 창조하신 세계 안에서 남성과 똑같은 자격으로 이 세계를 돌볼 책임과 의무를 지닌 존재라고 가르치고 있다.

구약시대의 신앙공동체 안에서 중요한 리더십 유형으로는 예언자, 제사장, 왕을 들 수 있다.[33] 구약시대에 이 리더십 유형에 여성이 활약한 경우를 찾아보면 한두 가지 고무적인 경우를 발견할 수 있다. 특별히 예언자 직분에는 여성의 참여가 활발했다.[34] 미리암을 위시해서 사사시대에 가나안과의 전쟁을 승리로 이끈 예언자 드보라가 가장 먼저 떠오른다(삿 4-5). 그녀는 사사(판결자)로서 이스라엘을 사십 년 동안 치리하였다. 그런데 왕국시대를 연 제사장이요 마지막 사사인 사무엘의 고별 연설에는 그녀에 대한 언급이 나타나지 않는다(삼상 12:9-11). 이것은 드보라의 역사성에 손상을 입히려는 의도라기보다 고대의 남성 가부장 사회와 제도 아래 여성의 리더십이 인정받기 어려운 분위기를 암시하는 것으로 볼 수 있다. 또 한 가지 아주 흥미로운 사건은 저 유명한 요시야 왕의 종교개혁이 성사될 때 결정적인 역할을 한 여성 예언자 훌다의 이야기이다(왕하 22:14-20). 그녀가 성전에서 제사장 힐기야가 발견한 율법 책의 진정성(authenticity)을 긍정하지 않았더라면 왕의 종교개혁은 성사되지 못한 채로 수포로 끝났을지도 모른다.

이와 같이 하나님의 말씀을 대언한 여성예언자의 활약상은 빈약하긴 해도 분명하게 성서 사회에서 공인을 받은 사실인 반면에 여성제사장의 존재는 근본적으로 거부되었다. 다른 이유들 보다 그렇게 된 가장 중요한 이유는 제사장 직분이 레위 지파의 남성들에게 세습되었기 때문이다. 따라서 세습제도 아래서 제사장 집안의 여성이 공인으로 활동하게 될 만한 이유나 동기가 이스라엘 사회에서는 전혀 존재하지 않았던 것으로 보인다. 혹시 어느 제사장 집안에 남성 자손이 태어나지 않는다 해도 아무런 문제가 없다. 왜냐하면 이웃하는 제사장 가문의 다른 남성이 그 지역의 제사장으로 임명될 수 있을 것이기 때문이다.

마지막으로 구약시대에 여성이 왕이 될 수 있는지는 그 성서적 척도를 단정적으로 말할 수 없다. 다만 유다 왕조의 역사 속에서 아하시야의 어머니인 아달랴가 잠시 통치한 적이 있기는 하다(왕하 11:1-17; 대하 22:10-23:15). 그러나 성서의 저자들은 여왕 아달랴에 대하여 아주 부정적인 입장을 견지하고 있어서 여왕의 제도가 성서적으로 건전한 것인지 아닌지를 판가름하기는 곤란하다.[35]

오늘날 한국의 여러 신앙공동체들은 여성 목사안수의 건을 놓고 그것을 인정할 것인지 말 것인지 부심하고 있다. 성서의 말씀에는 변치 않는 진술과 환경과 문화에 따라 변하는 진술이 공존한다. 따라서 여성에 관한 성서 속의 어느 특정 사건만을 근거로 여성의 리더십에 관한 성서적 입장을 일반화하는 것은 온당치 못한 접근법이라고 말할 수 있다. 오히려 아무런 상황에도 영향을 받지 않은 가장 근원적인 태고 시절의 성서적 진술을 바탕으로 신앙공동체의 논의를 진행시켜 나가는 것이 바람직하고 정당하게 보인다.

주(註)

1) 현재 여성목사를 허용하고 있는 교단은 감리교와 기장, 예장통합, 성결교, 기독교하나님의 성회 등 교단 다섯 곳과 일부 군소 교단 몇 군데에 불과하다. 감리교는 1952년부터, 기장은 1976년, 예장통합측은 1996년, 성결교는 2004년부터 여성목사를 배출해 왔다. 현재 감리교 400여 명, 통합 520여 명, 기장 180여 명, 성결교 20여 명 등을 모두 합쳐 천여 명의 여성목사가 사역 중이다.

2) 창세기 3장에 관한 이런 성격의 주석의 편파성에 대해, Phyllis A. Bird, "Genesis 3 in Modern Biblical Scholarship," *Missing Persons and Mistaken Identites* (Minneapolis: Fortress Press, 1997), 174-93.

3) 이 연구에 주로 활용할 여성신학자의 연구는 Phyllis Trible, *God and the Rhetoric of Sexuality* (Philadelphia: Fortress Press, 1978)와 Carol Meyers, *Discovering Eve: Ancient Israelite Woman in Context* (Oxford: Oxford University Press, 1988) 그리고 Phyllis A Bird, *Missing Persons and Mistaken Identities*이다. 이 연구의 대부분은 공시적 연구를 수행한 필리스 트리블의 수사 비평(rhetorical criticism)에 의존하고 있지만 필요한 부분과 후반부에서는 통시적 입장에서 필리스 버드와 캐롤 마이어스가 고대 사회에 대한 고찰을 바탕으로 전개하는 사회학 비평(sociological criticism)을 수용할 것이다. 이와 같은 방법론의 변화는 문학이론에만 치우쳐 있는 트리블의 수사비평법의 한계를 극복하게 해줄 것이다.

4) S. R. Driver, *An Introduction to the Literature of the Old Testament* (New York: Meridian Books, 1967), 6; O. Eissfeldt, *The Old Testament: An Introduction* (New York: Harper and Row, 1965), 188; E. A. Speiser, *Genesis*, AB1 (NY: Doubleday, 1982), 3-5.

5) 구별의 근거는 나머지 날들이 창조적 일(!)을 하는데 비해서 이 날을 창조적 쉼(!)으로 묘사하는데 있다.

6) Robert B. Coote and David R. Ord, *In the Beginning: Creation and the Priestly History* (Minneapolis: Fortress Press, 1991), 52.

7) C. Westermann, *Genesis 1-11: A Commentary* (Minneapolis: Augsburg Publishing House,

1984), 147-55를 보라.

8) 이와 같은 의미에 기초하여 쓰여진 오경 개론서로 Michael D. Guinan, O.F.M., *The Pentateuch* (Collegeville, Minnesota: The Liturgical Press, 1990)를 보라.

9) Trible, *God and the Rhetoric of Sexuality*, 15.

10) Ibid., 17.

11) Ibid., 18.

12) Ibid., 73.

13) Ibid., 75-139. 이 문학적 뼈대는 트리블의 분석을 간추린 것이다.

14) Ibid., 89.

15) 다른 읽기들을 참고하라. "a helper as his partner"(*NRSV*), "a fitting helper"(*TNK*), "a suitable companion to help him"(*GNSB*), "a helper fit for him"(Westermann), "a helper... matching him"(Wenham).

16) Gordon J. Wenham, *Genesis 1-15*, WBC1 (Waco, Texas: Word Books, 1987), 44; GKC, 252.

17) Trible, *God and the Rhetoric of Sexuality*, 94-101, 특히, 98.

18) Ibid., 96.

19) Wenham, *Genesis 1-15*, 68.

20) Trible, *God and the Rhetoric of Sexuality*, 90.

21) 연구자는 여기서 의도적으로 인간의 행위를 죄라고 묘사하지 않고 불순종이라고 표현할 것이다. 창세기 3장의 본문에는 어디에도 죄(하타트)란 단어가 등장하지 않기 때문이다. 그 단어는 창세기 4장의 가인과 아벨 이야기에 가서야 비로소 등장한다. Carol L. Meyers, "Gender Roles and Genesis 3.16," in *A. Brenner (ed), A Feminist Companion to Genesis* (Sheffield: Sheffield Academic Press, 1993), 127.

22) Trible, *God and the Rhetoric of Sexuality*, 109-10.

23) Ibid., 105.

24) "죽을까 하노라"란 우리 말 번역은 히브리 구문을 결과론으로 읽은 것이다. 원문의 직역은 "죽지 않도록"으로 읽어서 동사 "먹지도… 만지지도 말라"를 수식하는 목적 부정사로 읽을 수 있다.

25) Ibid., 113.

26) Ibid., 120.

27) Ibid., 122.

28) A. J. Bledstein, "Are Women Cursed in Genesis 3:16?" in A. Brenner (ed), *A Feminist Companion to Genesis* (Sheffield: Sheffield Academic Press, 1993), 142. 남성에게 내려진 심판에 저주란 말이 등장하지만 그것은 땅에게 내린 저주이지 남성 자체에 대한 것은 아니다. 트리블은 이 점을 간과하여 뱀과 남성 모두에게 저주를 내린 것으로 풀이한다(Ibid., 126).

29) Trible, *God and the Rhetoric of Sexuality,* 127.

30) Meyers, *Discovering Eve,* 95-109, 특히, 105.

31) Ibid., 108.

32) 이 단어는 단 두 번 사용되는데 가인이 다스려야 하는 죄의 소원을 언급할 때(창 4:17) 한 번 더 사용된다. 참고. Bledstein, "Are Women Cursed in Genesis 3:16?" 143-45.

33) 이 밖의 사회적 직능을 수행한 여성의 유형에 관한 소상한 논의를 위해 다음을 참고하라. Athalya Brenner, *The Israelite Woman: Social Role and Literary Type in Biblical Narrative* (Sheffield: JSOT Press, 1985).

34) G. I. Emmerson, "Women in Ancient Israel," in R. E. Clements(ed), *The World of Ancient Israel* (Cambridge: Cambridge university Press, 1989), 375-6.

35) Ibid., 373-4. 참고. Patricia Dutcher-Walls, *Narrative Art, Political Rhetoric: The Case of Athaliah and Joash* (Sheffield: Sheffield Academic House, 1996).

참고자료

Phyllis A. Bird. *Missing Persons and Mistaken Identities: Women and Gender in Ancient Israel.* Minneapolis: Fortress Press, 1997.

A. J. Bledstein, "Are Women Cursed in Genesis 3:16?" in A. Brenner (ed), *A Feminist Companion to Genesis.* Sheffield: Sheffield Academic Press, 1993, 142-45.

Athalya Brenner. *The Israelite Woman: Social Role and Literary Type in Biblical Narrative.* Sheffield: JSOT Press, 1985.

Robert B. Coote and David R. Ord. *In the Beginning: Creation and the Priestly History.* Minneapolis: Fortress Press, 1991.

S. R. Driver. *An Introduction to the Literature of the Old Testament.* New York: Meridian Books, 1967.

Patricia Dutcher-Walls. *Narrative Art, Political Rhetoric: The Case of Athaliah and Joash.* Sheffield: Sheffield Academic House, 1996.

Otto Eissfeldt. *The Old Testament: An Introduction.* New York: Harper and Row Publishing House, 1965.

G. I. Emmerson. "Women in Ancient Israel." In R. E. Clements (ed). *The World of Ancient Israel.* Cambridge: Cambridge University Press, 1989, 371-94.

Michael D. Guinan, O.F.M. *The Pentateuch.* Collegeville, Minnesota: The Liturgical Press, 1990.

Carol L. Meyers. *Discovering Eve: Ancient Israelite Women in Context.* Oxford: Oxford University Press, 1988.

_____ . "Gender Roles and Genesis 3.16." In A. Brenner (ed), A Feminist *Companion to Genesis.* Sheffield: Sheffield Academic Press, 1993, 118-41.

Phyllis Trible. *God and The Rhetoric of Sexuality.* Philadelphia: Fortress Press, 1978.

Gordon J. Wenham. *Genesis 1-15.* WBC1. Waco, Texas: Word Books, 1987.

Claus Westermann. *Genesis 1-11: A Commentary.* Minneapolis: Augsburg Publishing House, 1984.

신약의 여성관

장 동 수 부교수 | 신약학

1. 서 론

흔히 21세기는 여성의 세기라고들 말한다. 그러나 정작 성경이 말하고 있는 여성관에 관한 올바른 이해는 낮은 듯하다. 또한 알고 있다 하더라도 선입관과 고정관념에 사로잡힌 여성관을 지니고 있는 경우가 많다. 그래서 본고의 목적은 할 수만 있다면 신약성서에 등장하는 예수님과 사도 바울의 여성관을 그 시대적 배경 하에서 살펴보고 지금 여기에서 어떻게 적용할까를 숙고하고자 함에 있다. 신약성서의 여성관이라 함은 예수, 복음서 저자들, 사도들, 그리고 초대교회의 여성관을 총망라해야겠지만, 그 경계가 모호하고 복잡하여, 본고에서는 단순화하였다. 즉, 예수의 여성관과 바울의 여성관을 대표적으로 관찰해봄으로써 신약의 여성관을 살펴보았다.

2. 예수의 여성관

몇 가지 관점에서 논란이 제기되기도 하지만, 우리에게 남겨진 네 개의 정경복음서가 예수의 여성관을 알 수 있는 거의 유일한 자료임에는 이의가 없다.[1] 물론 복음서 저자들의 관점과 수신자들의 상황을 고려한 각색 등에 대하여는 감안해야 하는 점이 있겠다. 그럴지라도 사복음서를 통해보면, 예수는 그 당시 여자들 사이에 놓여 있던 성적, 사회적, 종교적, 인종적 장벽을 넘어서서 여성을 보았고 존중하였다. 서론적으로 몇 가지만을 언급한다면, 예수는 남성이나 어린이와 마찬가지로 여성들을 치유하였고(눅 13:10-16; 막 5:25-34), 죄를 용서하였으며(눅 7:36-50), 그들과 대화하고(마 15:21-28; 요 4장), 그들에게 자신의 부활을 처음으로 알리었다(요 11:25; 눅 24:11-12). 이러한 여성에 대한 예수의 관점을 엿볼 수 있는 복음서의 대표적인 문단들과 그와 연관하여 제기되는 문제들을 당대의 배경에 비추어 살펴볼 필요가 있다.

예를 들면, 누가복음 8:1-3과 마가복음 15:40-41의 예수를 따라 나선 여인들에 대한 기록은 예수께서 여자들에게 자신의 제자직을 허락한 것으로 보아야 하는데, 이는 그 시대에 유례가 없는 일이다. 예수는 하나님 앞에서 여자를 남자와 동등한 지위에 놓았다. 특히 예수는 일부일처제를 찬성하고 제자들에게 이혼을 철저히 금하는 등의 결혼에 대한 입장 또한 당대에 유래가 없는 혁신적인 것이었다(막 10:1-12; 마 19:1-12; 창 1:27; 2:24).[2] 예수는 여성을 그들의 성, 나이, 결혼관계 등의 관점에서 본 것이 아니라 하나의 인격적인 존재로 보았고, 하나님과의 관계의 관점에서 보았다.[3] 이는 당대의 모든 견해와도 달랐으며, 사회적 태도와도 다른 독창적인 것이었다.[4] 다음은 이러한 여성에 대한 예수의 태도와 관점을 살펴볼 수 있는 대표적인 예들이다.

2.1. 여자와 남자를 동등하게 보시는 예수: 간음과 이혼에 관한 가르침에서.[5]

산상수훈 중에 나오는 마태복음 5:27-30에서 예수는 간음하지 말라는 법을 내세우는 자들과 대립하고, 마태복음 5:31-32에서는 이혼증서를 써주라는 당대의 이혼 법을 내세우는 자들과 대립되는 입장에 선다. 우선 마태복음 5:27-30에서 예수는 법을 내세우며 간음자로 규정하는 율법주의적인 남자들에게 여자를 보고 욕심을 품기만 해도 간음한 것이라고 말씀하면서(마 5:28) 심판의 중함을 첨가한다(마 5:29-30). 일부다처제시대였고, 여성이 단지 남성의 성적인 대상이 될 뿐만 아니라 간음죄는 여성에게만 해당되던 당대에 이렇게 단호한 예수의 말씀은 혁신적이었다.[6] 그리고 마태복음 5:31-32에서 예수는 남자들의 탐욕을 채우기 위하여 여자들로 하여금 범죄하게 만드는 불의를 단죄하면서, 여성을 보호하고 있다. 신명기 24:1의 인용인 이혼증서를 써주는 일은 남성중심의 이혼규례였다(마 5:31). 로마사회에서는 여성이 그 남편과 이혼하기도 하였으나, 유대사회에서 이혼은 남자들의 특권이었고, 다만 여성을 자신의 남편이 이혼해주도록 법정에 소송을 낼 수는 있었다. 이 문단에서 보면, 예수는 억압받던 여성의 권리를 회복시키고 있음을 알 수 있다.

마태복음 19:3-12에서 우리는 또 예수와 바리새인들 간에 이혼의 문제로 논쟁이 된 기사를 발견하는데, 이 문단은 다른 공관복음서들(마

10:1-12; 눅 16:18)에도 평행구가 있다. 이 본문의 역사적인 배경은 두 가지다. 첫째로 헤로디아가 전 남편과 이혼하고 헤롯 안디바와 결혼한 것을 간음이라고 침례 요한이 고발하였고 예수께서도 이를 지지하고 헤로디아와 안디바를 정죄하였다. 둘째로는 남자나 여자가 상대방에게 음행을 대하여 각각의 책임이 있는 것으로 보고 있다는 점이다(마 19:9). 즉, 당대에 유대인들은 간음의 책임을 오직 여자에게만 지웠는데, 예수는 여자와 남자를 동등한 수준에 두고 있다. 이러한 관점은 과히 혁신적이었다. 예수는 이 세 평행구절들에서 두 가지 분명한 입장을 취한다. 즉, 첫째로 하나님의 원래 계획은 결혼을 위한 것이지 이혼을 위한 것은 아니라고 확언한다. 둘째로 결혼관계에 충실한 아내가 이혼당하지 않을 권리를 찾아준다. 예수는 창세기의 남녀 창조기사를 인용하면서 하나님의 원래 계획인 깨어질 수 없는 결혼관계를 강조하되, 결혼관계에서 한편이 다른 한편에 종속되어 있음을 어디에서도 말하지 않는다. 결혼관계가 깨어질 때 양편 모두에게 책임이 있음을 분명히 한다. 이와 같은 예수의 동일한 관점이 간음 현장에서 잡힌 여인을 용서하시는 모습(요 7:53-8:11)에서도 발견된다.[7]

2.2. 인종, 종교, 성별을 뛰어 넘어 여자를 보시는 예수(요 4:4-42).

이름 없는 한 사마리아 여인을 만나시는 예수의 이야기는 신적 당위성으로부터 시작된다(요 4:4).[8] 이 여인은 당시의 랍비들이 금하는 세 가지 요소를 가지고 있었는데, 그것은 그녀가 사마리아인, 여자, 부정한 사람이었다는 사실이다.[9] 이것은 사마리아 여인과(4:9) 제자들의 반응(4:27)에서 공통으로 나타나고 있다. 그러나 이 모든 것이 그녀와 기꺼이 대화하여 구원하고자 하는 예수의 행동에 아무런 영향을 미치지 못하였다. 이 이야기 속에서 예수는 인종적(유대인-사마리아인), 종교적(예루살렘-그리심 산), 성적(남자-여자), 도덕적 경계를 넘어 한 인간으로 사마리아 여인을 보고 있다. 요한복음 저자는 전장(요 3:1-21)에 기술한 니고데모와 사마리아 여인의 예수에 대한 반응을 대조시키는 동시에, 요한복음 4장 39절에 나오는 "여자의 증거하는 말"이라는 표현으로 열두 제자들보다 더 제자의 역할을 잘 감당한 여인으로 묘사하고 있다. 그녀는 또한 제자들보다 더 나은 음식을 예수께서 잡숫게 하였다(4:32-34). 실로 사마리아 여인은 요한복음에 나오는 최초의 "전도자"(evangelist)였으며,[10] "생수의 근원지를 바꾸어 놓은 여인"이다.[11]

2.3. 남자와 동등하게 여자에게 배움의 기회를 주시는 예수(눅 10:38-42).

나사로의 누이들인 마르다와 마리아 자매의 이야기는 우리에게 많은 것을 이야기해 주었다. 본 문단은 요한복음 11:1-44과 더불어 두 자매에게 각각의 필요를 따라 가르치시고 확신을 주시는 예수의 모습을 보게 해준다. 특히 누가복음 10:39, 42에서 예수의 발아래 앉아 그의 말씀을 듣고 있는 마리아의 모습과 이를 불평하는 마르다에 답하여 마리아를 칭찬하는 예수의 관점에서 우리는 당시의 랍비들이 여자들을 향하여 가지고 있었던 관점과 현격한 차이가 있음을 발견한다. 당대의 엘리제르(Eliezer) 같은 랍비는 "딸에게 율법의 지식을 주는 남자는 그녀에게 음행을 가르치는 것과 같다"라고 말하면서 여자들에게 율법을 가르치는 것을 반대하였고, 회당교육은 남자들에게만 율법을 가르칠 수 있도록 고안되었다.[12] 예수께서 마리아에게 말씀을 가르치고 그녀의 선택을 칭찬함으로써 당대의 랍비들이나 서기관들의 여자에 대한 태도와 편견을 따르지 않았는데,[13] 여기서 우리는 예수께서 여자에게도 동등하게 배움의 기회를 주고자 했음을 알 수 있다.

2.4. 예수의 사역에 참여하였던 여인들

복음서에서 시작된 예수 당시의 여성 사역자들은 사도행전과 서신서들에서 그 예들을 많이 찾을 수 있다.[14] 이 중에서 대표적인 예로, 누가복음 8:1-3은 헬라어로 한 문장으로 이루어진 장문인데, 세 단어가 주목을 받는다. 즉, 예수, 열두 제자, 여자들이다. 여기서 누가는 열두 제자에 대하여는 예수와 함께 하였다는 언급 이외에 자세한 설명을 하지 않지만, 여자들에 대하여는 자세한 언급을 한다. 세 명의 여인이 이름과 더불어 설명이 나오고, 또 다른 여인들이 있었다. 이 여성들은 예수와 열두 제자들의 사역에 동행하면서 자신들의 소유로 재정적인 필요를 담당하였다. 그래서 어떤 이들은 여성 사도들로서 예수를 섬겼다고 말하는 이도 있다.[15] 다음의 대표적인 예는 예수의 십자가 밑에 끝까지 남아 있었고, 안식 후 첫날에 무덤을 보러 갔던 여인들의 이야기인데, 이는 남자 제자들을 부끄럽게 한다. 그들의 이야기는 다음에 언급하는 부활의 첫 증인들이 된 여성들이다.

2.5. 여성을 부활의 첫 증인으로 삼으시는 예수

예수의 부활에 대하여 남자 제자들이나 여자 제자들 모두 잘 준비되어 있지 못하였던 것은 사실이다.[16] 유대사회에서 여성의 증거를 인정하지 않는 역사적 맥락에서, 여성들을 부활의 첫 증인으로 채택하신 예수의 의도는 괄목할 만한 차이가 있다. 사복음서 말미(마 28:1-10; 막 16:1-8; 눅 24:1-12; 요 20:1-18)에 나타나는 부활현현 기사와 남성중심으로 이루어진 문단인 고린도전서 15장 서두(1-7절)에 나타나는 부활현현 보고와의 차이에 대하여는 논란의 여지가 있다. 하지만 사복음서 기자 모두 여자들이 예수의 부활 메시지를 처음 들었다는데 동의하는 것은 분명하다. 마태복음 28:1-10에서 부활하신 주님은 최소한 한 명 이상의 여성에게 처음 나타나셨고, 요한복음 20:10-18에서 막달라 마리아에게 처음 나타나셨다. 복음서 기자들은 부활의 기쁜 소식을 선포하라는 명령을 처음 받은 이들은 여성들이었고, 그들은 이 명령에 순종하였다(마 28:7; 막 16:7; 요 20:17-18)고 기록하고 있다. 이는 하나님의 새로운 경륜에서는 이제 남성과 여성이 동시에 부활하신 주님의 믿을 수 있는 증인이요 능력 있는 사자(messenger)가 되었다는 의미이다.

2.6. 그렇다면 왜 열둘 중에는 여자가 없는가?

그렇다면 열두 사도 중에는 왜 여성이 하나도 없는가?[17] 신약성서에는 열두 사도로 알려진 예수님의 열두 제자 목록이 네 군데 있다: 마태복음 10:2-4; 마가복음 3:16-19; 누가복음 6:13-16; 사도행전 1:13에 나온다. 이 열둘 중에는 여성이 한 사람도 없다. 왜 열둘 모두 남성인가? 신약성서는 이에 대하여 분명한 답을 주지 않는다. 예수는 성, 인종, 사회적 차별을 인정하지 않았음을 이미 위의 예에서 살펴볼 수 있었다. 그렇다면, 왜 열둘 가운데는 여성이 하나도 선택되지 않았는가? 이를 두고 여성 차별의 관점에서 보는 시각도 있지만, 숨겨진 이유가 있는 것 같다.

한 가지 대안은 당시의 문화적 상황에 대하여 예수께서 양보한 것으로 보는 것이다. 즉, 열둘은 종말에 창조되는 하나님의 새 백성을 상징하는 것으로 견해이다. 이스라엘의 열두 지파와 평행을 이루면서 구약의 이스라엘에 대한 연속성을 지니는 동시에, 믿음을 가진 이는 누구나 함께 할 수 있다는 점에서는 민족적인 이스라엘에 대한 불연속성을 지니고 있는 숫자이다. 그러나 만약 여기서 남자들에게만 열두 사도의 권위가 계승된다고 주장한다면, 동시에 남자 중에서도 유대인에게만 전해져야 된다고 주장해야 할 것이다. 이것이 그렇지 않은 것처럼, 교회의 사역의 직분도 남자에게만 계승되어야 한다고 주장할 수 없다. 이는 위에서 살펴본 대로, 예수 당시에도 수많은 여성들을 자신의 사역에 여러 모양으로 포함시킨 예들에서 찾아볼 수 있다.

2.7. 요약

이상 몇 가지 중요문단에서 살펴본 결과로써 예수의 여성관을 다음과 같이 요약할 수 있을 것이다. 첫째로, 예수는 여자를 남자와 동일하게 인격체(person)로 보았다. 둘째로, 예수는 여성에게도 동일하게 배움의 기회를 주었다. 셋째로, 예수는 여성에게도 동일하게 사역의 기회를 주었다.

3. 바울의 여성관

예수의 가르침과 비교되어, 사도들 특별히 바울의 여성관은 상이한 점이 있다고 종종 말하여지곤 한다. 즉, 바울의 여성관이 예수의 여성관에 비하여 남성중심으로 되어졌다는 것이다. 이러한 현상은 바울 서신의 몇몇 구절에 대한 해석과 오해에서 빚어졌다. 그러나 정작 바울 서신을 통하여 그의 여성관을 들여다보면 실상은 그렇지 않다. 그는 모든 서신에서 형제와 자매들을 수신자로 보았고,[18] 여성과 남성의 동등성을 선포하는 동시에(갈 3:28), 남성과 동일하거나 더 우월한 직분을 맡아 봉사하던 여성들을 많이 거론하며(롬 16:1-16), 교회일과 예배에 여성을 참여시키고 있다. 그래서 본고에서는 바울의 여성관에 대한 오해를 일으켰던 대표적인 구절들에 대한 구체적인 석의를 통하여 그 문제를 풀어보고자 한다. 두 곳은 바울의 친필 서신으로 분류되는 고린도전서에 있고(고전 11:3-16; 14:33-40), 다른 두 곳은 일부 학자들에 의하여 제2바울서신으로 분류되는 서신들에 나오고 있다(딤전 2:11-15; 엡 5:21-33).[19]

3.1. 남녀 동등성을 주장하는 바울: 갈라디아서 3:28

우선 바울의 여성관이 분명하게 표현된 구절부터 시작해보자. 바울은 자신의 주요서신 중의 하나인 갈라디아서에서 자신의 여성관을 선언적으로 피력한다: "너희는 유대인이나 헬라인이나 종이나 자유인이나 남자나 여자나 다 그리스도 예수 안에서 하나이니라"(갈 3:28). 여기에는 불평등(inequality)의 세 짝이 강조되어 표현되어 있다: 유대인과 이방인; 종과 자유인; 그리고 남자와 여자이다. 그리스도 안에서 새로운 관계 안으로 들어서는 침례사건을 묘사하는 이 문단(갈 3:26-29)의 핵심 구절인 갈라디아서 3:28에서 바울은 모든 그리스도인들의 평등성(equality)을 선언한다.[20] 예수 그리스도 안에서 믿음으로 하나님의 자녀가 되고 침례를 받아 그리스도로 옷 입은 그리스도인들은 모두 인종(유대인이나 이방인이나),[21] 사회적 계급(종이나 자유인이나), 성별(남자나 여자나)에 관계없이 그리스도와 연합함으로 오는 모든 혜택을 동일하게 받는다. 그들은 모두 하나님의 동등한 자녀이며, 차별 없는 아브라함의 후손이며 약속의 상속자들이다. 그리스도의 십자가 사건은 유대인과 이방인 사이에 막혀 있던 인종적인 담을 헐어내고(엡 2:11-22; 갈 5:6; 롬 10:12), 종과 자유인 사이에 놓여 있던 사회경제적인 계급을 극복하고(고전 12:13; 골 3:11; 몬 10-18), 마침내 남자와 여자간의 성적인 차별도 걷어 내었다(갈 3:28). 이는 단순히 구원론적인 위치(지위)를 말하는 것만이 아니라 교회 안에서(혹은 사회에서)의 사역적인 실천(기능)도 포함하는 선언이다. 교회에서 이방인이 유대인과 차별 없이 그리고 종이 자유인과 차별 없이 영적인 지도력을 발휘할 수 있다면, 여자도 남자와 차별 없이 그래야만 한다.[22]

바울의 이러한 선언은 당대에 이루어지던 자유로운 유대인 남자들의 기도문과 견주어 보면 더 혁신적이다. 그 당시 자유로운 유대인 남자들은 여러 종교적인 특권들에서 제외되지 않았기 때문에, 자신들이 이방인도 아니고, 종도 아니며, 여자도 아님을 감사하는 내용을 그들의 아침 기도문에 포함시켰다.[23] 이렇게 바울이 갈라디아서 3:28에서 선언한 평등사상은 바울 복음의 주요한 신학적 관심사였으며, 그의 서신 여러 곳에서 나타나고 있다. 그것을 실제 상황에서 구체적으로 표현해 주고 있는 대표적인 예를 그의 가장 긴 서신인 로마서의 마지막 장에서 찾을 수 있다.

3.2 갈라디아서 3장 28의 적용: 로마서 16장의 여인들을 중심으로

열 명이나 넘는 여성이 언급된 로마서 16장에는 바울의 여성관을 엿볼 수 있는 많은 힌트들이 있다. 이장은 바울이 행한 갈라디아서 3:28의 천 명을 실천적인 면에서 웅변적으로 드러내주는 유명한 장이다. 로마서 16장은 진정성(authenticity) 면에서 수난을 겪은 장이지만 사본학적 연구 성과로 그 진정성이 인정된 장인데,[24] 여기서 바울은 겐그레아의 자매 뵈뵈를 추천하고 있으며(1-2절) 로마의 그리스도인 스물여섯 명의 실명을 거론하며 안부를 전한다. 이들의 이름들을 살펴보면 유대인과 이방인, 자유자와 종, 남자와 여자로 구성되어 있는 것을 알 수 있는데, 이들 모두가 평등한 교회의 온전한 회원이며 일꾼임을 바울은 확언한다(3-16절). 그는 오히려 이방인, 종, 여자들을 더 칭찬하며 그들의 수고를 귀하게 여기고 있다. 바울은 이 장에서 특히 여성들을 귀하게 인정하고 있다. 그는 자매 뵈뵈를 사도의 보호자 혹은 후견인으로 극찬하고(1-2절), 자매 브리스가를 그의 남편 아굴라보다 먼저 언급하면서 자신의 동역자로 부르고 있으며(3-4절), 심지어 자매인 유니아는 그의 남편과 함께 유명한 여사도로 인정하고 있다(7절).

3.2.1. 뵈뵈:[25] 로마서 16:1-2은 뵈뵈에 대한 사도 바울의 추천서이고, 이 뵈뵈가 이 대 서신을 로마의 그리스도인들에게 전달한 이임에는 의심의 여지가 없는데, 그녀는 겐그리아 교회의 집사였다. 바울은 로마서 16장 1-2절에서 뵈뵈를 "자매"(ἀδελφή, 형제의 여성형) "일꾼"(διάκονος, 남성형), "보호자"(προστάτις, 여성형)라고 부른다. 이 어휘들은 분명 뵈뵈가 지역교회인 겐그레아 교회에서 가르치는 것과 인도하는 것에 관여하고 있었음을 보여준다.[26] 바울이 뵈뵈를 지칭한 용어들을 각각

살펴보면, 첫째로, 바울은 뵈뵈 자매를 그리스도인이며 형제들과 다름 없는 온전하고 독립된 교회의 지체이며 아무런 차별이 없는 성도로 알고 있다.

둘째로, 바울은 뵈뵈를 지칭할 때, 일반적으로 "일꾼," "사역자" 혹은 "집사" 등으로 다양하게 번역되는 남성형 명사 "διάκονος"를 그대로 쓰고 있는데,[27] 이는 첫 번째('자매')와 세 번째('보호자')에서 여성형을 사용하고 있는 것과는 대조된다. 즉, 바울은 남녀간의 차별을 전혀 고려하고 있지 않고, 남성들과 동등한 교회의 일꾼으로서 뵈뵈를 보고 있다. 그렇다면 빌립보서 1:1과 비교해 보아도 뵈뵈는 신약에서 남녀를 통틀어서 최초로 집사로 명명된 사람이다.

셋째로, 뵈뵈는 "여러 사람과 나(바울)의 보호자"였다.[28] 즉, 뵈뵈는 대사도 바울뿐만 아니라 많은 이들의 "후견인-후원자-보호자"였으므로, 바울과 다른 많은 남성 사역자들이 뵈뵈라는 여인의 손에서 개인적 돌봄을 얻었을 것이다.[29] 아마도 그녀는 빌립보의 루디아(행 16:11-40), 라오디게아의 눔바(골 4:15), 로마의 브리스가(롬 16:3-5)처럼 겐그레아 교회의 성도들이 다 모일 수 있는 집을 가지고 있었을 것인데, 그녀는 자신의 집에 교회가 모일 때, 여자 집주인으로서의 역할뿐만 아니라 바울이 지칭한대로("겐그레아 교회의 일꾼") 사역자의 역할도 하였음을 충분히 짐작할 수 있다. 당시의 주된 교회 형태였던 가정교회는 여성들이 주도적인 역할을 할 수밖에 없는 구조였기 때문이다.[30]

3.2.2. 브리스가:[31] 신약성서에서 로마서 16:3-5와 또한 다른 몇 군데에서 언급된 브리스가와 아굴라보다 더 매력적인 부부는 없을 것이다. 아굴라는 흑해의 남쪽 해안지역인 본도 출신 유대인이며 천막을

만드는 일을 하였고, 그의 아내 브리스가와 함께 로마 황제 글라디오가 주후 49년 유대인을 로마에서 추방할 때에 고린도로 왔다(행 18:2). 신약에서 더 많은 경우 브리스가(혹은 브리스길라)가 아굴라보다 먼저 언급된 것에 대한 분명한 해명은 아마도 그녀가 아굴라보다 더 높은 사회적 지위 혹은 영적 지도력을 지니고 있었던지 혹은 그 부부가 하는 사업에 자본을 투자하였던지 혹은 그 사업의 브레인 역할을 하였든지 하였을 것이라고 보는 것이 학자들 간의 공감을 이루는 견해이다.[32] 로마서 16:3-5에서 바울은 첫째로, 로마의 성도들 중에서 가장 먼저 안부를 전하면서 브리스가를 필두로 아굴라를 자신의 동역자들로 부른다(3절). 이 "동역자"란 말은 바울이 다른 곳에서(롬 16:9, 21; 고전 3:9; 고후 1:24; 8:23; 빌 2:25; 4:3; 골 4:11; 살전 3:2; 몬 1:24; 바울 이외의 다른 곳에서는 요한 삼서 8절만이 유일하다) 하나님께서 자신에게 부여하신 선교사역을 함께 동역하는 사역자를 지칭할 때 사용한 어휘이다. 바울은 둘째로, 브리스가가 아굴라와 더불어 자신의 목이라도 내어놓았다고 말한다(4절 상). 이 어구는 상징적인 표현일 수도 있으나 분명하게 말하여진 곳은 없다. 그러나 이 부부가 이러한 위험을 무릅쓸 수 있었던 경우는 많았다(행 18:12-17; 19:23-41; 고전 15:32; 고후 1:8-10; 6:5; 8:2; 11:23).

바울은 셋째로, 자신뿐만 아니라 이방인 모든 교회들이 이 부부에게 감사한다고 말한다(4절 하). 물론 이 어구에는 과장도 있겠지만, 우리는 바울이 브리스가와 아굴라를 이렇게 평가하고 마음에 두고 있다는 표현뿐만 아니라 아주 넓게 퍼진 이 부부의 영향력에 대한 표현임을 알 수 있다. 넷째로, 이 부부의 집안에 있는 교회를 언급하고 있다(5절 상).[33] 가정에서 교회가 모일 경우 여성의 역할이 중요한데, 브리스가가

부엌일뿐만 아니라 가르치는 일에도 종사했을 가능성이 높다. 분명한 것은 당대의 대도시 로마, 고린도, 에베소에서 수많은 영혼들이 이 부부의 집에서 모이는 교회를 통하여 생명을 얻고 인생의 의미를 재발견하여 이들에게 감사하고 있다는 사실이다.[34]

결론적으로, 바울이나 누가는 브리스가와 아굴라 부부를 언급할 때 더 많은 경우에 브리스가를 먼저 언급하였고, 바울은 자신의 선교 사역에 동참한 다른 남성 동역자들을 지칭하는 "동역자"란 단어로 그녀를 표현하고 있음에서 우리는 브리스가의 위치를 감지할 수 있다. 바울과 누가는 남편 아굴라보다 우등하게 브리스가를 마음에 두고, 브리스가가 남성 사역자와 동등한 지도력을 지니고 있다고 말하고 있다. 대도시들에서 가정교회를 이끌 수 있었던 사실에서, 브리스가와 아굴라 부부가 수행한 사업이나 선교사역 그리고 가르치는 사역에서 여성인 브리스가가 남편 혹은 남성보다 열등하지 않고 오히려 더 활동적인 역할을 하였음을 우리는 충분히 짐작할 수 있다.

3.2.3. 유니아:[35] 로마서 16:7

("내 친척이요 나와 함께 갇혔던 안드로니고와 유니아에게 문안하라 저희는 사도에게 유명히 여김을 받고 또한 나보다 먼저 그리스도 안에 있는 자라")의 중간에 "사도들에게 유명히 여김을 받은" 두 사람에 관한 언급이 있다. 이 어구에서 안드로니고와 유니아가 사도들 사이에서 신망이 높았다는 뜻으로 읽을 수도 있지만, 여러 사도들 중에서도 탁월한 사도들이었고 보는 것이 더 적절하다. 여기서 "안드로니고"는 디아스포라 유대인들이 흔히 사용하던 헬라식 남자이름이고, "유니아"는 유대인들이 종종 사용하던 라틴식 이름이다. 이 둘은 바울의 가까운 "친척"일 수도 있고, 혹은 "동족" 유대인을 의미할 수도 있다. 12세기까지

주석가들은 이 두 사람을 부부로 이해하여 유니아를 안드로니고의 부인으로 생각했으며, 요한 크리소스톰은 유니아에 대하여 "사도로까지 여김을 받았던 이 여인의 지혜가 얼마나 위대한가!"라며 감탄하였다는 10세기경의 기록도 있다.[36] 현대에도 유수의 주석가들이 "유니아"를 "안드로니고"의 부인으로 보고 있다(바레트, 크랜필드, 던, 윌킨스 등이다). 그러나 이 본문에서 아직도 논란이 되는 두 가지는 "사도들에게 유명히 여김을 받았다"라는 어구의 번역문제와 "유니아"라는 이름이 남자 이름인가 여자이름인가의 문제이다. 첫 번째는 이미 논의하였다. 두 번째 문제에서, "유니아"는 남성형 "유니아누스"의 축약형으로도 볼 수 있으나 현존하는 로마의 비문에는 이러한 이름을 찾아볼 수 없다. 만약 "유니아"가 남성의 이름이었다면 안드로니고의 가장 신임하는 종이었을 가능성이 높지만, 매우 일반적인 여자 이름 "유니아"로 읽는 것이 가장 자연스럽다. "유니아"를 여성으로 보기를 꺼려하는 가장 큰 이유는 여자 사도가 있을 수 있느냐는 남성중심적인 생각에서 기인하였다. 물론 여기서 사도직은 열두 사도와는 구별되는 파송선교사나 특수 임무를 띤 사자(messenger)나 전령(envoy) 등을 의미한다(행 14:4, 14; 고전 9:5; 12:28; 고후 8:23, 11:13; 엡 4:11).

이외에도 많은 곳에서 바울은 여성을 자신의 동역자로 보았는데, 여러 곳에서 바울의 여성관이 적용된 예들은 찾을 수 있다: 등록된 과부(딤전 5:9-10); 여자 집사(딤전 3:11);[37] 빌립보 교회의 일꾼 자주장사 루디아(행 16:11-15, 40) 및 유오디아와 순두게(빌 4:2-3); 라오디게아 교회의 눔바(골 4:15) 등 헤아릴 수없이 많다.

3.3. 바울의 여성관을 오해하게 만드는 문단들

위에서 살펴본 대로 바울은 여성을 남성과 동등하게 보았음이 틀림없고, 그가 갈라디아서 3:28에 천명한 내용에서 벗어나지 않았음을 충분히 알 수 있었다. 이제 우리는 바울이 여성의 권리를 제한하였다고 오해받게 한 구절들을 살펴볼 차례가 되었다. 위에서 언급한대로 대표적인 문단들을 다음에 살펴본다.

3.3.1. 머리에 쓰는 문제: 고전 11:2-16

바울의 글 중에서 본 문단이 여성에 대하여 가장 덜 호혜적이다.[38] 이 문단에서 바울이 여성을 남성보다 열등한 존재로 말하는 것처럼 보이고 또 그렇게 이해되어 왔다. 그러나 그 당시의 사회적 정황에 비추어 이 문단을 보면 그렇지 않다. 앞에서 살펴본 대로 바울은 이미 자신의 여성관에 관하여 명확히 선언하고 실증을 보여준 바 있다. 고린도전서 11:2-16에서 바울이 문제 삼은 것은 당시 고린도의 디오니소스 제의에서 여사제들이 머리를 풀어헤치고 신탁을 받은 것에 영향을 받아 고린도교회 안에도 머리를 풀어헤치고 열광적으로 예언이나 기도를 하는 여자들이 생겨났다. 그는 하나님의 창조(7-9절), 천사 때문에(10절), 남녀의 본성(14절), 그리고 풍습(16절) 등의 이유를 들어 공중예배에서 여자는 머리에 써야 하고 남자는 쓰지 말아야 한다고 설명한다. 바울은 이 과정에서 아담과 하와가 동시에 창조되었다는 이야기(창 1:26-30)가 아니라 아담의 갈비뼈에서 하와를 만들었다는 이야기(창 2:4하-24)를 선택하여 하나님-남자-여자로 이어지는 수직적 질서를 설정하는 듯 보인다.

그러나 이 문단에서 우리는 오히려 바울이 여성들에 대하여 가지고 있는 다음 두 가지 사실을 발견한다. 첫째로, 바울은 이 문단(특히 11-12절)에서 남자도 여자로부터 났고, 궁극적으로 남자와 여자가 모두 하나님으로부터 났다고 선언함으로써 그가 이미 밝혔던 그리스도 안에서 남자와 여자가 차별이 없다(갈 3:29)는 선언을 확인하고 있다. 둘째로, 바울은 여성이 교회에서 예언이나 기도하는 것을 금한 것이 절대 아니다. 다만 여성이 그 일을 할 때, 머리가 단정한 상태에서 하라고 권고한다. 또한 머리에 쓰는 것은 굴종의 의미라기보다는 권위의 표시이다. 결과적으로 바울은 남성이나 여성이 차별 없이 은사를 받은 대로 교회에서 그것을 사용하여 몸을 세우는 사역을 하여야 함을 밝히고 있다.

3.3.2. 질문하지 말라는 조치(고전 14:34-35)

성서에서 본 단락만큼 논란이 많은 문단도 없을 것이다.[39] 이 문단은 바울이 다른 곳에서 분명하게 밝힌 여성에 대한 가르침과도 다르고 문맥과도 어울리지 않기 때문에, 그 해결책으로 크게 세 가지 정도가 대두되고 있다: 1) 바울의 권고; 2) 후대의 삽입; 3) 바울의 반박 등이 그것이다.[40] 그리고 이 문단이 고린도전서 11장과 분명히 다른 상황은 11장에서는 성령의 뚜렷한 인도하심이 있는 예언활동의 언어였고, 14장에서는 어지러움과 관련된 다른 종류의 언어사용이었다는 점도 고려해야 한다.[41]

현재의 학계에서는 고린도전서 14장 34-35절은 원래 바울이 기록한 고린도전서의 부분이 아니라 후대의 삽입이라고 보는 견해와 고린도전서의 진정한 부분이라는 견해로 나누인다. 고린도전서 14장 34-

35절은 사본학적인 외적증거의 원칙에서 볼 때는 현존하는 거의 모든 사본에 존재하는 것은 사실이기 때문에(그러나 더 오래되고 신뢰할 만한 사본들과 대다수의 증거들에는 이 구절이 33절 뒤에 위치하고 소위 서방본문유형으로 알려진 사본들과 증거들에는 40절 뒤에 위치한다), 내적 증거의 원칙 즉, 필사상의 가능성과 내재적인 가능성을 적용하여 그 진정성을 살펴보아야 한다.

첫째로, 필사상의 가능성이라는 측면에서 다른 이문의 출현을 설명해줄 수 있는 이문이 원문이었을 가능성이 높다는 원칙을 적용해야 하는데, 이때 다음과 같은 세 가지 가능성이 존재한다: (1) 바울이 34-35절을 33절 뒤에 기록하였는데, 누군가에 의하여 의도적으로 40절 뒤로 옮겨졌다; (2) 이와는 반대로 원래는 40절 뒤에 기록하였는데, 33절 뒤로 옮겨졌다; (3) 바울이 고린도전서를 기록할 때는 34-35절을 기록하지 않았는데, 아주 이른 시기에(아마도 1세기 말 전후에 디모데전서 2장 9-15절을 의식한 남성?) 필사자에 의하여 난외에 34-35절의 내용이 기록되었다가 그 뒤를 따르는 어떤 필사자는 이 구절을 33절 뒤에, 또 다른 필사자는 40절 뒤에 붙여놓아서 본문 안에 들어오게 되었다. 이 세 가지 대안에서 마지막 대안이 다른 두 대안을 역사적으로와 논리적으로 설명해 줄 수 있는 가장 설득력이 있는 대안이며, 처음 두 대안은 각각 나머지 대안들을 설명하는데 어려움을 준다.

둘째로, 이 두 구절이 원문이 아니었을 가능성을 높여주는 내재적인 가능성들은 다음과 같다: (1) 34-35절이 없다면, 문맥상 33절에서 바로 36절로 연결되어 바울의 논지가 부드럽게 이어지면서 더 설득력이 있다; (2) 이 보다 더 어려운 점은 34-35절("여자들은 침묵하라")은 바울이 이미 11장 여러 곳에서 여자들이 회중 가운데서 기도도 하고 예언도 할 수 있다고 주장한 내용과 정면으로 대치된다는 점이다; (3) 마지막으로 34-35절의 여러 어휘나 어구들이 바울의 어휘나 용법과는 거리가 멀다. 이상에서 보는 바와 같이 사본학적인 측면에서 본다면, 고린도전서 14장 34-35절은 원래 바울이 고린도전서를 기록할 때는 없었으나, 원본의 기록 이후 아주 이른 시기에 누군가에 의하여 난외주로 그리고 본문 안으로 들어간 것으로 보인다.[42]

처음에 언급하였던 대로, 이 구절이 원문이었을 것이라는 가정 하에 나온 대안들도 있다: (1) 그리스도인들이 남녀가 구분되어 앉아 있는 회당과 같은 구조의 모임에서 방언과 예언이 이루어질 때 한쪽에 앉아 있는 궁금한 여자가 다른 편에 앉아 있는 자기 남편이 아닌 남자에게 질문을 하여 소란하게 하였을 경우에, 그러지 말고 집에 가서 자신의 남편에게 물어보고 배우라고 바울이 권면하였다 – 이것은 역사적 가능성이 희박한 단순한 가정일 뿐이다; (2) 이 구절에서 여자가 말하는 것은 예언이 아니고 그것에 대한 자신의 분별이라고 말한다든지, 방언자체를 하고 있는 것이다(이것도 문맥적으로나 논리적으로 맞지 않는다); (3) 34-35절은 바울의 관점이 아니고 그가 인용한 어구이며(그러나 바울은 다른 곳에서 이러한 종류의 인용을 한 적이 없다), 게바와 같은 다른 유대적 색채가 있는 진영에서 나온 말인데, 36절부터 바울이 이를 공박하는 것으로 보는 견해 등이다. 그러나 이 모든 대안들도 고린도전서 14장 34-35절이 원문이 아니었을 것이라는 사실로 설명할 수 있는 설득력보다 약하다.

결론적으로 이 두 구절은 고린도전서의 원문이었을 가능성이 희박하다. 설령 원문이었다고 하더라도, 이 구절에서 바울의 핵심은 그리스도인 모임에서 예배의 질서를 회복하기 위하여 여자이건 남자이건 성경을 잘 알지 못하는 사람이 선도하는 역할을 해서는 안 된다는 것이다. 그는 더 나아가서 단기적으로는 이러한 여성들은 예배를 방해하는 것을 멈춰야 하며, 장기적으로는 그들에게 부족한 지식을 배워야 한다고 가르침으로써 여성들의 배울 권리를 변호한다.[43]

3.3.3. 종용히 배우라는 명령: 딤전 2:9-15

이 문단이야말로 목회서신에서 가장 논란이 많은 구절이다.[44] 우리는 이 문단에서 여자들이 교회에서 조용히 해야 한다는 보편적인 금지 사항을 발견하기 힘들다. 다만 당시 적어도 인구 30만을 육박하는 대도시였고 이단들의 가르침이 성행하던 에베소에서 배도와 같은 거짓 가르침에 빠진 여성들이 남자들을 가르치고 주관하는 일을 금해야 하는 문제가 발생하였던 것으로 보인다.[45] 본 문단에서 역설적으로 우리가 발견할 수 있는 것은 여성들이 가르쳐서는 안 된다는 금지보다는 여성들로 하여금 배우도록 하라는(11절) 바울의 진보를 볼 수 있다.[46] 본 문단에서 여성을 열등한 존재나 혹은 사회적 역할을 박탈하는 근거는 찾아볼 수 없고, 바울이 갈라디아서 3:28에 선언한 주장과 일관성이 있다.[47] 여성해방신학적인 관점으로 이 구절을 통하여 남성들을 매도하지 않더라도 혹은 바울 저작을 부인하고 후대의 위서로 보지 않더라도, 이 본문에서 여성을 열등한 존재로 보는 견해는 발견할 수 없다.

3.3.4. 가정규례(household law 혹은 Haustapel): 엡 5:21-6:9

고대사회에서는 부부, 부모-자녀, 주인-종의 관계가 다 가정에서 이루어졌기 때문에, 가정생활지침으로 이 세 종류의 관계를 다루곤 하였다(비교. 골 3:18-4:1). 에베소서 5:21-6:9는 이러한 가정규례의 전형적인 예이다.[48] 이 유명한 문단에서 문단나누기부터가 난센스이다. 표준새번역에는 제대로 되었지만, 한글 개역성경은 21절이 아닌 22절부터 새로운 문단이 시작된다. 그러나 22절은 21절과 연결되지 않으면 온전한 문장이 될 수 없다. 왜냐하면 원문에서 22절에는 동사가 하나도 없어서, 21절 첫머리에 나오며 이 절에서도 유일한 동사인 "복종하라"가 22절까지 연결되어야만 하기 때문이다. 뿐만 아니라 아내-남편 간의 관계를 교훈하는 문단인 에베소서 21-33절은 각각 21절과 33절에 "경외"라는 어휘가 묶음쇄(inclusio)로 위치하고 있어서 하나의 독립된 문단단위를 형성하고 있다.

에베소서 5:18-20에서 이루어진 성령 충만의 결과로서, 교회지체 간 뿐만 아니라 이제 가정의 여러 관계 속에서도, 그리스도를 경외함으로 서로 순종하라는(엡 5:21) 총론적인 명령이 이 세 종류의 관계 속에서 이루어져야 함을 전제로 하고 있다. 그렇다면 21절("그리스도를 경외함으로 피차 복종하라")은 가까이는 부부관계에 적용되는 원리이거나 더 나아가서는 가정법전(5:21-6:9) 즉, 부부관계(5:33까지), 부모자녀관계(6:1-4), 상전과 종간의 관계(5-9), 이 셋 모두를 통괄하는 원리(상호복종, 평등사상)가 되어야 한다. 그러므로 바울은 에베소서의 가정법전에서 아내-남편 관계(엡 5:21-33)에서는 복종-사랑, 부모-자녀 관계(엡 6:1-4)에서는 순종-양육, 주인-종 관계(엡 6:5-9)에서는 순종-선대라는 상호복종 혹은 상호순종(mutual submission)의 관계를 강조한다. 이는 어휘만 다를 뿐이지 상호존중의 언어들이다. 즉, 바울은 모든 관계에서 우열관계를 논한 것이 아니라, 상호존중과 복종을 강조하고 있다.

3.4. 요약

바울은 예수의 여성에 대한 가르침을 따랐다. 그의 전기 서신(고전 11, 14, 15장)이나 후기 서신(엡 5장; 딤전 2장)에서 약간의 논란이 되는 구절들은 있지만, 우리가 살펴본 결과 그가 초기에 선언하였던 남녀평등의 원칙(갈 3:28)에서 크게 벗어나지 않았음을 알 수 있다.

4. 결론과 제안

이미 우리에게 다가온 21세기는 단연 여성의 세기가 될 것이라는 목소리가 높은 오늘날, 교계에서는 여성의 교회 사역참여에 대한 다양한 관점들이 개진되고 있는데, 그 중에서도 여성목회자 안수문제는 초미의 관심사로 대두되고 있다. 이상에서 살펴본 신약성서의 가르침을 통하여, 여성의 가정, 사회, 교회에서의 지도력과 그 역할에 대하여 결론과 제안을 다음과 같이 내려 본다.

4.1. 가정과 사회에서의 여성의 위치와 지도력

우선 가정에서 여성의 위치는 어떠해야 하는가? 가정규례 문단에 나타나듯이, 부부 사이에도 그리스도를 경외함으로 서로 복종해야 한다. 아내는 남편에게 복종하고 남편은 아내를 사랑하는 상호복종이 이루어져야 한다. 물론 일반사회에서도 동일한 원칙이 적용되어야 하는 것이 신약성서적인 원리이다.

4.2. 교회에서의 여성의 위치와 지도력

위에서 살펴보았듯이, 여성과 남성의 차별이 없이 하나님께서 은사를 주셨고(행 2:17-18-요엘서 2:28-32의 인용), 대부분의 명령들이 남녀의 구별 없이 교회에게 주어졌다. 그러므로 교회에서의 여성의 위치와 지도력에도 차별이 있을 수 없다.

4.3. 여성안수 문제

이상에서 살펴본 신약성서의 가르침을 본다면, 여성목사 안수문제를 반대할만한 뚜렷한 근거는 없다. 로마서 16장의 브리스가나 유니아의 경우에서 보듯이, 우리는 여성의 교회사역 참여나 목회자 안수문제를 남성중심의 역사적 재구성이나 해석학적 안목으로 본다든지, 혹은 그 반대로 여성주의적 관점에서만 보지 말고, "주 안에는 남자 없이 여자만 있지 않고 여자 없이 남자만 있지 아니하다"(고전 11:11)는 성경적 그리고 전체론적인(holistic) 관점에서 보아야 한다.

주(註)

1) Evelyn and Frank Stagg, *Woman in the World of Jesus* (Philadelphia: The Westminster Press, 1978), 102.

2) 요아킴 예레미아스, 『예수시대의 예루살렘: 신약성서시대의 사회경제사연구』(천안: 한국신학연구소, 1988), 469-70.

3) James B. Hurley, *Man and Woman in Biblical Perspective* (Grand Rapids: Zondervan, 1981), 83.

4) 메리 에반스, 『성경적 여성관: 성경은 여성의 역할에 대해 무엇을 말하는가?』, 정옥배 역 (서울: IVP, 1992), 83.

5) 최영실, 『성서와 여성』(서울: 민들레책방, 2002), 105-119; Hurley, *Man and Woman*, 95-105; Stagg and Stagg, 128-135 등을 보라.

6) Georg Strecker, *The Sermon on the Mount: An Exegetical Commentary*, trans. by O. C. Dean (Nashville: Abingdon Press, 1988), 71.

7) 본 기사에 대한 좋은 해설로는 최영실, 『신약성서의 여성들』(서울: 대한기독교서회, 1997), 97-111을 보라.

8) 이 구절은 신적인 당위성과 하나님의 계획을 묘사하는 소위 "신적 δεῖ"로 이루어진 문장이다. "신적 δεῖ"에 대한 더 자세한 내용은 장동수, "신적 δεῖ 연구," 『복음과 실천』, 31 (2003, 봄), 33-58를 보라.

9) Hurley, *Man and Womanames*, 84-5.

10) Evelyn and Frank Stagg, 117; C. H. Spurgeon, *Men and Women of the New Testament* (Chattanooga: AMG Publishers, 1997), 289-301.

11) 최영실, 『신약성서의 여성들』, 43-59.

12) Hurley, *Man and Woman*, 72-4; 요세푸스, 『고대사』, xvi.164.

13) Stagg and Stagg, 140-141.

14) 본 주제에 대한 논의들은, Ben Witherington, *Women in the Ministry of Jesus: A Study of Jesus' Attitudes to Women and their Roles as Reflected in His Earthly Life* (Cambridge: Cambridge Univ. Press, 1984), 80-131; Hurley, *Man and Woman*, 89-93를, 그리고 마르다, 베다니의 마리아, 막달라 마리아를 비롯한 복음서의 여인들에 대한 흥미로운 글은 E. M. 벤델, 『예수 주변의 여인들』, 김희은 역 (서울: 대한기독교출판사, 1982)를 참조하라.

15) Hurley, *Man and Woman*, 91.

16) 본 주제에 대한 논의는, Stanley J. Grenz and Denise Muir Kjesbo, *Women in the Church: A Biblical Theology of Women in Ministry* (Downers Grove: InterVarsity Press, 1995), 76-7; Stagg and Stagg, 144-160; 최영실, 『신약성서의 여성들』, 77-94 등을 참조하라.

17) 이 주제에 관하여는, 김세윤, 『하나님이 만드신 여성』(서울: 두란노, 2004), 36-37; Stagg and Stagg, 123-125 등을 참조하라.

18) 로버트 뱅크스, 『바울의 그리스도인 공동체 사상』, 장동수 역 (서울: 여수룬, 1991), 191-2.

19) 그러나 필자는 디모데전서와 에베소서 모두 바울의 친필서신으로 보아야 한다는 입장을 취하고 있다. 목회서신의 바울 저작설에 대한 변호는 Thomas C. Oden, *First and Second Timothy and Titus*, Interpretation (Atlanta: John Knox Press, 1989), 10-15를, 에베소서의 바울 저작설에 대한 변호는 Clinton E. Arnold, *Ephesians, Power and Magic: The Concept of Power in Ephesians in Light of Its Historical Setting* (Grand Rapids: Baker, 1992)을 보라.

20) 갈라디아서 3:28의 해석에 대하여는 Richard N. Longenecker, *Galatians*, Word Biblical Commentary (Dallas: Word Books, 1990), 150-159; Grenz and Kjesbo, *Women in the Church*, 99-107; Ben Witherington, "Rite and Rights for Women-Galatians 3.28," *New Testament Studies* 27 (1981), 593-604 등을 참조하라. 특히 이 구절에 대한 여성신학적 해석은 엘리자벳 S. 휘오렌자의 글은 E. S. 피오렌자, 『크리스챤 기원의 여성신학적 재건』, 김애영 역 (서울: 종로서적, 1986), 255-297과 이정우 편, 『여성들을 위한 신학』, 165-220를 보라.

21) "헬라인"은 꼭 인종적 헬라인을 지칭하기보다는 유대인이 아닌 모든 이방인을 통틀어 지칭하는 바울의 표현이다.

22) F. F. Bruce, *The Epistle to the Galatians*, The New International Commentary on the New

Testament (Grand Rapids: Eerdmans, 1982), 187.

23) Bruce, *The Epistle to the Galatians*, 188-9; Longenecker, 157.

24) 로마서 16장은 1940년대부터 1970년대까지 40년 이상 로마서의 진정한 부분이 아니라는 T. W. Manson의 주장이 학계를 주도한 적이 있었다(그는 현존하는 로마서 1-15장만 로마로 보내졌고, 1-16장은 에베소에 보내진 서신이라고 주장하였다). 그러나 1970년대 초반에 박사논문을 발표한 Harry Gamble의 현존하는 로마서의 사본들에 대한 치밀한 사본학적인 탐구와 1세기 그리스-로마 서신형식과의 비교연구의 성과로 현존하는 로마서 16장이 로마서의 진정한 부분이라는 것이 확인되었다: T. W. Manson, "St. Paul's Letter to the Romans-and Others," in Karl P. Donfried, ed., *Romans Debate* (Peabody: Hendrickson, 1991), 3-15; Harry Gamble, *The Textual History of the Letter to the Romans* (Grand Rapids: Eerdmans, 1977) 등을 보라.

25) Joseph A. Fitzmyer. *Romans*, The Anchor Bible (New York: Doubleday, 1993), 728-31; James D. G. Dunn, *Romans 9-16*, Word Biblical Commentary (Dallas: Word Books, 1988), 886-90; 크렉 S. 키너, 『바울과 여성: 바울서신의 결혼관과 여성 목회』, 이은순 역 (서울: 기독교문서선교회, 1997), 308-14 등을 참조하라.

26) 로버트 뱅크스, 『바울의 그리스도인 공동체 사상』, 198.

27) 바울은 여기서 자신(고전 3:5; 고후 3:6; 6:4; 11:23; 엡 3:7; 골 1:23, 25)과 다양한 동역자들(아볼로-고전 3:5, 디모데-살전 3:2; 딤전 4:6, 두기고-엡 6:21, 골 4:7, 에바브라-골 1:7)에게 사용했던 동일한 용어로 뵈뵈를 지칭하고 있다.

28) 여기 "보호자," "후원자" 혹은 "후견인" 등으로 번역될 수 있는 "프로스타티스"의 남성형 "프로스타테스"는 그 당시에 법적인 후견인을 의미하였다.

29) 여기서 우리는 뵈뵈가 부유하였고 높은 사회적 지위를 지니고 있어서 영향력이 있었던 인물로 추정할 수 있다. 그러므로 그녀는 고린도를 드나드는 선교사들이나 여행하는 전도자들을 경제적으로나 사회적으로 도울 수 있는 위치에 있었을 것이다. 그 도움이란 손 대접, 혹은 그들에 대한 세상법정에서의 변호, 혹은 선교여행자금지원 등으로 상상해 볼 수 있다. 그리고 지금 바울이 로마서를 보낼 때쯤에 뵈뵈는 가정문제 혹은 사업상의 문제 혹은 법적인 문제로 로마 방문 길에 오른 것으로 여겨진다.

30) E. S. 피오렌자, 『크리스챤 기원의 여성신학적 재건』, 219-29.

31) Fitzmyer. *Romans*, 735-6; Dunn, *Romans 9-16*, 891-3; 키너, 『바울과 여성』, 314-16.

32) 신약성서에서 브리스가 혹은 브리스길라는 그의 남편 아굴라와 함께 모두 여섯 군데에서 언급되고 있다. 동일 인물을 누가는 세 번의 경우 모두 브리스길라로 바울은

세 번의 경우 모두 브리스가로 부르고 있는데, 브리스가는 브리스길라의 애칭이다. 이 여섯 번의 경우 네 번(행 18:18, 26; 롬 16:3; 딤후 4:19) 브리스가(브리스길라)가 아굴라보다 먼저 언급되고 있다. 아마도 사도행전 18:2에서는 처음 언급되기 때문에 그리고 고린도전서 16:19에서는 고린도 교회의 특수한 상황 때문에(고전 14:33-36) 아굴라가 먼저 언급된 것이 아닌가 추측된다.

33) 고린도전서 16:19에서도 바울이 이 두 부부의 집에 있는 가정교회를 언급한다(에베소에서). 초대교회에서는 이 가정교회가 일반적이었고, 로마서 16장에서 보면 로마에서도 성도들이 약 다섯 군데 집에서 모였던 것으로 여겨진다(5; 10; 11; 14; 15절에서 감지할 수 있다).

34) 이들은 이 세 개의 대도시에 자신들의 사업체의 지점들을 두고 있었음을 추정할 수 있다. 이상의 증거들을 종합한다면, 이 부부의 사회적 신분이 높았던 것을 강조하는 경우도 있지만, 분명한 것은 사업을 잘 하는 부부로 보아야 할 것이다. 그들은 여행을 아주 많이 한 것이 분명하다. 주후 49년에 글라우디오 황제가 로마에서 유대인들을 추방할 때에, 그들의 사업체를 믿을만한 종들의 손에 남겨두고 로마를 떠날 수 있었기 때문에 그들이 주후 54년 글라우디오가 죽고 네로가 등극하여 유대인을 복권시킬 때에 로마에 돌아올 수 있었고, 그동안 길게는 5-6년 간 고린도와 에베소에서 그들의 사업체의 분점을 낼 수 있었을 것이다. 그들이 로마에 돌아와서 사업을 다시 세울 수 있었고 또한 그리스도인 공동체에서 두드러진 역할을 할 수 있었을 것이다. 이 부부는 사업적으로 신앙적으로 연결되어 바울을 정규적으로 그리고 적극적으로 섬겼고(행 18:2-3), 아마도 아볼로에게도 그렇게 하였을 것이다(행 18:26). 이 부부가 가정교회가 정규적으로 모일 수 있을 정도로 가정을 제공할 수 있었다면(롬 16:5; 고전 16:19), 그만한 사업체나 재력이 있었음을 알 수 있다. 위험에 처한 바울을 위하여 목이라도 내놓을 수 있었던 것은(롬 16:4) 그들의 부나 사회적인 지위에서 나오는 영향력을 활용하였다는 증거이다. 이방인의 모든 교회가 이 부부에게 감사한다는 것은(롬 16:5) 이들이 여러 가정교회나 그리스도인 공동체에게 제공한 물질적인 지원과 선교사역의 지도력과 가르치는 사역(롬 13:3에서 바울이 동역자라고 지칭한 것과 행 18:26에서 아볼로를 가르친 것) 등을 의미한다고 볼 수 있다.

35) Fitzmyer. *Romans*, 737-40; Dunn, *Romans 9-16*, 894-85; 이정우 편,『여성들을 위한 신학』, 230-2; 키너,『바울과 여성』, 316-8; 최영실,『신약성서의 여성들』, 207-22 등을 참조하라.

36) Wayne A. Meeks, *The First Urban Christians: The Social World of the Apostle Paul* (New Haven: Yale University Press, 1983), 57, 227.

37) 원문에서 이 구절은 남자집사의 아내인지, 여자집사인지 분명하지가 않다. 아내 혹

은 여자로 번역될 수 있는 어휘가 사용되었기 때문이다. 문맥적으로는 남자 집사의 아내로 보는 편이 더 자연스러운 면도 있다.

38) 본 문단에 대한 논의는, Anthony C. Thiselton, *The First Epistle to the Corinthians*, NIGTC (Grand Rapids: Eerdmans, 2000), 800-48; Evelyn and Frank Stagg, 175-77; Stanley J. Grenz and Denise Muir Kjesbo, *Women in the Church: A Biblical Theology of Women in Ministry* (Downers Grove: InterVarsity Press, 1995), 107-17; Gordon D. Fee, *The First Epistle to the Corinthians*, The New International Commentary on the New Testament. (Grand Rapids: Eerdmans, 1987), 491-530; Ben Witherington, *Conflict & Community in Corinth: A Socio-Rhetorical Commentary on 1 and 2 Corinthians*. (Grand Rapids: Eerdmans, 1995), 231-40; 키너, 『바울과 여성』, 43-102; 이정우 편, 『여성들을 위한 신학』(서울: 한국신학연구소, 1985), 136-44; Lamar Cope, "1 Cor 11:2-16: One Step Further," *Journal of Biblical Literature* 97:3 (1978), 435-36; M. D. Hooker, "Authority on Her Head: An Examination of 1 Cor. 11.10," *New Testament Studies* 10 (1964), 410-16; Jerome Murphy-O'Connor, "The Non-Pauline Character of 1 Corinthians 11:2-16?" *Journal of Biblical Literature* 95:4 (1976), 615-21; G. W. Trompf, "On Attitudes Toward Women in Paul and Paulinist Literature: 1 Corinthians 11:3-16 and Its Context," *The Catholic Biblical Quarterly* 42 (1980), 186-215 등을 참조하라.

39) Thiselton, 1146-1162; Ben Witherington, *Conflict & Community in Corinth*, 287-288; Fee, 699-708; Hurley, *Man and Woman*, 185-194; 키너, 『바울과 여성』, 103-139; 이정우 편, 『여성들을 위한 신학』, 144-167; 장동수, "여성 논쟁 본문의 사본학적 탐구," 『목회와 신학』, 183 (9월, 2004), 204-7 등을 참조하라.

40) 서중석, 『바울서신해석』(서울: 대한기독교서회, 2000), 219-34.

41) 셜리 스티븐, 『신약 성서의 여성관』, 정양숙 역 (서울: 요단출판사, 1987), 162-4.

42) 이렇게 원문이 아니었지만 후대에 끼어 든 문단들이 신약성경에 몇이 있다: 즉, 요한복음 7:53-8:11; 마가복음 16:9-20; 요한일서 5:7-8 등이다.

43) 키너, 『바울과 여성』, 138-9.

44) 본 문단의 치열한 논의에 대하여는 Andreas J. Köstenberger, Thomas R. Schreiner and H. Scott Baldwin, eds., *Women in the Church: A Fresh Analysis of 1 Timothy 2:9-15* (Grand Rapids: Baker Books, 1995); William D. Mounce, *Pastoral Epistles*, Word Biblical Commentary(Nashville; Thomas Nelson, 2000), 94-149; Thomas C. Oden, *First and Second Timothy and Titus, Interpretation* (Atlanta: John Knox Press, 1989), 92-102; Hurley, Man and Woman, 195-223; 키너, 『바울과 여성』, 141-78 등을 보라.

 참고자료

1. 연구서 및 주석

김세윤. 『하나님이 만드신 여성』. 서울: 두란노, 2004.

서중석. 『바울서신해석』. 서울: 대한기독교서회, 2000.

이정우 편. 『여성들을 위한 신학』. 서울: 한국신학연구소, 1985.

최영실, 『성서와 여성』. 서울: 민들레책방, 2002.

_____. 『신약성서의 여성들』. 서울: 대한기독교서회, 1997.

로버트 뱅크스. 『바울의 그리스도인 공동체 사상』. 장동수 역. 서울: 여수룬, 1991.

E. M. 벤델. 『예수 주변의 여인들』. 김희은 역. 서울: 대한기독교출판사, 1982.

셜리 스티븐. 『신약 성서의 여성관』. 정양숙 역. 서울: 요단출판사, 1987.

메리 에반스. 『성경적 여성관: 성경은 여성의 역할에 대해 무엇을 말하는가?』. 정옥배 역. 서울: IVP, 1992.

요아킴 예레미아스. 『예수시대의 예루살렘: 신약성서시대의 사회경제사연구』. 천안: 한국신학연구소, 1988.

크렉 S. 키너. 『바울과 여성: 바울서신의 결혼관과 여성 목회』. 이은순 역. 서울: 기독교 문서선교회, 1997.

E. S. 피오렌자. 『크리스챤 기원의 여성신학적 재건』. 김애영 역. 서울: 종로서적, 1986.

Barth, Markus. *Ephesians* 4-6. The Anchor Bible. New York: Doubleday, 1974.

Bruce, F. F. *The Epistles to the Galatians*. The New International Commentary on the New Testament. Grand Rapids: Eerdmans, 1982.

Conzelmann, Hans. *1 Corinthians*. Hermeneia. Philadelphia: Fortress Press, 1975.

Dibelius, Martin and Hans Conzelmann. *The Pastoral Epistles*. Hermeneia. Philadelphia: Fortress Press, 1972.

Donfried, Karl P., ed. *Romans Debate*. Peabody: Hendrickson, 1991.

Dunn, James D. G. *Romans 9-16*. Word Biblical Commentary. Dallas: Word Books, 1988.

Gamble, Harry. *The Textual History of the Letter to the Romans*. Grand Rapids: Eerdmans, 1977.

Fee, Gordon D. *The First Epistle to the Corinthians*. The New International Commentary on the New Testament. Grand Rapids: Eerdmans, 1987.

Fitzmyer, Joseph A. *Romans*. The Anchor Bible. New York: Doubleday, 1993.

Grenz, Stanley J. and Denise Muir Kjesbo. *Women in the Church: A Biblical Theology of Women in Ministry*. Downers Grove: InterVarsity Press, 1995.

Hurley, James B. *Man and Woman in Biblical Perspective*. Grand Rapids: Zondervan, 1981.

Köstenberger, Andreas J., Thomas R. Schreiner and H. Scott Baldwin, eds. *Women in the Church: A Fresh Analysis of 1 Timothy 2:9-15*. Grand Rapids: Baker Books, 1995.

Lincoln, Andrew T. *Ephesians*. Word Biblical Commentary. Dallas: Word Books, 1990.

Longenecker, Richard N. *Galatians*. Word Biblical Commentary. Dallas: Word Books,

Malherbe, Abraham J. *Social Aspects of Early Christianity*. Philadelphia: Fortress Press, 1983.

Meeks, Wayne A. *The First Urban Christians: The Social World of the Apostle Paul*. New Haven: Yale University Press, 1983.

Mounce, William D. *Pastoral Epistles*. Word Biblical Commentary. Nashville; Thomas Nelson, 2000.

Oden, Thomas C. *First and Second Timothy and Titus. Interpretation*. Atlanta: John Knox Press, 1989.

Piper, John, and Wayne Grudem. *Recovering Biblical Manhood and Womanhood: A Response to Evangelical Feminism*. Wheaton: Crossway Books, 1991.

Spurgeon, C. H. *Men and Women of the New Testament*. Chattanooga: AMG Publishers, 1997.

Stagg, Evelyn and Frank Stagg. *Woman in the World of Jesus*. Philadelphia: The Westminster Press, 1978.

Strecker, Georg. *The Sermon on the Mount: An Exegetical Commentary*. Translated by O. C. Dean. Nashville: Abingdon Press, 1988.

Theissen, Gerd. *Sociology of Early Palestinian Christianity*. Translated by John Bowden. Philadelphia: Fortress Press, 1978.

Thiselton, Anthony C. *The First Epistle to the Corinthians*. NIGTC. Grand Rapids: Eerdmans, 2000.

Witherington, Ben. *Women in the Ministry of Jesus: A Study of Jesus' Attitudes to Women and their Roles as Reflected in His Earthly Life*. Cambridge: Cambridge Univ. Press, 1984.

_____. *Women in the Earliest Churches*. Cambridge: Cambridge Univ. Press, 1988.

_____. *Conflict & Community in Corinth: A Socio-Rhetorical Commentary on 1 and 2 Corinthians*. Grand Rapids: Eerdmans, 1995.

2. 논문

장동수. "신적 δεῖ 연구." 『복음과 실천』, 31 (2003, 봄): 33-58.

_____. "여성 논쟁 본문의 사본학적 탐구."『목회와 신학』, 183 (9월, 2004): 204-7.

Cope, Lamar. "1 Cor 11:2-16: One Step Further." *Journal of Biblical Literature*. 97:3 (1978): 435-36.

Hooker, M. D. "Authority on Her Head: An Examination of 1 Cor. 11.10." *New Testament Studies* 10 (1964): 410-6.

Murphy-O'Connor, Jerome. "The Non-Pauline Character of 1 Corinthians 11:2-16?" *Journal of Biblical Literature* 95:4 (1976): 615-21.

Trompf, G. W. "On Attitudes Toward Women in Paul and Paulinist Literature: 1 Corinthians 11:3-16 and Its Context." *The Catholic Biblical Quarterly* 42 (1980): 186-215.

Witherington, Ben. "Rite and Rights for Women-Galatians 3.28." *New Testament Studies* 27 (1981): 593-604.

초대교회의 역사에 나타난 여성들의 역할

남 병 두 조교수 | 역사신학

I. 서론: 사회 문화적 배경

기독교가 역사 안으로 등장하기 시작했던 시대는 다양한 문화적 배경이 혼재하여 있던 때였다. 교회는 가장 먼저 고대 근동의 히브리 문화라는 구체적인 배경에서 시작되었으며 동시에 수세기 동안 지중해와 고대근동 지역에서 광범위한 영향을 끼쳤던 희랍문화와 새로운 정치적 주도권을 가지고 있었던 라틴문화가 교차하던 시기에 등장하였다. 기독교의 종교적 제도와 신학은 그러한 시대적 배경과 밀접한 관련을 가지면서 전개되고 발전되었다. 이러한 시대적 배경은 특별히 초대교회와 여성의 역할이라는 주제와 떨어질 수 없는 관련을 가진다고 말하는 것은 정당한 일이다. 그 시대의 여성들이 사회적으로 또는 종교적으로 어떤 위치에 있었는가는 초대교회의 여성들의 위치와 역할을 이해하는 일에 직접적인 관계가 있을 수밖에 없기 때문이다.

교회가 처음 등장했던 시대의 문화적 배경은 여성에 대한 사회적 편견이 이미 상당히 광범위하게 형성되어 있었음을 그대로 반영한다. 히브리, 희랍, 라틴 사회는 모두 가부장적 문화가 오랫동안 뿌리내리고 있었던 사회였고 그러한 상황에서 여성의 사회적 위치와 권위는 남성과 비교할 때 조악하였다. 히브리 전통에서 여성은 사회의 완전한 일원이 되지 못했다. 여성은 종교적, 사회적 특권과 책임을 남성과 공유하지 못했으며, 여성의 삶은 철저히 남성에게 의존적이었다. 결혼 전에는 가정 안에서 아버지의 소유물이었고 결혼 후에는 남편의 소유물이 되었으며 이혼이나 사별로 인하여 남편을 잃게 되면 법적, 사회적 지위를 상실하였다.[1] 결혼한 여성의 주된 역할은 자녀를 낳고 기르는 일이었다. 여성이 어머니가 된다는 것은 두 가지 점에서 대단히 중요한 일이었다. 첫째는 히브리 사회가 여성에 대하여 존중하는 거의 유일한 이유가 어머니로서의 여성의 역할에 있기 때문이다. 둘째는 남편을 잃은 여성이 경제적으로 유일하게 의존할 수 있는 존재가 아들이기 때문이었다. 여성의 불임은 그러므로 그 시대의 여성에게는 치명적인 결함이 될 수 있었다.[2] 공식적 종교행사에서 히브리 여성은 철저히 제외되었다. 제사장 전통에서 여성의 역할은 전무하다시피 하였다. 여성들은 성전의식에 참여할 때에도 그들이 머물러야 하는 장소가 따로 있었고 그 이상은 들어갈 수 없었다.[3] 히브리 사회에서 여성으로 태어난다는 것이 불행한 일이라는 것은 유대인들도 스스로 인정했음을 알 수 있다. 유대인의 일상적 기도문에 "이방인으로, 노예로 혹은 여성으로" 태어나지 않게 해 주신 신에게 감사한다는 말이 나타나는 것은 그렇게 의외의 일이 아니다.[4]

여성의 지위에 관하여 희랍 사회는 좀더 심각한 상황이다. "우리는 쾌락을 위하여 정부(courtesans)를 두고 있고, 매일의 동거를 위하여 첩을 두고 있으며, 그리고 합법적 자녀를 낳고 가사를 돌보기 위하여 아내를 두고 있다"는 말이 일반적인 사회의 통념이 되어 있을 정도였다.[5] 결혼한 희랍 여성은 외부로부터 철저하게 격리되었으며 남편을 욕되게 하지 않는 정숙한 언행이 요구되었다. 희랍의 아내는 남편과 삶을 나누는 동반자가 될 수 없었으며, 이혼에 관한 법적 절차도 부재하였기 때문에 여성의 아내로서의 지위도 안전하지 못했다.[6] 아리스토텔레스의 견해처럼 희랍세계에서는 여성이 남성에 비하여 불완전하고 저급한 존재로 인식되어 왔기 때문에 대다수의 여성들의 삶은 남성들에게 예속된 것이었다.[7] 희랍사회에서 여성이 그나마 상대적으로 능동적인 역할을 할 수 있었던 분야는 종교적 영역에서였다. 종교적 행사에서는 주요한 역할을 맡은 여성들이 종종 있었으며 그들의 활동은 상당히 개방적이고 적극적이었다고 알려진다.[8]

로마 사회에서의 여성의 위치도 특별히 더 나을 것이 없었다. 우선 남편과의 관계에 있어서는 희랍의 상황과 별반 다를 게 없었다. 여성이 남편으로부터 이혼당하는 경우는 사회적 문제가 될 정도로 심각한 상황이었다. 남편이 아내를 버리는 경우가 빈번하여 로마의 가정이 붕괴될 정도였다. 세네카(Seneca)가 로마의 여성은 이혼하기 위하여 결혼하고 결혼하기 위하여 이혼한다고 풍자할 정도였다.[9] 사회참여의 경우에 있어서 로마의 여성들은 제한적이긴 하였지만 다양한 기회를 가지고 있었다. 부와 지위를 가진 여성들은 생각보다 광범위하게 사회의 공적인 일에 독립적으로 영향을 끼쳤다. 로마의 여성들은 "아내, 어머니, 매춘부, 산파, 유모 등의 의례적 역할 이외에도 의사, 음악가, 예술가, 체육인, 식료품상인, 그리고 온갖 종류의 제조업자와 상거래업자" 등의 다양한 역할을 하였고 공직을 맡는 경우도 있었다.[10]

특히 종교적인 일에 있어서도 여성의 역할은 활발하여서 여제사장(priestesses)의 역할을 맡는 경우도 종종 있었다.[11] 그럼에도 불구하고 일반 여성들이 로마와 같은 가부장적 사회에서 활동한다는 일은 상당히 제한적이었다고 이해하는 것이 타당할 것이다.[12]

이러한 문화적 배경에서 여성들에게 새로운 비전과 역할을 부여한 것은 기독교라고 말해도 과언이 아니다. 여성들에게 있어서 교회의 시작은 그들의 삶에 새로운 가능성을 부여한 사건이었다. 예수 그리스도가 수가성의 한 우물가에서 나눈 한 여인과의 대화는 그러한 사실을 상징적으로 보여준 사건이었다. 남성 목회자가 여성 신도를 심방하는 일을 예사로이 여기는 21세기의 독자들의 눈에는 평범한 사건으로 비쳐질지 모르지만 그 사건은 그 시대의 눈으로 보면 대단히 파격적인 것이었다. 그것은 그 사건이 유대인들이 상종하기를 극도로 꺼려하였던 사마리아인과의 대화였다는 점에 있어서도 그러하지만 여성과의 대화였다는 점에서도 동일하게 그러하다. 당시의 문화적 상황에서는 의외의 사건이었다. 실제로 예수의 제자들 가운데는 여성들이 있었으며 사도행전에 나타난 여성 사역자들의 역할은 두드러진다. 유대인들의 회당(synagogue)의 정식회원권이 할례를 받은 유대인 남성에게만 국한되었던 시대에 교회(ecclesia)라는 새로운 공동체는 남녀에게 동등한 회원권을 인정하였을 뿐 아니라 때로는 여성들이 교회의 지도자로 역할을 감당했던 것은 놀라운 일이 아닐 수 없다. 사도 바울이 갈라디아서 3:28에서 "너희는 유대인이나 헬라인이나 종이나 자유인이나 남자나 여자 없이 다 그리스도 예수 안에서 하나이니라"고 한 것은 그 시대의 상황에서는 가히 혁명적인 선언이었다고 해야 할 것이다.[13]

이 글은 초대교회 여성들의 역할을 이해하기 위하여 그에 관련된 간단하고도 기본적인 역사적 사실들을 스케치하는 것을 목적으로 한다. 우선 초대교부들의 글들에 나타난 여성의 역할과 이미지를 그려볼 것이며 그 다음에는 대략 2세기에서 4세기에 나타난 여성들의 역할을 가늠해 봄과 동시에 그 시대를 대표할만한 탁월한 여성 사역자들을 예증해볼 것이다. 초대교회의 여성들의 역할과 위치에 관한 연구로서 이 작업은 초보적인 것이며 미래의 보다 구체적이고 전반적인 연구를 위한 기초 작업에 불과하다.

II. 초대교부들의 글에 나타난 여성의 역할과 이미지

교회 내에서 여성의 역할이라는 관점에서 초대교부들의 글을 보면 시대적 구별이 감지된다. 교회의 초기시대인 1세기와 2세기의 글과 그 이후의 글에는 상당히 뚜렷한 차이가 있다. 우선 2세기 이전의 글에서는 교회의 직위와 지도자에 대하여 말할 때 특별히 여성에 대한 언급이 상대적으로 훨씬 적은 반면에 3세기 이후의 글에서는 여성의 사역에 대하여 제한을 두거나 여성의 지도자적 역할에 대하여 부정적으로 보는 시각들이 나타난다.[14] 이러한 변화는 로마 사회 안에서 교인의 수가 점점 증가하면서 교회 공동체의 형태에 서서히 변화가 일어났던 것과 무관하지 않았다. 교회 공동체의 모습이 초기에 성령의 은사를 중시하고 비제도적이었던 데서 점차적으로 대중화되고 조직화되어 가면서 여성의 역할에 비하여 남성의 역할이 훨씬 증대되기 시작하였고, 교회의 활동이 초기의 가정교회의 영역(private sphere)에서 일반 사회의 영역(public sphere)으로 확대되면서 여성의 사역이 점점 논쟁거리가 되기 시작한 것이다.[15] 2세기까지의 초대교회는 성적차별에 그다지 구애받지 않고 다양한 종족과 계층 출신의 지도자들에 의하여 사역이 이루어지는 모습을 띠다가 3세기 때부터는 서서히 남성 중심의 법적, 관료적 모습을 띠기 시작하였다.[16]

특별히 3-4세기 이후의 교부들은 교회의 사역에 있어서 여성들의 역할을 엄격하게 제한한다. 그들은 주로 창세기에 등장하는 이브의 범죄의 사건을 심각하게 다루면서 여성이 범죄에 빠지는 가능성이 높다는 논리를 펴고 있으며 그렇기 때문에 여성들의 직위와 사역의 범위가 제한되어야 한다고 주장한다. 더 나아가 이브로 인하여 모든 인류가 죄에 빠지게 되었음을 강조하고 여성은 남성에 대하여 종속적이어야 하고 남성의 지도를 받아야 한다고 주장한다. 이러한 시각을 가지고 그들은 확신 있게 바울의 서신서들을 주석하면서 여성들의 역할에 대하여 부정적이고 노골적인 표현들을 서슴없이 구사한다. 3세기 이후에 나타나는 교회의 규범서들도 교회에서 여성들의 역할을 교회법이라는 제도적 장치로 제한하기 시작하는 것을 볼 수 있다.

1세기 후반부와 2세기 초에 활동한 것으로 알려져 있는 로마의 클레멘트(Clement)는 고린도교회에 보낸 서신서 뒷부분에서 감독과 집사의 직위에 대하여 언급하는데 교회의 제도적인 차원의 권위보다는 그리스도의 가르침을 듣고 전하는 사역의 권위에 대한 순종을 강조하고 있다. 그의 글에는 여성의 사역에 관하여는 어떤 언급도 발견되지 않는다. 오히려 그는 두 여성의 이름, 다나이데스(Danaides)와 디르케(Dircae)를 언급하면서 그들이 박해와 모욕을 견디고 굳건하게 믿음의 길을 마쳤음을 칭송하였다.[17] 그는 그들이 모든 믿는 자들에게 믿음의 본보기를 보여주었다고 평가하였다.

2세기 초의 교회지도자로서 시리아의 안디옥교회의 감독이었던 이그나티우스(Ignatius)는 박해 때에 체포당하여 로마로 호송되어 가는 중 소아시아를 지나면서 7개의 편지를 남겼다.[18] 박해와 이단의 위험 가운데 놓인 교회들을 향하여 교회의 지도자를 중심으로 하나가 될 것을 부탁하고 지도자에 대한 절대적 복종을 강조하였던 이그나티우스는 여성이 교회의 지도자가 될 수 있는가에 관한 문제에 대하여는 아무런 언급을 하지 않았다. 당시 교회들의 내부에 여러 가지 다양한 이단적이 가르침들이 난무하는 가운데 지도자의 중요성에 관하여 언급하고 있는 상황에서 여성의 사역적 위치와 역할이라는 이슈에 대하여 언급하지 않았다는 것은 교회의 여성들의 역할에 관한 문제가 그 당시에는 논쟁의 쟁점이 아니었음을 반증한다. 오히려 이그나티우스는 그의 편지에서 여성 지도자들의 이름들을 언급하고 있는 것을 볼 수 있다. 그는 두 번에 걸쳐서 알케(Alce)라는 여성에게 문안의 인사를 하고 있으며 한 가정교회(house church)의 지도자로 보이는 타비아(Tavia)와 그의 가솔에게 문안의 인사를 하고 있다.[19] 이그나티우스의 편지에 언급되는 이름들은 보통 그 교회의 지도자 혹은 중심인물이었던 것을 보면 위의 여성들도 그런 차원에서 이해가 가능하다. 사실적 판단은 아니지만 교회 안에서 여성들의 역할에 대하여 이그나티우스는 적어도 그것을 자연스럽게 받아들이고 있는 듯하다.

　작자 미상이며 저작의 시기와 장소도 불명확한 『열두 사도의 가르침』(The Teaching of the Twelve Apostles), 혹은 줄여서 『디다케』(Didache)로 불리는 문서는 최초의 교회규범서로 알려져 있다.[20] 이 교회규범서는 교회의 직위와 그 직위를 가진 지도자들의 권위에 관해서 설명하고 자격에 대해서도 논하고 있다. 이 문헌은 예언(prophecy)의 사역을 감당한 자를 사도(apostle)로 보았고 그들의 권위를 인정해야 한다고 강조한다. 이 문헌의 15장은 특별히 감독(bishops)과 집사(deacons)의 자격요건을 설명하고 있는데 "주님께 합당한 자로서 겸손하고 돈을 사랑하지 아니하며 진실하고 인정받는 자들"에게 주어져야 한다고 말한다.[21] 여기에서 언급된 "자들"은 남성을 지칭하고 있기 때문에 『디다케』가 규정하는 감독과 집사의 자격은 남성에게만 국한되었다고 해석할 수도 있을 것이다.[22] 그러나 이 문헌이 감독과 집사의 자격요건을 설명할 때 주 관심사는 성별에 있지 않으며 그 직위를 맡을 사람의 올바른 윤리적 행위에 있음을 쉽게 알 수 있다. 예를 들면, 참 예언자와 거짓 예언자를 가리는 가장 중요한 기준은 예언(speaking in the Spirit)을 하느냐 안 하느냐에 있는 것이 아니라 자신이 예언한 대로 행하느냐 행하지 않느냐에 있다고 강조한다.[23] 그렇기 때문에 감독과 집사의 자격에 관하여 설명할 때 성별에 대한 관심보다는 실제로 사역자들이 갖추어야 할 인격에 대한 관심이 컸다고 봐야 할 것이다. 성별적 관심을 가지고 여성이 교회의 직위에서 제외되어야 한다거나 지도자의 위치에서 배제되어야 한다는 말은 『디다케』 어디에도 없다.[24] 이 규범서는 단순히 참 예언자인지 거짓예언자인지를 구별하려는 목적을 가지고 "영적 감화력이 있는 가르침"을 영적 지도자로서 갖추어야 할 요건으로 보았다. 이때만 하더라도 영적 지도자는 교회가 안수라는 형식적 예전을 통해서 직위를 부여한 것이 아니라 교회 공동체가 그 사람의 영적 리더십을 인정할 때 자연스럽게 그 역할을 수행했던 것으로 보인다.[25]

2세기 중반의 문헌으로 추정되는 『헤르마스의 목자』(The Shepherd of Hermas)는 헤르마스라고 하는 기독교인 노예가 환상을 보고 기록한 문헌으로 알려져 있는데 환상 속에 나타나서 그에게 가르침을 베푸는 자는 여성으로 묘사되어 있다. 이 문헌은 5개의 비전(visions), 12개의 명령(mandates), 그리고 10개의 비유(parables)로 구성되어 있는데, 특히 두 번째 비전에서 환상 속의 여성이 헤르마스에게 지시하여 그에게 빌려준 책을 두 권 복사하여 한 권은 감독 클레멘트에게 주어져서 다른 여러 교회의 장로들(presbyters)을 가르치고 다른 한 권은 그라프테(Grapte)에게 주어져서 과부들과 고아들을 가르치도록 하였다. 이를 미루어보아 로마교회에서 그라프테와 클레멘트가 각각 여성 지도자와 남성 지도자의 역할을 하고 있음을 알 수 있다.[26]

이러한 문서에 비하여 초대교부들의 여성관은 그 시대의 정서를 그대로 대변하였다고 말할 수 있다. 그들의 여성관의 근거는 항상 성경이었지만 사용하는 성경 구절을 선택하고 또 해석하는 관점은 그들 시대의 남성위주의 관점에서 벗어나지 않았다. 교부들은 대체로 여성이 세상에 죄가 들어오게 된 원인을 제공했다고 믿었고 여성을 계속적인 죄의 출처로 보는 경향이 있었다. 여성이 여전히 잠재적으로 죄의 위험을 가지고 있기 때문에 사회에서나 교회에서 보조적이거나 제한된 위치에 있을 수밖에 없다는 것이다.[27]

2세기 리용의 감독 이레니우스는 그의 『이단논박』(Against Heresies)에서 마리아의 순종과 이브의 불순종을 대비하면서 이브의 죄로 인하여 모든 인간에게 죽음을 가져오게 되었다고 언급하였다.[28] 북아프리카 출신의 교부이자 라틴 신학의 아버지라고 여겨지는 터툴리안(Tertullian)도 이브의 죄가 모든 세대의 여인들에게 전가되었다고 주장하면서 여성들을 향하여 다음과 같이 말하였다:

> 그대들 각자가 모두 이브라는 사실을 모릅니까? 그대의 성별에 대한 하나님의 선고는 이 시대에도 존속하고 그에 따라 죄도 필연적으로 존속합니다. 당신은 악마의 관문이요, 금지된 나무를 범한 자입니다. 그대는 악마가 감히 넘보지 못하는 남성을 꾄 자입니다. 그대는 하나님의 형상인 남성을 그토록 쉽게 파괴한 자입니다. 그대가 [불러온] 죽음 때문에 하나님의 아들이 돌아가셨어야 했습니다.[29]

독설에 가까운 여성에 대한 이 언급은 터툴리안으로 하여금 여성혐오론자(misogynist)로 널리 알려지게 하였다. 그는 모든 인류의 죄를 여성에게 덮어씌우고 있으며 그리스도의 죽음을 필요케 한 원흉으로 보고 있다.[30] 그의 여성에 대한 이러한 생각은 그의 신학이 그러하였듯이 서방교회에 널리 영향을 끼쳤음에 틀림없다.

안디옥이 낳은 명설교가이자 콘스탄티노플의 감독으로서 당시 교회의 윤리적 개혁을 주도하였던 요한 크리소스톰(Johann Chrysostom)의 여성에 대한 생각도 터툴리안과 그렇게 멀지 않았다. 그는 디모데전서 2:11-15에서 사도바울이 여성들로 하여금 교회에서 조용해야 한다고 한 말씀에 동의하면서 여성이 남성을 가르치는 일을 해서는 안 된다고 주장하였다. 그는 여성이 남성을 가르친 적이 한 번 있었는데 결국 그 결과로 남성이 불순종의 죄를 짓게 되었다고 인간타락의 주원인을 여성을 대표하는 이브에게로 돌렸다. 그는 인간이 죄를 짓게 된 책임은 남성이 아니라 여성에게 있었음을 환기시켰다. 그리고 이러한 잘못을 근거로 여성은 남성에게 종속적이고 복종적이어야 한다고 보았다.[31] 그는 또 인간이 하나님의 형상을 가졌다는 말은 본질의 관점에서가 아니라 '권위'(authority)의 관점에서 이해되어야 한다고 말하면서 하나님의 형상에 따라 창조되었다는 점에서 여성과 남성은 동등하지 않다고 보았다. 여성은 남성의 권위에 종속적이라고 보았기 때문이다.[32]

성경의 라틴어 역본인 "불가타역"을 펴낸 교부 제롬(Jerome)은 그의 여성 제자들과 영적으로, 학문적으로 밀접하게 교제를 유지하였던 것과는 달리 여성에 대한 편견을 견지하고 있었다. 그는 특히 이단적인 그룹들이 여성 지도자들과 밀접한 관계가 있음을 지적하면서 여성들은 죄를 조장하고 진리에 이르지 못한 채 기독교의 진리를 왜곡하고 사람들을 현혹한다고 경고하였다. 그는 각종 이단의 그룹들을 거론하면서 일일이 각 이단들과 연루된 여성들을 또한 언급하기도 하였다.[33]

밀라노의 감독이자 아우구스티누스의 스승이었던 암브로시우스(Ambrosius)도 여성이 범죄를 부추기고 사탄의 책략에 먼저 넘어 갔으며 여성이 남성의 악행의 원조이기 때문에 죄에 대한 우선적 책임이 있다고 주장하였다.[34] 아우구스티누스 역시 그의 스승의 견해를 좇아서 뱀의 유혹에 넘어간 자가 아담이 아니라 이브이기 때문에 여성이 상대적으로 죄에 대한 우선적인 책임이 있을 뿐만 아니라 육에 따라 죄에 빠지는 경향이 더 많다고 보았다. 그는 여성이 남성에 비해서 열등하게 태어났으며 영적, 지적으로도 열등하다는 뉘앙스를 주고 있다. 그는 여성도 '하나님의 형상'(Imago Dei)을 동등하게 받는다고 말을 하면서도 여성은 남성의 지배(rule)와 관리(management)를 통하여 나중에 점진적으로 받는다고 표현하였다.[35] 좀더 후대이긴 하지만 동방의 대표적 신학자였던 다마스쿠스의 요한(Johann of Damascus)의 여성에 대한 평가도 악명 높다. 그는 여성을 "메스꺼운 암당나귀(sick she-ass), 가증한 촌충(hideous tapeworm), 지옥의 전위대"(advance post of hell) 등으로 표현하였다.[36]

로마의 히폴리투스(Hippolytus)가 3세기 전반부에 작성한 것으로 알려져 있는 『사도적 전통』(The Apostolic Tradition)이라는 문헌은 안수식, 침례식, 성찬식 등과 같은 교회의 예전과 제도에 관하여 상세한 설명을 한다. 이 문헌은 지도자의 권위가 안수식이라는 구체적인 예전을 통하여 부여된다고 보았다. 이러한 권위가 여전히 성령에 의하여 부여된다고는 하지만 성령의 역사는 가시적인 의식을 통하여 임하는 것으로 이해하고 있다. 이제는 영적 지도자가 제도적인 절차를 통하여 세워지는 것을 알 수 있다. 지도자의 역할에 있어서도 가장 중요한 사역은 더 이상 가르치는 일이 아니라 성만찬을 집전하는 것임을 알 수 있다. 이 문헌은 거의 최초로 여성의 안수를 금하고 있는데 그것은 여성이 성만찬을 집전할 수 없기 때문이라고 밝히고 있다.[37]

역시 3세기 초에 시리아 지역에서 작성된 것으로 알려져 있는 『디다스칼리아 아포스톨로룸』(Didascalia Apostolorum) 역시 교회의 예전에 대하여 설명하고 있으며 사역자들의 자격과 역할들에 대하여도 언급하고 있다. 이 문헌은 여성의 사역에 관하여 상당히 구체적인 설명을 하고 있다. "과부는 (움직이지 않는) 제단처럼 집에 머물러 있어야 하고 이 집 저 집을 다녀서도 안 되며 선물을 받거나 가십거리를 만들어서도 안 되며 분쟁을 일으켜서도 안 됩니다"라고 하기도 하고[38] 또는

> 여성이 선생 되는 것은 옳지도 필요하지도 않습니다…. 여성들이여, 특별히 과부들이여, 여러분들은 주 하나님께 기도하고 간구하는 일로 세움 받았지 가르치는 일로 세움 받지 않았습니다. 우리 주 하나님이요 우리의 선생 되신 예수 그리스도께서는 사람들과 이교도들을 가르치는 일을 위하여 12사도를 우리에게 보내셨습니다. 막달라 마리아, 야고보의 딸 마리아, 그리고 또 다른 마리아와 같은 여성 제자들은 우리와 함께 있었지만, 예수께서는 그들을 우리 가운데 선생으로 보내시지는 않으셨습니다. 만약 여성이 가르쳐야 했다면 우리의 주님께서 그렇게 명령하셨을 것입니다.[39]

라고 하기도 한다. 이 문헌은 여성이 침례를 주는 일도 금했다: "여성에 의하여 침례를 받는 일이 합법적이면 우리 주요 선생이신 그리스도께서 침례요한이 아니라 당신의 모친 마리아에 의하여 침례를 받았을 것이다…. 그러므로, 형제자매들이여, 복음의 법에 벗어난 행동을 하여 스스로를 위태하게 하지 마시오."[40]

이처럼 기독교 여성들의 역할이라는 관점에서 볼 때 1-2세기의 문헌과 3세기 이후의 문헌 사이에는 상당한 차이가 있음을 알 수 있다. 그것은 교회가 처한 시대적 상황이 달랐고 여성의 사역에 대한 교회의 시대적인 인식변화에 기인한다는 것이 학자들의 대체적인 주장이다. 교회가 가정교회라는 사적 영역에서 더 넓은 사회의 공적 영역으로 나아가기 시작하면서 그 당시 여성에 대한 편견이 만연하였던 사회적 통

념이 교회의 여성에 대한 인식에 영향을 주었다는 것이다. 거기에다가 교회가 점점 제도화되어가는 과정에서 여성의 역할을 억제하는 제도적 장치들이 구체적으로 등장하기 시작하였다는 것이다. 이러한 추세는 콘스탄티누스 이후 기독교가 제국의 종교가 되고 교회가 국가교회의 형태로 탈바꿈하면서 더욱 가속화되었다고 볼 수 있을 것이다.

III. 초대교회의 여성의 역할: 주요 인물들을 중심으로

최근에 여러 학자들, 특히 여성신학자들의 노력에 의하여 재구성된 초대교회의 역사는 과거에 편찬된 사료들이 제대로 조명하지 못했던 초대교회의 여성들의 사역의 다양성에 관하여 새로운 인식의 지평을 열어준다.[41] 엘리자베스 S. 피오렌자(Elizabeth S. Fiorenza)는 그동안 초대교회의 역사가 남성중심주의의 관점에서 해석되고 편집되어 왔기 때문에 객관적이지 못했다고 비판한다. 특히 역사가들이 현재의 사회적 관점에서 과거의 역사적 자료를 다루는 과정에서 오늘날 교회와 사회의 계급적이고 남성적인 가치판단이 초대교회에서의 여성들의 위치와 역할을 왜곡해왔다는 것이다.[42] 피오렌자는 한 실례로 오늘날 대부분의 성경해석가들은 로마서 16:7에 등장하는 안드로니고(Andronicus)와 유니아(Junia)를 두 남성으로 이해하는 것이 상례가 되었다고 개탄한다. 그들은 대개 유니아라는 이름이 유니아누스(Junianus)라는 남성의 이름이 축약된 것이라고 보는데, 그들이 그렇게 보는 것은 사도 바울이 유니아를 사도들 가운데 한 사람으로 소개하였으며 당시에 사도는 의례 남성일 것이라고 짐작하는 데서 비롯되었다는 것이다.[43] 그는 그 당시에 '유니아'라는 흔히 알려진 여성의 이름이 엄연히 있는데도 유니아라는 사도를 남성으로 간주하고 그 이름을 무리하게 남성의 이름에서 축약된 형태로 보는 것은 남성위주의 성경해석(androcentric interpretation)의 결과라고 비판한다. 피오렌자는 또 이렇게 말한다: "바울이 자신과 아볼로, 디모데, 두기고를 집사(diskonos)라고 부를 때마다 학자들은 집사라고 번역하지만 같은 표현이 여성을 지칭할 때는 종(servant), 조력자(helper), 혹은 여집사(deaconess)로 번역한다."44) 특히 바울이 로마서 16:1에서 뵈뵈(Phoebe)를 집사(diakonos), 그리고 감독자(prostatis)로 부르고 16:3에서 브리스길라(Priscilla)를 동역자(fellow worker)로 부른 것은 그들을 독립적인 지도자로 인정한 것이다.45)

피오렌자의 관점에서 본다면 여성들의 역할에 관한 초대교회의 역사는 전반적으로 재검토되어야 할 것이다. 위에서 일어난 일들이 기독교의 첫 수백년의 역사를 재구성하는 과정에서도 당연히 빈번하게 일어났기 때문이다. 실제로 초대교회에 관한 사료들 가운데는 기독 여성들의 역할이 어떠하였는가를 가늠하게 해주는 것들이 많이 있음에도 불구하고 그러한 사료들이 정당하게 고려되지 않거나 왜곡된 해석의 제물이 되는 경우가 과거에 허다하였다. 역사를 재구성하는 일에 있어서 가장 기본적인 사료의 객관성을 확보하는 일에서부터 그 사료들을 서로 연관시키고(correlation) 해석하는 일까지 여성에 대한 편견이 개입되었다는 사실이다. 이러한 현상은 우선 여성에 대하여 편견을 가졌던 초대교부들의 견해가 기독교 전통이 형성되는 과정에서 여과 없이 수용되었던 사실에서도 이해되지만 초대교회사를 재구성하는 과정에서 사회과학적 연구의 결과들이 제대로 반영되지 못한 사

실에서도 기인한다.[46)]

초대교회의 교인들 가운데 다수가 여성들이었다는 사실은 널리 알려진 사실이다. 기독교의 신앙을 비방하였던 2세기의 켈수스(Celsus)라는 자는 기독교의 신앙은 여성들과 아이들과 같은 어리석고 아둔한 자들만을 사로잡을 뿐이라고 조롱하였다.[47)] 4세기의 이교도 철학자 리바니우스(Libanius)도 기독교인들 가운데 여성이 많은 사실에 놀라움을 표하기도 하였다. 외부인들이 보기에도 교회 안에 여자들이 많았다는 것을 보여주는 대목이다. 3세기에 활동하였던 카르타고의 감독 키프리안은 그의 "증언"(Testimonia)이라는 글에서 기독교의 미혼여성들의 숫자가 많아서 그들 모두에게 배우자를 맞춰주기가 힘들다는 고충을 털어놓았다.[48)] 200년경의 로마 인구에 관한 연구에 의하면 그 당시 로마제국의 인구가 격감하는 주원인이 여성인구의 부족이었음을 들고 있다.[49)] 초대교회에 여성이 많았다는 사실은 고대 로마 사회의 남성 인구가 여성 인구에 비하여 훨씬 많았다는 사실과는 상반된 현상이다. 교회에 여성이 많았던 이유는 첫째, 로마 사회가 주로 여아들이 대상이 되었던 부모에 의한 유아살해(infanticide)를 합법화한 데 반하여 교회는 그러한 관습을 배격하였기 때문에 이교도 사회에 비하여 상대적으로 여아의 생존율이 높았다는 데 있다. 둘째, 로마의 상류사회 출신의 기독교인들은 거의 여성들이었다는 데 있다. 남성들이 기독교인이 된 경우는 드물었는데 그것은 기독교인으로서 공직을 유지하기가 힘들었기 때문이었다.[50)] 여성이 더 많았던 초대교회가 여성들을 대상으로 하는 사역을 필요로 했을 것이며 또 그 사역을 위하여 당연히 많은 여성사역자들을 필요로 했을 것이라는 추정은 자연스러운 일이다.[51)]

3세기 초의 작품으로 추정되어 왔던 로마의 프리스킬라 카타콤의 한 벽화는 여성들이 모여서 주의 만찬을 나누는 장면을 보여준다. 최근의 학자들은 그들의 몸 차림새를 미루어 이 그림을 1세기 말의 작품이라고 주장한다. 프리스킬라 카타콤에 있는 또 하나의 벽화는 한 여성이 손을 들고 하늘을 우러러 보면서 기도를 드리는 모습을 보여준다. 이 그림은 3세기 중반의 작품으로 추정되는데 여성이 교회에서 기도를 인도하는 모습으로 보인다. 3세기 말의 것으로 추정되는 또 다른 카타콤의 한 벽화는 감독(bishop)의 모습과 권위를 가진 듯이 보이는 여성이 손을 들고 기도하는 장면을 보여준다. 캐서린 크로거(Catherine Kroeger)는 카타콤의 벽화들 가운데는 여성이 기도하는 그림들이 남성이 기도하는 그림들보다 훨씬 많다고 전한다. 이러한 그림들은 초대교회에서 여성들의 역할과 위치를 어느 정도 가늠하게 한다.[52]

비두니아의 총독 플리니(Pliny the Younger)는 당시의 황제 트라얀(Trajan)에게 보내는 편지에 '사역자'(ministrae) 혹은 '집사'로 불리는 두 여성 노예를 다루는 문제에 대하여 언급하였다. 그는 기독교인이라는 이유로 체포된 이 두 여인이 교회의 지도자들이라고 이해하고 있으며 그들로부터 기독교인들의 활동에 대하여 더 많은 정보를 얻기 위하여 고문할 것을 고려하고 있음을 알 수 있다. 이 편지에 나와 있듯이 여성이면서 노예인 자가 지도자가 될 수 있었다는 사실은 그 당시 로마의 일반인들에게는 상당히 이례적인 일로 비쳐졌음에 틀림없다.

여성에 대하여 심할 정도로 평가절하를 터툴리안이 자신의 아내에게 쓴 서신의 내용을 보면 아이러니하게도 초대교회의 여성들이 교회의 사역에 활발하게 참여하고 있음을 간접적으로 보여준다. 이 서신에서 터툴리안은 자기의 아내에게 자기가 죽는다면 이교도와 재혼하지 말라고 당부하면서 그 이유를 수사적 질문을 통하여 내비치고 있다.

> 누가 자기 부인더러 다른 남자의 집이나 가난한 자의 움막을 심방하기 위하여 이 거리 저 거리로 나서는 것을 기꺼워하겠는가? 누가 자기 부인이 야밤의 모임에 참여하기 위하여 자기 곁을 떠나는 것을 보기를 좋아할 자가 있겠는가? 누가 부활절에 밤이 맞도록 자기 부인의 부재를 묵인해 주겠는가? 누가 아무런 의심 없이 자기 부인이 그토록 세인의 중상의 대상이었던 주의 만찬에 가는 것을 허용하겠는가? 누가 자기 부인이 순교자의 쇠고랑에 입 맞추기 위하여 감옥으로 기어 들어간 것을 허용하겠으며 성도의 발을 씻기는 것을 허용하겠는가?[53]

이 편지의 내용을 보면 초대교회의 여성들이 교회에서 활발하게 사역을 했다는 사실이 전제되어 있음을 알 수 있다. 터툴리안은 또 그의 다른 글에서 당시의 여성들이 나서서 "가르치고, 신학적 논쟁에 참여하고, 악령을 쫓아내고, 치유를 약속하고, 침례를 베푸는" 오만한 행동에 대하여 격분하고 있다.[54] 그를 '화나게' 하는 일들이 실제로 많이 일어나고 있었음을 반증하고 있는 것이다. 3세기의 교부 오리겐(Origen)은 로마서를 주석하면서 예외적으로 다음과 같이 언급하였다:

> 이 말씀이 사도의 권위로 가르치는 것은… 우리가 이미 언급했던 대로, 교회에 여성 집사들이 있었다는 사실과, 수많은 이들에게 도움을 주고 그러한 선행으로 인하여 사도들에 의하여 칭송 받은 여성들은 집사직에 받아들여져야 한다는 사실이다.[55]

교황 겔라시우스 1세(Gelasius I, 492-96)가 494년에 남 이탈리아의 루카니아(Lucania), 브루티움(Bruttium), 시칠리아(Sicilia)의 모든 감독들에게 보낸 서신의 내용을 보면 놀라운 내용이 언급되어 있음을 알 수 있다. 그 서신은 모두 27개의 교령(decrees)을 포함하고 있는데 그 중 4개의 교령이 여성에 관련된 내용이다. 26번째 교령에 다음과 같은 언급이 있다: "그럼에도 불구하고 우리는 곤혹스럽게도 여성들이 신성한 제단의 직무를 행하고(officiate) 여성에게 속하지 않는, 남성에게만 주어진 직위에서 하는 모든 사역에 동참하는 일이 장려되고 있음으로 인하여 신성한 직무들이 저속한 지경에 이르게 되었다는 소식을 들어왔다."[56] 이 교황의 교령은 분명히 당시의 어떤 여성들이 성례전을 집전하는 일을 포함하여 사제의 제반 업무를 수행하고 있었다는 사실을 확인해준다. 조르지오 오트란토(Giorgio Otranto)는 더 나아가서 교황의 책임추궁이 감독들을 겨냥한 것으로 미루어보아 당시의 어떤 감독들은 여성들을 사제로 안수하여 그들로 하여금 공식적으로 사제의 일을 하게 하였음을 시사한다고 주장한다. 그는 이러한 일이 광범위하게 일어난 일은 아니겠지만 교황이 교령을 선포해야 했을 만큼 중요한 문제가 되어 왔음을 알 수 있고 또 그 교령이 여러 지역의 모든 감독들에게 보내진 것을 보면 그 당시에 여성에게 안수하여 사제의 일을 하게 한 일들이 종종 있었을 것으로 추정한다.[57] 5세기 말의 이탈리아에 이러한 사례가 있었다는 사실은 초대교회 때에 여성들이 사제직을 가졌던 사실에 대하여 무시하거나 부인해온 재래의 견해를 뒤집는 것이다.

　　초대교회 시대에는 남성들을 능가할만한 여성 지도자들도 있었다. 그들의 삶과 영향력은 기독교 여성의 역할을 가히 웅변적으로 대변하고 있다. 알렉산드리아의 캐서린(Catherine)이라는 여성은 2세기 교회의 여성 지도자로서 50명의 이교도 철학자들과 논쟁한 끝에 그들을 모두 믿음으로 이끌었고 결국 그 일로 인하여 바퀴에 묶인 채 화형을 당했다는 영웅적 이야기의 주인공이다. 소위 '캐서린의 바퀴'(Catherine Wheel)라는 말이 생길 정도로 그의 이야기는 많은 후대 사람들에게 감명을 주었다. 다음의 내용은 이러한 영웅적 여성들의 이야기를 간단하게 예중하는 것이다.

초기의 여성 지도자 가운데 테클라(Thecla)의 삶의 이야기는 경이로운 면이 있다. 그에 관한 이야기를 전해주는 문헌인 2세기 말의 『바울과 테클라의 행전』(Acts of Paul and Thecla)에 의하면 테클라는 사도 바울이 이고니온(Iconium)에서 개종시킨 귀족 출신의 여성으로서 임박한 결혼을 포기하고 사도 바울과 함께 소아시아를 다니면서 복음을 전하면서 온갖 고난을 겪고 나중에 셀루키아(Seleucia)에서 주요 기독교 공동체를 설립하고 그곳의 지도자가 되었던 자였다. 이 문헌은 그가 박해로 인해 직면한 죽음을 모면하는 기적적인 일들을 소개하고 있는데 그 이야기들의 진위여부를 떠나서 후대의 많은 사람들이 그를 신앙의 모델로 삼았다고 전해진다. 터툴리안은 몬타누스파 여인들이 테클라를 신앙생활의 본보기로 삼자 격분하여 그녀에 관한 이야기는 날조된 것이라고 주장하였다. 그는 어떤 소아시아의 장로가 자신이 그 이야기를 만들어내었다는 고백을 자기에게 했다고 밝히고 있다.[58] 그러나 이 문헌은 역사와 전설을 함께 반영하고 있긴 하지만 주인공의 실존과 내용의 일부분의 역사성은 학자들에 의하여 인정되고 있다. 이 문헌을 담고 있는 "바울행전"(The Acts of Paul)은 1세기의 진본 문헌들을 포함하고 있는데 3세기의 어느 장로에 의하여 과도하게 윤색되었으며 특히 테클라의 이야기들은 사실에 근거한 것들이 아닐 가능성이 높지만 그의 존재와 삶의 여정에 관한 기본적인 역사성은 인정이 된다는 것이다. 4세기의 카파도키아 교부들인 나지안주스의 그레고리(Gregory of Nazianzus)와 바질(Basil of Caesarea)은 테클라의 역사성을 인정하였다. 그들의 글에서는 테클라가 세운 학교와 병원에 관하여 언급하고 있다.[59] 순례자 에게리아(Egeria)는 399년에 그곳을 방문하고 그곳의 남녀 수도원과 여러 다른 건물들에 관하여 언급하였다. 1908년의 독일의 고고학 탐사 팀은 그 공동체의 현존을 입증하는 발굴들을 하였는데 그곳에서 두 교회 건물의 흔적과 환자들을 씻기는 수조들을 발견하였으며 천 년 이상 동안 그 곳의 시설물들이 사용되었음을 입증하였다.[60] 테클라의 실존과 그의 활동의 역사성은 곧 남성을 능가하는 여성의 리더십이 있었음을 예증하는 것이다.

공사회의 교회로 발전되기 시작한 3세기 중반 이후에도 여성 지도자들이 두각을 나타낸 것은 그 당시 기존 교회가 이단시하였던 공동체에서였다. 규범화되어 가는 제도교회에서 여성의 역할이 축소되면서도 제도권 밖의 기독교 공동체에서는 여전히 여성들의 역할이 활발했다는 것은 잘 알려진 사실이다. 초대교부들이 여성의 리더십에 대하여 부정적인 입장을 견지하면서 그 실례로 이단적인 공동체에서 여성의 역할을 꼽았던 것은 그 반증이다. 그들은 여성들이 남성에 비하여 영적, 지적으로 열등할 뿐 아니라 유혹과 오류에 빠지는 일도 잘한다고 여겼고 여성들이 상대적으로 활발하게 활동하는 이단 그룹들이 오류에 빠지는 원인을 많은 경우에 여성에게서 찾았다. 제도교회가 여성들의 사역에 대하여 제한하기 시작하면서 상대적으로 여성들이 금욕주의적(ascetic) 영감주의적(inspirational) 리더십을 발휘했던 것은 분명한 사실이다.

사도 누가가 사도행전 2:16-18에서 선지자 요엘의 예언의 말을 인용하면서 '여종'도 예언을 할 것이라는 메시지를 전한 것과 사도 바울이 고린도전서 11:5에서 여성이 예언의 기능을 감당할 수 있다고 간접적으로 비친 것처럼 몬타누스주의자들은 초기에 두 여성을 그들의 예언적 지도자로 여기고 있었다. 몬타누스주의(Montanism)라는 이름이 그들의 지도자 몬타누스(Montanus)에서 비롯된 것이지만 프리스킬라(Priscilla)와 막시밀라(Maximilla)는 그 운동의 가장 초기부터 주요 지도자로 세워졌으며 그 운동의 핵심적인 역할을 한 것이 분명하다.[61] 그들의 신탁(oracle)이 몬타누스의 것보다 더 많이 전해지고 있다는 것도 흥미로운 일이다.[62] 이 두 여성의 역할과 영향력에 미루어 볼 때 몬타누스주의는 여성이 지도자의 직위를 가지는 데 대하여 열려 있었다는 것을 알 수 있다. 그들 공동체에서는 여성들에게도 장로(presbyters)와 감독(bishops)의 직위가 열려 있었다.[63] 프리스킬라와 막시밀라 이후에도 퀸틸라(Quintilla)와 같은 여성에 의하여 몬타누스 공동체에는 여성의 리더십이 두드러지게 나타났음이 여러 교부들의 글에서 발견된다.[64]

크리스틴 트레베트(Christine Trevett)는 몬타누스주의가 초기부터 이단적인 그룹이었다는 재래의 주장에 반대하면서 결론적으로 그 운동 초기의 영적 지도자였던 프리스킬라와 막시밀라가 이단으로 몰린 적은 없었다고 강조한다.[65] 실제로 몬타누스주의를 비판적으로 다룬 에피파니우스(Epiphanius)의 『파나리온』(Panarion)도 몬타누스주의자들이 신구약 성경을 모두 받아들였으며 정통 가톨릭교회의 삼위일체에 대한 신앙을 그대로 받아들였다고 전하고 있고, 그들을 역시 비판하였던 로마의 히폴리투스(Hippolytus)도 그들이 창조주 하나님을 고백할 뿐 아니라 그리스도의 복음을 모두 받아들였다고 말한다.[66] 이러한 말들은 몬타누스주의자들에 대하여 반대하는 자들에게서 나온 것이기 때문에 상대적으로 신빙성이 높은 증언들이다. 이는 몬타누스주의가 적어도 초기에는 신학적으로 정통교회와 다르지 않았음을 잘 보여주는 대목이다. 트레베트는 초기의 몬타누스주의의 특징적인 활동들은 이미 그 당시 기존 교회 안에 있었던 경향과 관심의 일부분이었다고 본다. 몬타누스주의자들이 결국 이단으로 채색되었던 원인은 그들이 고수하려고 했던 가르침이 제도교회에 의하여 배제되었고 그들의 지도자들이 여성이었다는 사실에 있었다고 말해도 과언이 아니다. 특히 후자의 경우는 몬타누스주의의 이미지를 부정적으로 만드는 원인이 되었다.[67]

특기할만한 것은 우선 프리스킬라와 말시밀라를 평가하는 양상이 그들과 동시대에 활동했던 저자들과 그들을 직접 겪지 않았던 후대의 저자들 사이에 차이가 있다는 것이며, 근대의 저자들 가운데 그들을 이단으로 분류하는 자들은 많은 경우에 그들을 직접 겪지 않았던 후대의 사람들의 평가에 의존하고 있다는 사실이다.[68]

초대교회가 로마제국으로부터 박해를 받던 때에 많은 교인들은 순교를 마다하지 않고 고난을 감내하면서 복음 증거자로서의 모본을 보였다. 고난에 굴하지 않고 신앙을 명예스럽게 지켜내는 데 있어서 여성의 역할은 남성에 못지 않았다. 그들은 생명의 위험 앞에서 신앙의 지도자적 모습을 보여주는 데 손색이 없었다. 대표적인 여성 순교자들 가운데 페르페투아(Perpetua)가 있다. 셉티미우스 세베루스(Septimius Severus) 황제 때(202-3년)에 북아프리카의 카르타고(Carthage)에 있었던 박해로 인하여 여러 기독교인들이 체포 및 구금당한 일이 있었다. 이 때 교회의 선생이었던 사투루스(Saturus)와 그의 제자들이 태양신을 숭배하라는 황제의 영을 거부하고 투옥되었다. 투옥된 그의 제자들 가운데는 부유한 공무원의 딸이자 유망한 남편을 두었던 페르페투아와 그의 여종 펠리키타스(Felicitas)가 있었다. 페르페투아는 부친의 설득과 당국의 협박에도 불구하고 태양신 숭배를 거부하였고 결국 명예스러운 순교의 길을 택하였다. 페르페투아는 그녀의 순교의 여정을 기록으로 남기기도 했는데 이 문서는 여성에 의하여 저술된 가장 오래된 문헌으로 남아 있다. 이 문헌에는 그녀가 총독 힐라리온(Hilarion) 앞에서 심문을 당하는 장면을 설명하는 대목이 있다:

> 힐라리온이… 말하기를 "네 부친의 희어진 머리와 네 갓난 아들을 생각해서라도 황제를 위하여 신께 희생 제사를 드리라." 그러나 나는 "그렇게 하지 않겠다"고 대답하였다. 힐라리온은 "네가 기독교인인가?"라고 물었고 나는 "기독교인이다"라고 대답하였다. 나의 부친이 나를 단념시킬 것을 고집하였을 때, 힐라리온은 명령하여 그를 쓰러뜨리고 몽둥이로 매질을 가하였다. 부친의 상처는 마치 내가 두들겨 맞은 것처럼 나를 아프게 했다.[69]

위의 대화를 미루어보면 페르페투아는 더 중요한 일을 위하여 가정을 가진 여성으로서의 역할을 뛰어 넘어 의젓한 순교자의 모습을 보여준다. 그는 딸로서 그리고 엄마로서의 역할, 즉 여성으로서의 역할을 위하여 순교의 길을 중단하지 않고 한 사람의 주체적인 신앙인으로 담대한 선택을 하고 있다. 그는 분명히 그 시대의 남성에게 의존적인 여성의 이미지를 초월하여 서있음을 본다.[70] 그는 옥에 갇혀 있는 동안에 탁월한 신앙의 지도자로서의 면모를 또한 보여주었다. 그는 일련의 예언적 비전을 보았고 그러한 활동을 통해 심지어는 남성 지도자들을 압도하는 영적 권위를 보여주었다고 전해지고 있다.[71] 그녀가 남긴 기록의 문헌은 초대 기독교인들 가운데서 널리 읽혀졌으며 그녀의 순교의 이야기는 많은 사람들에게 교훈을 남겼다. 그녀를 기념하는 교회당이 카르타고에 세워졌으며 후일 히포의 아우구스티누스도 그녀에 관한 이야기를 여러 번에 걸쳐 설교에 반영하였다.[72]

4세기 이후 소위 '콘스탄티누스 교회'(Constantinian Church)의 상황에서 여성의 역할이 점점 더 제한되어갔던 상황에서 여성들의 탁월성이 드러나기 시작했던 것은 금욕주의의 영역에서였다. 특히 상류사회의 여성들 가운데 자신을 엄격한 금욕주의의 삶에 헌신하고 '경건'의 표본을 세우고 교부들의 찬사를 자아내었던 여성들이 많이 나오기 시작하였다.[73] 초대교회사는 수도하는 여성에 대하여는 되도록 간단하게 기록하고 있지만 실제로는 여성이 남성보다 2배로 많았다고 한다.[74] 여성은 점점 더 세속화되어 가는 교회의 대안으로 일어나고 있었던 수도원운동의 발전에 초기부터 중요한 역할을 감당하였으며 새로운 신앙의 지도자의 모습을 보여주었다. 이들 가운데 마크리나(Macrina)는 동방수도원 운동에서 반드시 기억되어야 할 인물일 것이다.

마크리나는 당대의 대표적인 신학자였던 가이사랴의 바질과 닛사의 그레고리(Gregpry of Nyssa)의 누나로 잘 알려진 여성이다. 그의 할머니 '노 마크리나'(Macrina the Older)와 구별하여 '소 마크리나'(Macrina the Younger)로 불리기도 한 그는 탁월한 영성과 학문적 소양으로 그의 형제들에게 깊은 영향을 끼친 것으로 유명하다.[75] 그의 두 남동생들은 그 시대의 영성과 신학을 이끌었던 탁월한 지도자요 신학자로서 소위 '카파도키아 교부들'(Cappadocian Fathers)로 알려진 3인 중에 2인이었다. 특히 세속적으로 성공하기 위하여 학문을 닦고 있었던 바질이 신학을 공부하고 기독교 사역자의 길을 걷게 된 데는 마크리나의 충고가 결정적인 역할을 하였으며 그 이후로도 그의 영성과 신학이 형성되어 가는 과정에서 중요한 역할을 하였다. 바질이 수도원 운동에 관심을 가지고 "바질의 규범"(Basil's Rule)이라는 수도원 규범집을 통하여 동방교회의 수도원 운동에 결정적인 공헌을 한 것도 그의 누이 마크리나의 수도사적 영성의 영향에서 비롯되었다고 할 수 있다. 바질은 나중에 동방 수도원 운동의 설립자요 아버지로 일컬음을 받게 되었지만 그의 업적은 실질적으로 마크리나가 시작한 운동의 기반 위에서 이루어진 것이었다. 마크리나는 당시 동방의 수도원운동의 특징이었던 고립형 혹은 은자형보다는 여러 여성 수도사들이 한 곳에 모여서 기도와 노동의 활동과 상호복종의 미덕을 실천하는 공동체를 창출하였다. 그녀는 할머니 '노 마크리나'가 물려준 본도의 아니사(Annisa of Pontus)에 있는 땅에 여성들이 수도의 생활을 할 수 있는 수도원을 설립하고 바질이 그 근처에 남성들을 위한 수도원을 건립하도록 영향을 끼친 것은 동방 수도원 운동의 초기에 중요한 의미를 가지는 것이었다. 마크리나가 여성이 아니었다면 역사가들은 당연히 그를 동방수도원 운동의 주요 공헌자로 평가해야 했을 것이다.

프로바는 부유하고 명망 있는 집안의 기혼녀로서 평소에 고전을 공부하고 글을 쓰는 여성이었다. 그는 351년경에 희랍-로마시대의 대중적 시가의 형식인 『켄토』(Cento)라는 글 을 썼는데 그것은 버질(Virgil) 호머(Homer)와 같은 거장의 시구를 빌어다가 자신의 목적에 맞게 재배열하는 형식을 취한 것이었다. 프로바는 예를 들어서 세속적 주제로 써진 버질의 시구들을 성경의 이야기를 전달하는 수단으로 사용하였다. 전반부는 이스라엘의 역사를 율법을 받는 부분까지를 다뤘고 후반부는 예수 그리스도의 이야기를 다뤘다. 프로바는 이 글을 통하여 당시의 희랍-로마 문화권에 있는 사람들에게 그들의 언어와 사고의 형식을 가지고 성경의 이야기를 전달하고자 하였다. 이 글은 수세기 동안에 소년들을 가르치는 교과서의 역할을 하였고 기독교의 신학적 전통이 형성되는 과정에서 여성의 역할을 대변한다.[76]

IV. 나가는 말

　　초대교회의 역사에 나타난 여성들은 성에 대한 시대적 편견과 차별로 인하여 남성에 비하여 그 직위나 역할의 범위에 있어서 제한을 받은 것이 분명해 보인다. 그러나 어떤 특정한 사역이 주어졌을 때 그들이 보여준 리더십과 사역의 능력은 남성에 못지 않았으며 어떤 경우에는 그 시대의 남성들을 압도하였음이 분명하다. 당시의 많은 기독교 여성 지도자들은 자기 시대의 그러한 편견과 차별을 수용하였지만 그리스도가 그들에게 부여한 시대적 사명을 저버리지 않았고 주어진 상황에서 최선을 다했으며 때로는 최선의 결과를 가져왔다. 그러한 초대교회의 여성들의 역할과 공헌이 당대와 후대의 역사가들에 의하여 제대로 전달되거나 발굴되지 못하고 결과적으로 많은 경우에 역사적 편견 속에 잠식당한 것은 아쉬운 일이다. 교회 스스로가 교회 공동체에 동일하게 부름을 받은 구성원의 절반, 혹은 그 이상을 교회의 활동에서 제한하거나 거부한 것은 그들을 그리스도의 제자로서 하나님의 사역에 적극적으로 동참하도록 격려해야 하는 그리스도의 사명을 저버린 것이다.

주(註)

1) 여성이 아버지의 소유였다는 것은 롯의 이야기(창세기 19:4-8)와 입다의 이야기(사사기 11:29-40)에서 잘 나타난다. 결혼 후에 아내가 남편을 '주'(lord; master)라고 불렀던 것은 그들의 관계를 잘 보여주는 대목이다. Barbara J. MacHaffie, *Her Story: Women in Christian Tradition* (Philadelphia, PA: Fortress Press, 1986), 7.

2) Ibid.

3) Howard Clark Kee, "The Changing Role of Women in the Early Christian World," *Theology Today* 49 (July 1992): 226.

4) William Barclay, *The Letters to the Galatians and Ephesians,* 2nd ed., The Daily Study Bible Series (Philadelphia, PA: Westminster Press, 1976), 168; Everett Ferguson, *Backgrounds of Early Christianity,* 2nd ed. (Grand Rapids, MI: William B. Eerdmans Publishing Company, 1993), 71.

5) Barclay, *The Letters to the Galatians and Ephesians,* 170; Ferguson, *Backgrounds of Early Christianity,* 70-1.

6) Barclay, *The Letters to the Galatians and Ephesians,* 170.

7) 최갑종, "한국 기독교와 사회에서의 여성의 인권신장을 위한 초기 기독교와 고대 헬라-로마-유대 사회에서의 여성의 역할과 위치에 관한 연구: 여성의 성직안수는 가능한가?" (한국학술진흥재단 논문발표회 및 토론회, 2005년 5월), 4-5.

8) Ibid., 5.

9) Barclay, *The Letters to the Galatians and Ephesians,* 171.

10) Ferguson, *Backgrounds of Early Christianity,* 72.

11) Ibid. 로마 사회의 여성들이 활발한 종교적 활동을 할 수 있었던 사실은 초대교회에서 여성들이 활동할 수 있었던 사실과 사회적 연관이 있었으리라고 생각하는 것은 당연한 일이다.

12) Laurie Guy, *Introducing Early Christianity* (Downers Grove, IL: InterVarsity Press, 2004), 167.

13) Kee, "Changing Role of Women," 230.

14) 엘리자베스 클락은 2세기 교회의 저자들이 그들의 수사학적 재능을 사용하여 가끔 이교도의 종교를 비웃고 수치스럽게 할 때가 있었지만 그들이 기독교 공동체 안에서 나약한 기독교인들에 대해서는 그러한 일을 거의 하지 않았던 데 비하여 3세기 이후의 저자들은 같은 기독교 안에서 종교적, 사회적으로 열등한 멤버에 대하여 그러한 "수치의 수사학"(rhetoric of shame)을 구사하는 일을 시작하였고, 곧 그러한 활동이 기술적으로, 그리고 윤리적으로 정형화되어 갔다고 주장한다. Elizabeth A. Clark, "Sex, Shame, and Rhetoric: En-gendering Early Christian Ethics," *Journal of the American Academy of Religion* 59 (Summer 1991): 224.

15) Laurie Guy, *Introducing Early Christianity*, 178. 이러한 사실은 그레코로만 사회에서 남성들의 활동영역이 주로 공적인 사회였던 반면에 여성들의 활동 영역은 주로 사적인 가정이었던 것과 밀접한 관계가 있다. Ibid., 167.

16) William David Spencer, "The Chaining of the Church," *Christian History* 7 (1988): 25.

17) Paul Hanly Furfey, "Social Action in the Early Church: 30-180 A. D.," *Theological Studies* 3 (February 1942): 89.

18) 이그나티우스의 "일곱서신서"는 에베소(Ephesus), 마그네시아(Magnesia), 트랄레스(Tralles), 로마(Rome), 필라델피아(Philadelphia), 서머나(Smyrna)의 6교회와 서머나교회의 감독 폴리캅(Polycarp)에게 보낸 서신서를 포함한다. 이 서신서들은 2세기 초의 교회의 상황을 이해하는 데에 중요한 문헌으로 여겨져 왔다.

19) Karen Torjesen, "The Early Controversies over Femaley Leadership," *Christian History* 7 (1988): 20.

20) 이 문헌의 저작 시기를 2세기 후반으로 보는 학자들이 있긴 하지만 오늘날의 대부분의 학자들은 대체로 1세기의 문헌으로 간주한다. 이 문서가 기록된 장소는 시리아와 이집트가 거론되고 있지만 대체로 전자일 것으로 추정한다. "Didache," *The Oxford Dictionary of the Christian Church*, 1997년판, 478-9.

21) Didache 15.1, trans. J. B. Lightfoot. [온라인자료], http://www.earlychristianwritings.com/text/didache-lightfoot.html, 2005년 12월 5일 접속.

22) 윌리엄 스펜서(William D. Spencer)는 『디다케』가 감독과 집사의 직위를 남성에게만 국한시켰다고 해석한다. William D. Spencer, "The Chaining of the Church," *Christian*

History 7 (1988): 25.

23) *Didache* 11.12-17.

24) Karen Torjesen, "The Early Controversies over Femaley Leadership," *Christian History* 7 (1988): 21.

25) Torjesen, "The Early Controversies," 21. 여성의 사역에 대한 『디다케』의 역할과 영향에 대해서는 학자들 사이에 일치하는 것은 아니다. 윌리엄 스펜서는 교회가 점점 규범화되어가고 형식화되어 갔던 초기의 이유 중에 하나로 『디다케』의 영향을 꼽는다. 그에 의하면 이 문서는 무엇을 "하라"는 긍정적이고 적극적인 표현보다는 "하지 말라"는 표현이 주류를 이루고 있으며 교회의 이러한 규제적인 사고방식은 그 이후의 교회 모습의 변화에 많은 영향을 끼쳤다고 말한다. Spencer, "The Chaining of the Church," 25.

26) Catherine Kroeger, "The Neglected History of Women in the Early Church," *Christian History* 7 (1988): 8. "Thou shalt therefore write two little books, and shalt send one to Clement, and one to Grapte. So Clement shall send to the foreign cities, for this is his duty; while Grapte shall instruct the widows and the orphans. But thou shalt read (the book) to this city along with the elders that preside over the Church." Hermas, *The Shepherd of Hermas* 8.3, trans, J. B. Lightfoot, [온라인자료], http://www.earlychristianwritings.com/text/shepherd-lightfoot.html, 2005년 12월 5일 접속. 사도 바울이 로마서에서 개인적인 문안 인사를 한 자들 가운데는 남성이 18명, 여성이 15명이었음을 감안한다면 로마교회는 여성들의 활동이 상당히 활발하였음을 보여준다.

27) MacHaffie, *Her Story*, 37.

28) Irenaeus, *Against Heresies* 3.22.4, *Patrologia Graeca*. Elizabeth A. Clark, *Women in the Early Church,* Message of the Fathers of the Church, vol. 13, ed. Thomas Halton (Collegeville, MN: Liturgical Press, 1983), 38에서 인용. 이레니우스는 발렌티누스파 (Valentinians)의 마르쿠스(Marcus)라는 자는 자신의 주변에 여성들을 두고 그가 보는 앞에서 그들로 하여금 성만찬식을 집례하게 하였다고 비난하였다. Giorgio Otranto, "Notes on the Female Priesthood in Antiquity," trans. Mary Ann Rossi, in "Priesthood, Precedent, and Prejudice: On Recovering the Women Priests of Early Christianity," ed. Mary Ann Rossi, *Journal of Feminist Studies in Religion* 7 (Spring 1991): 85.

29) Tertullian, *On the Dress of Women* 1.1.2. *Corpus Scriptorum Ecclesiasticorum Latinrum.* Clark에서 인용.

30) Marie-Henry Keane, "Woman in the Theological Anthropology of the Early Fathers,"

Journal of Theology for Southern Africa 62 (March 1988): 4.

31) John Chrysostom, *Homily 9 on I Timothy*, trans. Philip Schaff, *A Select Library of the Nicene and Post-Nicene Fathers of the Christian Church*, vol. 13, ed. Philip Schaff (Grand Rapids, MI: William Eerdmans Publishing Company, 1956), 433.

32) John Chrysostom, *Discourse 2 on Genesis*, in *Patrologia Graeca* 54.589. Clark, 35에서 인용.

33) Jerome, *Letter 133*, trans. W. H. Fremantle, *A Select Library of Nicene and Post-Nicene Fatherss of the Christian Church*, eds. Philip Sahaff and Henry Wace, vol. 6 (Grand Rapids, MI: William Eerdmans Publishing Company, 1979), 275.

34) Ambrosius, *On Paradise* 12.56. *CSEL*. Clark에서 인용.

35) Augustine, *Literal Commentary on Genesis* 11.42. *CSEL*. Clark에서 인용.

36) Keane, "Woman in the Theological Anthropology of the Early Fathers," 4에서 인용.

37) Torjesen, "The Early Controversies," 21.

38) *Didascalia* 3.6.3-7.5

39) Ibid., 3.6.1-2.

40) Ibid., 3.9.1-3.

41) Lisa Bellan-Boyer, "Conspicuous in Their Absence: Women in Early Christianity," *Cross Currents* 53 (Spring 2003): 48.

42) Elizabeth Schussler Fiorenza, "You Are Not to Be Called Father: Early Christian History in a Feminist Perspective," *Cross Currents* 29 (Fall 1979): 302-3.

43) Ibid., 303-4. 중세 때까지는 유니아를 여성사도로 이해하는 것이 당연시되었다. Catherine Kroeger, "The Neglected History of Women in the Early Church," *Christian History* 7 (1988): 7. 한국 성경은 로마서 16:7에 등장하는 두 인물을 아예 사도로 해석하지 않고 있다. 영어성경들은 "οιτινες εισιν επισημοι εν τοις αποστολοις"로 표현된 희랍어를 대체로 "who are notable among the apostles," 즉 "사도들 가운데 주목할 만한(자들)"이라고 번역하는 데 반해 한국어 성경들은 "사도들에게 존중히 여겨지는(자들)" 혹은 "사도들에게 좋은 평을 받고 있는(자들)"로 번역하고 있다.

44) Fiorenza, "You Are Not To Be Called Father," 304.

45) Ibid., 305. 여기서 *prostatis*라는 호칭은 나중에 속사도들에 의하여 성만찬을 집전하는 자에게 붙여졌다. Kroeger, "The Neglected History of Women," 7.

46) 로드니 스타크(Rodney Stark)는 기독교 인구가 초기에 급속도로 늘어났던 원인들을 규명하는 과정에서 그동안의 통념을 비판하고 사회과학적인 방법으로 접근하면서 기독교의 회심자가 급증하는 데에 여성들의 기여도가 컸음을 밝히고 있다. Rodney Stark, "Reconstructing the Rise of Christianity: The Role of Women," *Sociology of Religion* 56 (1995): 229-44를 참조.

47) Kroeger, "The Neglected History of Women," 6.

48) J. C. 러셀(Russell)의 추산에 의하면 여성의 인구가 100인 경우에 남성의 인구는 131(로마 시) 내지는 140명(이탈리아, 소아시아, 북아프리카)에 달한다. Stark, "Reconstructing the Rise of Christianity," 231. 3세기 초 북아프리카의 키르타(Cirta)라는 지역에서 빈곤한 자들을 위하여 교회가 기부 받은 옷의 종류를 보면 남성용 튜닉(tunic)이 16벌, 여성용 튜닉이 82벌이 모아졌고 거기에다 여성용 슬리퍼(slippers)가 42켤레가 거두어졌다는 기록이 있다. 이는 교인들 가운데 여성이 압도적으로 많았음을 반증하는 것이다. Ibid., 232.

49) Ibid., 231.

50) Kroeger, "The Neglected History of Women," 6. 로마 사회의 여성인구를 감소시킨 원인 가운데는 낙태가 있다. 당시의 야만적이고 치명적인 낙태 시술의 과정에서 많은 여성들이 목숨을 잃었던 것이 그것이다. Stark, "Reconstructing the Rise of Christianity," 232.

51) 스타크는 "구텐타그와 시코드의 원리"(Guttentag and Secord Theory)를 도입하여 남초의 사회에서는 여성들의 지위가 열악하고 그들이 누리는 자유에 상당한 제한이 따르지만 여초의 사회에서는 여성의 지위와 그들이 누리는 자유가 향상되는 경향이 있다고 주장한다. Stark, "Reconstructing the Rise of Christianity," 234.

52) Kroeger, "The Neglected History of Women," 6.

53) Ibid.

54) Fiorenza, "You Are Not To Be Called Father," 311. 터툴리안의 *De Praescriptione* 41.5와 *De Baptismo* 17.4에서 인용.

55) Stark, "Reconstructing the Rise of Christianity," 238. R. Gryson, *The Ministry of Women in the Early church*, trans. Jean Laporte and Mary Louise Hall (Collegeville, MN: Liturgical Press, 1976), 134에서 재인용.

56) Otranto, "Notes on the Female Priesthood in Antiquity," 81.

57) Ibid., 84. 오트란토는 이러한 일들이 남 이탈리아 지역에서 일어난 원인을 그 지역이

재래적으로 희랍문화의 영향을 많이 받은 곳이었다는 사실에서 찾는다. Ibid., 85.

58) Tertullian, *On Baptism* 17, CSEL 20.215, Clark, 173에서 재인용. "바울과 테클라의 행전"은 『바울의 행전』(*Acts of Paul*)이라는 문헌의 한 부분을 이루고 있다.

59) Kroeger, "The Neglected History of Women," 9.

60) Ibid.

61) 앤 젠센(Anne Jensen)은 그의 책 *Gottes Selbstbewusste Töchter*에서 몬타누스주의의 창시자는 프리스킬라였다고 주장하면서 전해진 그 운동의 이름은 전형적으로 잘못 표기된 용어라고 단정한다. 그가 그렇게 된 원인으로 지적하는 것은 교부시대에 이 단을 지목할 때 대개의 경우 남성 지도자를 거명하는 것이 일반화되어 있었다는 데 있다. Christine Trevett, "Gender, Authority and Church History: A Case Study of Montanism," in *Montanism: Gender, Authority and the New Prophecy* (Cambridge: Cambridge University Press, UK, 1996), 11-2.

62) Ibid., 12.

63) Ibid.

64) Ibid.

65) Ibid., 19.

66) Ibid., 13. 히폴리투스는 이렇게 말한다: "[Montanists] confess, as does the Church, that God is the Father of the universe and the Creator of everything, and they confess everything that the Gospel testifies about Christ, but they bring in new observances by way of fasts and holidays, diets of dry food and radishes, alleging that they have been taught to do so by these women." Hippolytus, *Refutation of All Heresies*, 8.19. Clark, 161에서 인용. 그는 몬타누스주의자들이 정통교회와 동일한 신앙을 고백하고 있다고 전제하고 난 다음 그들의 지도자들인 두 여성들(프리스킬라와 막시밀라)로부터 배우는 금욕주의적 삶의 방식이 그들의 새로운 가르침이라는 사실을 밝히고 있다. 나중에 자신이 몬타누스주의자가 된 터툴리안은 여전히 여성이 교회에서 침묵해야 한다고 주장하였지만 고린도전서 11:5을 근거로 여자가 예언하는 일에 대하여는 예외를 적용하였다. 그 자신도 몬타누스주의의 여성 예언자들의 신탁의 말을 두 번에 걸쳐서 인용하기도 하였다. Roger Gryson, *The Ministry of Women in the Early Church*, trans. Jean Laporte and Mary Louise Hall (Collegeville, MN: Liturgical Press, 1976), 19.

67) Trevett, "Gender, Authority and Church History," 13-4.

68) Ibid., 13.

69) MacHaffie, *Her Story*, 35에서 인용.

70) Ibid.

71) Ibid.

72) Ibid., 36

73) Clark, Women in the Early Church, 19.

74) Swan, *Forgotten Desert Mothers*, 3.

75) 마크리나의 동생들은 그들의 나이가 거의 35세가량이 될 때 침례를 받게 되었는데 그때까지 계속해서 그들을 권유하고 인도하였다고 전해진다. Ibid., 129.

76) MacHaffie, *Her Story,* 39-40.

참고자료

최갑종, "한국 기독교와 사회에서의 여성의 인권신장을 위한 초기 기독교와 고대 헬라-로마-유대 사회에서의 여성의 역할과 위치에 관한 연구: 여성의 성직안수는 가능한가?" 한국학술진흥재단 논문발표회 및 토론회, 2005년 5월, 1-30.

Barclay, William. *The Letters to the Galatians and Ephesians*, 2nd ed. The Daily Study Bible Series. Philadelphia, PA: Westminster Press, 1976.

Clark, Elizabeth A. "Sex, Shame, and Rhetoric: En-gendering Early Christian Ethics," *Journal of the American Academy of Religion* 59 (Summer 1991): 221-45.

_____. ed. *Women in the Early Church*. Message of the Fathers of the Church, vol. 13. Edited by Thomas Halton. Collegeville, MN: Liturgical Press, 1983.

Ferguson, Everett. *Backgrounds of Early Christianity*, 2nd ed. Grand Rapids, MI: William B. Eerdmans Publishing Company, 1993.

Fiorenza, Elizabeth Schussler. "You Are Not to Be Called Father: Early Christian History in a Feminist Perspective." *Cross Currents* 29 (Fall 1979): 301-23.

Furfey, Paul Hanly. "Social Action in the Early Church: 30-180 A. D." *Theological Studies* 3 (February 1942): 89-108.

Gryson, Roger. *The Ministry of Women in the Early Church*. Translated by Jean Laporte and Mary Louise Hall. Collegeville, MN: Liturgical Press, 1976.

Guy, Laurie. *Introducing Early Christianity*. Downers Grove, IL: InterVarsity Press, 2004.

House, H. Wayne. "Distinctive Roles for Women in the Second and Third Centuries." *Bibliotheca Sacra* 146 (2004): 41-54.

Keane, Marie-Henry. "Woman in the Theological Anthropology of the Early Fathers." *Journal of Theology for Southern Africa* 62 (March 1988): 3-13.

Kee, Howard Clark. "The Changing Role of Women in the Early Christian World." *Theology Today* 49 (July 1992): 225-38.

Klawiter, Frederick C. "The Role of Martyrdom and Persecution in Developing the Priestly Authority of Women in Early Christianity: A Case Study of Montanism." *Church History* 49 (September 1980): 251-61.

Kroeger, Catherine. "The Neglected History of Women in the Early Church." *Christian History* 7 (1988): 6-9, 11.

MacHaffie, Barbara J. *Her Story: Women in Christian Tradition*. Philadelphia, PA: Fortress Press, 1986.

Oden, Amy, ed. *In Her Word: Women's Writings in the History of Christian Thought*. Nashville, TN: Abingdon Press, 1994.

Rossi, Mary Ann. "Priesthood, Precedent, and Prejudice: On Recovering the Women Priests of Early Christianity." *Journal of Feminist Studies in Religion* 7 (Spring 1991): 73-94.

Spencer, William David. "The Chaining of the Church." *Christian History* 7 (1988): 25.

Stark, Rodney. "Reconstructing the Rise of Christianity: The Role of Women.Z" *Sociology of Religion* 56 (1995): 229-44.

Swan, Laura. *The Forgotten Desert Mothers: Sayings, Lives, and Stories of Early Christian Women*. New York: Paulist Press, 2001.

Tertullian. *On the Apparel of Women*. Translated by. S. Thelwall. *Ante-Nicene Fathers, vol. 4*. Edited by Alexander Roberts and James Donaldson. Peabody, MA: Hendrickson Publishers, 1995.

Torjesen, Karen Jo. *When Women Were Priests: Women's Leadership in the Early Church and the Scandal of Their Subordination in the Rise of Christianity.* San Francisco: HarperSanFrancisco, 1993.

Trevett, Christine. "Gender, Authority and Church History: A Case Study of Montanism." *In Montanism: Gender, Authority and the New Prophecy*, 9-24. Cambridge, UK: Cambridge University Press, 1996.

The Oxford Dictionary of the Christian Church, 1997년판.

House, H. Wayne. "Distinctive Roles for Women in the Second and Third Centuries." *Bibliotheca Sacra* 146 (2004): 41-54.

Keane, Marie-Henry. "Woman in the Theological Anthropology of the Early Fathers." *Journal of Theology for Southern Africa* 62 (March 1988): 3-13.

Kee, Howard Clark. "The Changing Role of Women in the Early Christian World." *Theology Today* 49 (July 1992): 225-38.

Klawiter, Frederick C. "The Role of Martyrdom and Persecution in Developing the Priestly Authority of Women in Early Christianity: A Case Study of Montanism." *Church History* 49 (September 1980): 251-61.

Kroeger, Catherine. "The Neglected History of Women in the Early Church." *Christian History* 7 (1988): 6-9, 11.

MacHaffie, Barbara J. *Her Story: Women in Christian Tradition*. Philadelphia, PA: Fortress Press, 1986.

Oden, Amy, ed. *In Her Word: Women's Writings in the History of Christian Thought*. Nashville, TN: Abingdon Press, 1994.

Rossi, Mary Ann. "Priesthood, Precedent, and Prejudice: On Recovering the Women Priests of Early Christianity." *Journal of Feminist Studies in Religion* 7 (Spring 1991): 73-94.

Spencer, William David. "The Chaining of the Church." *Christian History* 7 (1988): 25.

Stark, Rodney. "Reconstructing the Rise of Christianity: The Role of Women.Z" *Sociology of Religion* 56 (1995): 229-44.

Swan, Laura. *The Forgotten Desert Mothers: Sayings, Lives, and Stories of Early Christian Women*. New York: Paulist Press, 2001.

Tertullian. *On the Apparel of Women*. Translated by. S. Thelwall. *Ante-Nicene Fathers, vol. 4*. Edited by Alexander Roberts and James Donaldson. Peabody, MA: Hendrickson Publishers, 1995.

Torjesen, Karen Jo. *When Women Were Priests: Women's Leadership in the Early Church and the Scandal of Their Subordination in the Rise of Christianity.* San Francisco: HarperSanFrancisco, 1993.

Trevett, Christine. "Gender, Authority and Church History: A Case Study of Montanism." *In Montanism: Gender, Authority and the New Prophecy*, 9-24. Cambridge, UK: Cambridge University Press, 1996.

The Oxford Dictionary of the Christian Church, 1997년판.

남침례교 총회와 여성목사 안수

김 승 진 부교수 | 역사신학

I. 서 론

다음의 인용문은 2005년 교단의 연차총회를 앞두고, 최근 국민일보에 광고의 형식을 빌어 발표한 총신대학교 신학대학원 여동문회의 성명서 내용이다:

> 우리는 총신대 신대원을 졸업한 여성 사역자들입니다. 현재 본 교단은 여성안수를 불허하므로 다음과 같은 문제들이 발생하고 있습니다.
> 첫째, 여성이 남성과 동등하게 하나님의 형상으로 창조되었고 또한 동등하게 예수 그리스도의 피로 구속받았지만 여성은 교회 내에서 심각한 성차별을 받고 있습니다.
> 둘째, 교회를 개척하거나 선교단체에서 헌신하고 있는 많은 여성사역자들이 목사안수가 필요하여 교단을 옮기고 있습니다.
> 셋째, 목사가 아닌 본 교단 사역자들은 국내외 주요 여성지도자 회의에서 지도자 역할을 할 수 없고 보수신학에 대한 대변자 역할도 할 수

없습니다.

  넷째, 이런 제약으로 여성들이 총신대 신대원에 오는 것을 기피하여 타 교단으로 가고 있어 본 교단의 유능한 여성 사역자 누수현상이 심화되고 있습니다.

  이렇게 상황이 심각함에도 불구하고 본 교단은 70년 동안 1935년 24회 총회 결과(여성안수 금지)만을 고수하며 신학적 논의조차 외면해 오고 있으며 양성평등으로 나아가고 있는 현 시대에 역행하여 여성 비하 발언을 여전히 하고 있습니다. 이에 우리는 총회가 성경을 더 이상 왜곡하지 않기를 바라며 다음과 같은 사항을 요구합니다.

- 본 교단이 추구하는 성경적 여성관에 대한 공개적인 신학적 논의를 요구합니다.
- 여성안수(목사, 장로, 집사)에 대한 구체적이고 심도 있는 신학적 연구를 요구합니다.
- 여성안수를 요구합니다.

2005년 9월 23일
총신대 신대원 여동문 일동[1]

  총신대학교 신학대학원은 우리나라에서 보수신학을 견지하고 있는 대한예수교장로회(예장) 합동측 목회자 양성 기관이다. 2003년 11월 12일 총신대학교 채플에서 교단의 총회장이 설교 중에 "여자가 OOO를 차고 강단에 올라가? 안 돼!"라는 말을 했다가, 동교 총학생회와 여학생회는 물론, 한국여성신학회, 한국교회여성연합회, 한국여성민우회, 한국여성단체연합 등 여성기독단체 및 여성단체 31곳으로부터 총회장 사퇴 압력 등 혹독한 곤욕을 치룬 바 있다.[2] 여성들에게 교육받을 수 있는 길이 이미 활짝 열려 있고 여성들의 사회참여가 활발하게 이루어지고 있는 우리나라에서, 여성교인들의 수는 60-70%에 이르지만 아직도 교회에서만은 여성들이 지도자로서 활동할 수 있는 공간은 많이 제한되어 있는 것이 사실이다.

　한국교회의 교단들 가운데 여성들에게 목사안수를 인정하고 있는 곳은 모두 7개로, 기독교대한감리회(기감)가 1933년에 처음으로 여성목사안수와 여성장로 제도를 허용했다. 1957년에는 한국기독교장로회(기장)가 여장로 제도를 허용했고 1974년에는 여목사 제도를 도입했다. 대한예수교장로회 통합측도 1996년부터 여목사 제도와 여장로 제도를 도입했다. 그 외에 성결교, 기독교 하나님의 성회, 구세군, 성공회 등의 교단이 여목사 제도를 두고 있다.[3] 신앙과 신학에 있어서 보수성(conservatism)을 견지하고 있는 교단들이 여성안수에 대해 소극적인 입장 혹은 금지하는 입장을 견지하고 있다. 기독교한국침례회(기침) 역시 아직까지 여성안수를 공식적으로 인정하지 않고 있는 상황이다. 현재 우리나라에서 활동하고 있는 전체 여성목사는 1,000여명으로 대략 전체 목사들 가운데 약 1%에 불과하다.[4]

　침례신학대학교 부설 침례교신학연구소의 2005년 프로젝트인 "교회와 여성-여성의 리더십"에서 필자에게 위임된 주제는, 미국 남침례교 총회의 여성사역과 여성지도자들에 대한 안수문제이다. 그래서 본고에서는 기독교한국침례회와 긴밀한 선교적인 협력관계를 맺고 있는 미국 남침례교 총회(Southern Baptist Convention) 내에서 이루어졌던 여성 지도자들에 대한 안수 상황을 역사적으로 규명해 보고, 특히 최근 25년 동안 남침례교가 근본주의적 보수주의(Fundamentalistic Conservativism)로 크게 선회하고 있는 상황에서 여성안수 문제에 대한 남침례교의 정책과 이에 대한 뜨거운 찬반논란에 대해 살펴보고자 한다. 나아가서 여성 안수문제가 대두하게 된 시대상황의 급격한 변화를 고찰하면서 한국의 침례교회와 개신교회에서는 여성들의 목회사역과 여성들에 대한 목사안수 문제에 관해 어떤 시각을 가져야 할 것인지를 모색해 보고자 한다.

II. 최근 남침례교 내의 여성목사 안수

1. 목사 안수를 받은 최초의 여성

미 남침례교의 최근 역사에서 큰 족적을 남겼던 사람들 가운데 한 사람은 에디 데이비스(Addie Davis) 자매이다. 그녀는 1964년 8월 9일에 노스 캐롤라이나 주의 덜햄(Durham) 시에 소재한 와츠 스트리트 침례교회(Watts Street Baptist Church)에서 남침례교 역사상 공식적으로는 최초로 목사안수를 받은 자매였다.5) 버지니아 주 코빙턴(Covington)에서 출생한 데이비스 자매는 침례교 대학인 메레디스(Meredith) 대학을 졸업한 후, 사우스이스턴(Southeastern) 침례신학원에 입학하여 1963년에 오늘날 M.Div. 학위에 해당하는 신학석사 학위(Bachelor of Divinity)를 받았다.

에디 데이비스는 안수를 받기 전에 이미 목회자로 여러 교회를 섬겼었다. 노스 캐롤라이나 주, 엘킨즈(Elkins) 시에 있는 제일침례교회에서 부목회자로 봉사했고, 웨스트 버지니아 주에 있는 앨더슨 브로더스(Alderson-Broaddus) 대학에서 여학생들을 위한 목회자로 봉사했다. 특히 그녀는 고향 마을인 코빙턴에 있는 론 스타(Lone Star) 침례교회에서 담임목사 궐위 시에 임시 담임목회자로 목회활동을 하기도 하였다. 목사 안수를 받은 후에는 뉴 잉글랜드 지역인 버몬트(Vermont) 주 리즈보로

(Readsboro) 시에 위치한 제일침례교회의 담임목사가 되었다.[6]

데이비스 자매를 안수했던 와츠 스트리트 침례교회의 담임목사 워런 카(Warren Carr)는 "데이비스 자매에 대한 목사안수는 그녀의 개인적인 간증에 근거해서 이루어졌다. 그녀가 하나님께서 자신을 목사로 부르셨다고 확신하였고, 그녀가 그러한 부르심에 응답하지 않을 수 없다고 말했을 때, 우리는 그녀를 진지한 태도로 대했다"[7]고 말했다. 당시에도 남침례교인들 사이에는 그녀의 안수에 대해 적지 않은 항의가 빗발쳤다. 그러나 그녀가 남침례교회들이 거의 없는 미국의 동북부 지역에서 목회사역을 떠맡았고. 또 교단 내에서 당분간은 여성목사 안수가 이루어지지 않기 때문에 항의의 목소리는 점차 가라앉았다. 대다수의 침례교인들은 여성 안수에 대한 찬반을 떠나서 와츠 스트리트 침례교회의 자치권(autonomy)을 존중하는 입장을 취했다.

2. 목사안수를 받은 여성들

요엘 선지자는 "그 후에 내가 내 신을 만민에게(on all mankind) 부어주리니, 너희 자녀들(your sons and your daughters, 너희 아들들과 너희 딸들)이 장래 일을 말할 것이며 너희 늙은이는 꿈을 꾸며 너희 젊은이는 이상을 볼 것이며, 그 때에 내가 또 내 신으로 남종과 여종에게(on the male and female servants) 부어줄 것이며"(욜 2:28-29)라고 예언을 하였다. 그 동안 남침례교인들은 아들들(sons)이 안수 받고 설교하는 것에는 익숙해 있었으나 딸들(daughters)이 그렇게 하는 데에는 익숙해 있지 않았다. 그런데 여성에 대한 첫 목사안수가 이루어진 후에는 점차 상황이 바뀌기 시작했다. 1964년부터 1978년까지 약 15년 동안 약 50명 이상의 여성들이 남침례교회에서 안수를 받았다.[8] 1977년 한 해에 남침례교단의 6개 침례신학원들에 약 1,600여 명의 여학생들이 재학하고 있었고, 이들 가운데 많은 여학생들이 졸업 후에는 목사로 안수받기를 희망하고 있었다.[9]

1964년 에디 데이비스의 안수가 있은 지 7년이 지난 후, 1971년에 가서야 두 번째 여성안수가 있었다. 사우스 캐롤라이나 주 콜럼비아(Columbia) 시에 소재한 캐스우드(Kathwood) 침례교회에서 셜리 카터(Shirley Carter) 자매가 목사로 안수받았다. 그런데 이듬 해에 그 교회는 그녀에게 행했던 안수를 사무처리회에서 취소하는 결정을 내림으로써, 그녀는 안수를 받았다가 취소를 당한 유일한 여인이 되었다.[10]

남침례교 내에서 세 번째로 안수를 받았던 여성은 마조리 베일리(Marjorie Lee Bailey)였다. 6년 동안 버지니아 주의 산업현장에서 상담목회자로 봉사했던 경험을 가지고 있던 그녀는 1972년 2월에 리치몬드 시에 있는 베인브리지 스트리트(Bainbridge Street) 침례교회에서 안수를 받았다.[11] 안수식에서 버지니아 주 군목담당 책임자였던 조지 리켓츠(George Ricketts) 목사는 "당신을 복음 사역자로서 부족함이 없는 일꾼으로 인정하는 이 안수식이, 이렇게 오랫 동안 지연된 것에 대해 우리(남성들)를 용서해 주시기 바랍니다"[12]라고 사과를 겸한 축사를 하였다.

그녀는 미시시피 주에 소재한 블루 마운틴(Blue Mountain) 대학을 졸업한 후 텍사스 주 포트 워어스(Fort Worth) 시에 있는 사우스웨스턴(Southwestern) 침례신학원에서 신학수업을 받았다. 자신의 안수에 관해서 그녀는 "하나님께서 저를 부르시고 저에게 하라고 하시는 사역이 무엇인지 더 확실하게 깨닫는 계기가 되었습니다"라고 말하였다. 버지니아 주에서는 최초로 안수 받은 침례교 여성목사로서, 마조리 베일리는 1977년 버지니아 주 교도소 교목(chaplain)으로 승진을 하였는데, 미국 내에서 그러한 직위에까지 오른 최초의 여성목사가 되었다.[13]

안수 받은 여성목사로서 담임목사가 된 최초의 침례교인은 드루실라 포드햄(Druecillar Fordham)이었다. 그녀는 1942년에 흑인침례교 총회인 내셔날 침례교회(National Baptist Church)에서 안수를 받고 1963년에 뉴욕 시의 할렘에 소재한 크라이스트 템플(Christ Temple) 침례교회의 담임목사가 되었다. 그런데 주로 흑인들로 구성된 그 교회가 1972년에 뉴욕 시의 남침례교지방회인 메트로폴리탄(Metropolitan) 침례교지방회에 가입을 하면서 남침례교회가 되었다.[14]

포드햄 자매가 남침례교회에서 안수를 받았던 것은 아니었지만, 남편을 여읜 과부로서 남침례교회의 첫 번째 담임목사가 된 것이다. 그녀는 갈라디아서 3장 28절 말씀을 즐겨 인용하였다: "너희는 유대인이나 헬라인이나 종이나 자주자나 남자나 여자 없이 다 그리스도 예수 안에서 하나이니라." 여성 목사와 여성들에 의한 목회에 대한 반대에 직면할 때면, 그녀는 자신의 역할을 구차스럽게 변명하지 않았다고 한다: "저는 그러한 바보 같은 비난에 대해 개의치 않습니다. 그럴 시간이 없습니다. 저는 아무런 두려움이 없습니다. 저는 저에게 맡겨진 일을 할 뿐입니다. 각자는 각자 해야 할 일을 하면 되는 것입니다. 우리는 '지금의 시대'(the now age)를 살아가고 있는 것입니다."[15] 그녀는 메트로폴리탄 침례교지방회 목사들로부터 따뜻한 환영과 친절한 대우를 받았다고 한다.

안수 받은 여성목사로서 남침례교 총회의 기관에서 사역했던 최초의 여성은 엘리자베스 허친스(Elizabeth G. Hutchens)였다. 그녀는 켄터키 주 루이빌(Louisville)에 있는 서던(Southern) 침례신학원의 교수가 되었다. 버지니아 주에서 안식년 연구휴가를 가지고 있을 때, 허친스 자매는 세인트 엘리자베스 병원(Saint Elizabeth's Hospital)에서 임시 원목으로 활동을 하였는데, 버지니아 주법에 의하면 그러한 사역은 안수받은 목회자들만 감당할 수 있었다. 그래서 그녀는 버지니아 주의 알렉산드리아(Alexandria) 시에 위치한 뱁티스트 템플(Baptist Temple) 교회에서 안수를 받았고, 안식년 연구휴가를 마친 후에는 서던 침례신학원의 기독교교육학 부교수로 복귀하였다.[16]

그 외에도 1970년대 이후 많은 여성들이 전문화 된 목회사역을 감당하기 위해 목사안수를 받았다. 또한 미국의 상황에서는 어떤 기관에서 교목이나 원목으로 봉사하기 위해서는, 비록 여성이라 할지라도 안수를 받은 여성을 그 기관에서는 필요로 했다. 연방정부로부터 월급을 받거나 보조금을 지급받을 수 있는 자리는 안수 받은 목사를 요구하기도 했기 때문에, 이와 같은 현실적인 필요를 충족시키기 위해서도 안수가 필요했다.

3. 수잰 코일 목사의 안수[17]

여성목사 안수로 인하여 수잰 코일(Suzanne M. Coyle) 목사의 경우처럼 침례교지방회와 총회 차원에서 큰 논란이 되었던 사례는 별로 없었다. 수잰 코일 자매는 켄터키 주 그래블 스위치(Gravel Switch)에서 출생하여 성장했다. 신실한 믿음의 가정에서 성장한 수잰은 초등학교 시절에 예수님을 믿고 고향 마을의 비치 포크(Beech Fork) 침례교회에서 침례를 받았다. 그녀는 고등학교 시절에 이미 목회사역에 관심을 갖기 시작했다. 하나님의 부르심에 대한 확신이 더 깊어갔던 그녀는 대학시절에 자신의 전공을 음악학과 심리학에서 종교학으로 바꾸었다. 그녀는 켄터키 주 댄빌(Danville)에 있는 센터(Centre) 대학을 졸업한 후에 프린스턴 신학원(Princeton Theological Seminary)에 입학했다. 그 곳에서 그녀는 목회신학(Pastoral Theology) 분야를 전공하여 신학석사 학위(M.Div.)를 받았다. 학업성적이 뛰어나 교수들로부터 실력을 인정받았다. 그녀는 "교회사역에 헌신하는 탁월한 남침례교 여성들"(Church Commitment among Select Southern Baptist Women)이라는 제목의 석사학위 논문을 제출하였다.[18]

지역교회의 목회사역에 동참하면서 보다 효과적으로 쓰임받기 위해서는 목사안수를 받을 필요가 있음을 그녀는 실감하였다. 그래서 그녀는 모교회인 비치 포크 침례교회에 목사안수를 받도록 해 달라고 요청을 하였다. 담임목사와 성도들은 그러한 요청을 받고 심사숙고하며 기도하였으며, 서던(Southern) 침례신학원의 교수들로부터도 자문을 받았다. 결국 그들은 수잰 자매의 믿음과 목회사역에 대한 헌신의 신실함을 인정하여 그녀에게 목사안수를 할 것을 결의하였다. 그녀가 목회사역을 위한 다양한 은사들을 가지고 있었고 목회를 위한 훈련도 웬만큼 받았고 신학적인 지식도 충분히 소유했고 그리고 목회자로서 하나님의 부르심에 대한 확신을 가지고 있다고 교회는 판단했다.

1977년 2월초, 비치 포크 침례교회는 코일 자매를 목사로 안수했다.[19] 그런데 그녀에 대한 안수는 즉각적인 반응을 불러 일으켰다. 비치 포크 침례교회가 회원으로 가입하고 있던 켄터키 주의 남부침례교 지방회(South District Association of Baptists)의 임원단이 2월 14일에 여성안수에 대해 이의를 제기하고 나섰다. 1977년 4월달의 임원회의에서는 "만약 비치 포크 침례교회가 수잰 코일 자매의 목사안수를 취소하지 않는다면 그 교회는 지방회로부터 축출될 수도 있다"[20]는 사실을 심의하고 결의하였다. 임원회의에서는 19대 9로 결의하였다. 비치 포크 침례교회로서는 무척 당혹스러웠지만, 전체 교인들은 수잰 자매에 대한 안수와 관련한 교회의 조처는 정당한 것이었다고 믿었고, 또 이 문제는 지역교회 내부의 문제로서 침례교지방회가 지역교회의 결정사항에 개입하는 것은 타당하지 않다는 입장을 견지하였다. 담임목사인 마이클 재미손(Michael Jamison)도 "우리는 또 다른 조치를 취할 계획이 없습니다. 우리는 수잰 코일 자매님에 대한 안수를 취소하지 않을 것입니다"[21]라고 진술하였다.

켄터키 주의 남부침례교지방회의 연차 총회가 1977년 10월 17-18일에 모였다. 비치 포크 침례교회의 평신도 지도자들이 총회 참석자들에게 교회의 합법적인 결정에 대해 설명을 하면서, 130년의 역사를 가진 교회를 지방회로부터 축출하지 말아 줄 것을 호소했다. 결국 여성에게 목사안수를 행했던 비치 포크 침례교회의 제명문제를 놓고 투표에 들어가게 되었는데, 98대 64로 제명이 다수결로 의결되었다.[22]

여성안수를 행했던 비치 포크 침례교회가 지방회로부터 제명을 당하자, 각처에서 찬반의 논란이 제기 되었다. 한 편에서는 여성에게 목사안수를 행하는 것은 성서적이지 못하기 때문에 지방회의 조처는 적법했다고 하는 주장이 있었고, 다른 한 편에서는 국내선교부에 편지를 써서 지방회가 지역교회의 문제에 개입하는 것은 개교회자치주의(autonomy of local church)라고 하는 침례교의 기본특징을 침해하는 조처였다며 항의하기도 하였다. 이에 국내선교부에서는 코일 자매가 하나님의 사역을 감당하기 위해서는 필수적으로 안수를 받아야 하는 것은 아니었으며, 안수에 대한 책임은 안수를 행했던 지역교회에 있는 것이지 국내선교부에 있는 것은 아니라는 성명서를 발표하였다.[23] 이 사건은 여성안수에 대한 다양한 의견들이 전국적으로 표출되는 계기가 되었다.

수잰 코일 목사는 안수받은 목사로서 교회 내에서 상담, 목회심방, 설교 등의 영역에서 담임목사를 보좌하며 사역하였고, 그녀를 잘 아는 사람들은 이구동성으로 목사로서의 그녀의 능력과 헌신을 인정하며 찬사를 보냈다.

III. 여성안수에 대한 남침례교 내의 찬반논쟁

1964년 에디 데이비스(Addie Davis) 자매에 대한 최초의 공식적인 목사 안수가 시행된 후, 점차 남침례교단 내에서는 비록 지방회에 따라 여성안수 문제에 대해 시시비비의 논란이 있었지만, 일반적으로 지역교회의 필요성에 따라 여성안수가 허용되는 분위기였다. 그러나 1979년 휴스턴(Houston, Texas) 남침례교 연차총회에서 근본주의적 보수주의자들(Fundamentalist Consevatives)이 총회의 리더십을 장악하게 되면서 점차 총회 내에서 여성안수는 금기시되기 시작하였다.

1. 캔자스 시티 연차총회

특히 1984년 캔자스 시티(Kansas City) 연차총회 시에는 "목회사역에 있어서의 여성안수와 여성들의 역할에 대하여"(On Ordination and the Role of Women in Ministry)라는 주제로 뜨거운 논쟁을 벌였고, 결국에는 연차총회에서 58%(4,793 표) 대 42%(3,466 표)로 여성안수를 반대하는 결의를 하였다.[24] 근본주의자들은 남성에 대한 여성의 복종적인 역할을 강조하면서 이렇게 선언하였다:

> 성경은 권위에 관한 하나님의 질서에 대해 증언하고 있는데(각 남자의 머리는 그리스도요, 여자의 머리는 남자요, 그리스도의 머리는 하나님이시라, 고전 11:3), 공중기도와 예언에 있어서 남자들과 여자들의 역할을 구분하고 있다(고전 11:2-5). 지역교회에 혼란이 발생하지 않도록 성경은 공적인 예배 시에 여자들이 남자들 위에 군림하는 권위의 역할(role of authority over men)을 떠맡아서는 안 된다는 사실을 가르치고 있다(고전 14:33-36). 바울이 다른 종류의 목회와 봉사 사역에 대하여 남자들과 여자들의 역할을 유사하게 말하고 있지만(딛 2:1-10), 목회적인 지도력(pastoral leadership)에 있어서는 여성들을 배제하고 있다(딤전 2:12). 창조 시에 남자가 먼저 났으며, 여자가 에덴 동산에서 먼저 타락했기 때문에 하나님께서는 여자들에게 복종을 요구하시는 것이다(딤전 2:13 ff).[25]

총회의 결의는 이렇게 결론을 맺고 있다:

> 우리는 현대의 문화적, 사회적, 교회적인 추세나 감정적인 요인에 따라 기독교적인 교리나 실천을 결정하지 않는다. 우리는 신앙과 행위의 문제에 있어서 성경을 최종적인 권위로 여기는 침례교 신앙원리를 따른다. 우리는 목회적인 기능과 안수를 동반하는 리더십 역할을 제외하고는, 교회생활과 봉사활동에 있어서 여성들의 역할을 격려한다.[26]

온건한 보수주의자들(Moderate Conservatives)은 이 결의가 예수님의 정신과는 반대되는 것이고, 여성들을 비하하는 것이며, 제어되지 않은 남성중심적인 이기심(unbridled male ego)과 남성들의 죄악된 자기중심주의(sinful self-centeredness)를 강화하기 위해 이루어진 성서적 및 신학적 해석이라고 비판하였다. 당시 사우스웨스턴 침례신학원의 러셀 딜데이(Russel Dilday) 총장, 서던 침례신학원의 로이 허니컷(Roy Honeycutt) 총장, 그리고 사우스이스턴 침례신학원의 랜달 랄리(Randall Lolley) 총장 등은 신학원에서 신학공부를 하고 있는 많은 여학생들을 생각할 때, 총회의 그러한 결의가 여학생들의 목회 진출을 가로막는 장애가 될 것임을 예고하면서 그러한 총회의 결의를 격렬히 비난하였다.[27]

1991년에 온건한 보수주의자들은 갈라디아서 3장 27-28절의 말씀("누구든지 그리스도 예수와 합하여 침례를 받은 자는 그리스도로 옷 입었느니라. 너희는 유대인이나 헬라인이나 종이나 자주자나 남자나 여자 없이 다 그리스도 예수 안에서 하나이니라")을 인용하면서 이렇게 선언하였다:

    우리는 갈라디아서의 말씀을 교회의 질서를 세우는 실마리로 삼아야 한다고 믿는다. 우리는 여성들에 관한 성경귀절을 노예들에 관한 성경귀절에 대한 해석과 동일한 기준에 따라 해석해야 한다고 생각한다. 우리가 여성들에게 복종적인 역할을 교회에서 요구한다면 노예들에게도 동일한 역할을 교회에서 요구해야 한다.
    갈라디아서에서 바울은 당시의 전통적인 지혜에 용기 있게 도전하셨던 예수님의 정신을 따르고 있다. 당시의 지혜란 종교적인 삶과 시민적인 삶에 있어서 남자들과 여자들 사이에는 견고한 장벽이 존재함을 인정하는 것이었다. 그런데 예수님은 그러한 장벽들을 과감하게 붕괴시켜 버린 분이시다. 예수님은 여인들에게 자신을 따라 오라고 부르셨다; 그 분은 거룩한 주제들을 다룸에 있어서 여인들을 남성들과 동일하게 유능한 존재로 인정하셨다. 신앙의 문제에 있어서 여성들의 역할에 대한 모델은 바로 주 예수님이시다.[28]

2. "가정"(Family) 항목의 추가

남침례교 근본주의자들은 미국사회가 병들어가고 있는 근본적인 원인이 가정의 붕괴에 있다고 생각하였다. 이혼율이 급증하고 미혼모가 많이 생기고 나이 어린 자녀들이 부모의 이혼과 가정의 파괴로 인하여 크나 큰 정신적 상처를 받고 있는 것을 염려하였다. 그래서 그들은 기존의 1963년판 남침례교인들의 신앙고백인 "침례교인의 신앙과 메시지"(Baptist Faith and Message)에 "가정"(Family) 항목을 추가(amendment)하기로 하였다. 그것이 1999년도 연차총회에서 18번째 항목으로 추가되었다.

그런데 "가정" 항목에서는 가정 내에서 남편들은 아내를 사랑해야 한다는 내용과 함께, 아내들은 남편들에게 복종해야 할 의무를 강조하는 내용을 삽입하였다: "아내는 교회가 그리스도의 머리되심에 기꺼이 복종하듯이, 자신의 남편의 종된 리더십에 은혜스럽게 스스로 복종해야 한다"(A wife is to submit herself graciously to the servant leadership of her husband even as the church willingly submits to the headship of Christ).[29]

당시 남침례교 여성계에서는 이혼율의 급증과 가정파괴 현상의 두드러짐으로 인해서 "가정" 항목을 신앙고백 속에 추가한 것에 대해서는 용인하면서도 "아내가 남편에게 복종해야 한다"는 사실을 그처럼 강조해서 표현할 필요까지 있느냐며 격렬하게 항의하였다. 에베소서에서 아내들과 남편들에 관한 교훈(엡 5:22-33) 바로 직전에, "그리스도를 경외함으로 피차 복종하라"(엡 5:21)는 규정이 있음을 들어서 아내와 남편뿐 아니라 모든 인간관계에서 "피차 복종해야" 한다는 사실을 주장하였다.

3. 신앙고백의 전면적인 수정

이듬해인 2000년에는 "침례교인의 신앙과 메시지"(Baptist Faith and Message)를 전면적으로 개정을 하였다. 성경의 권위를 보다 더 강조하였고 교회 내에서의 담임목사의 책임과 권위에 더 큰 비중을 두었다. 전체적으로 1963년판보다 더 보수적이고 권위적인 표현을 사용하였다. 특히 여성목회 리더십과 여성안수에 대해 소극적이고 부정적인 방향으로 선회하게 되었다.

새로 개정된 "침례교인의 신앙과 메시지"의 "교회"(Church) 항목에서는 여성들이 받은 바 은사대로 교회 내에서 다양한 봉사를 할 수는 있지만 지역교회의 담임목회자(pastor)로는 봉사할 수 없다는 점을 다음과 같이 명시하였다: "교회의 성서적인 직분은 목사와 집사이다. 남자들과 여자들 모두 교회 내에서 봉사를 위한 은사를 받았지만 (담임)목사 직분은 성서에 자격요건이 명시된 대로 남자들에게만 제한된다" (Its scriptural officers are pastors and deacons. While both men and women are gifted for service in the church, the office of pastor is limited to men as qualified by Scripture).[30] 결국 여성에 대한 안수를 특별히 금지한 것은 아니지만, 담임목사의 직분은 오직 남성들만 감당할 수 있다고 못 박고 있는 것이다.

이와 같은 근본주의적 보수주의자들의 주장에 대하여 온건주의자들과 남침례교 여성지도자들은 다양한 목소리를 내며 강하게 반발하였다. 특히 2003년부터는 여성들에 대한 목사안수 문제로 양측은 암묵적으로 혹은 명시적으로 첨예하게 대립하고 있다. 1980년대부터 온건주의자들은 Alliance of Baptists[31]나 Cooperative Baptist Fellowship[32] 등의 조직 속에서 남침례교 총회와는 별도의 국내외 선교활동을 하고 있으며, 동시에 여성들에 대한 안수도 행하고 있다. 그러나 온건주의자들의 교회에서도 안수받은 여성목사들이 담임목사(senior pastor)로 활동하는 경우는 지극히 예외적인 경우를 제외하고는 거의 없는 것으로 알려져 있다.

4. 여성안수에 대한 찬반 논쟁

1988년 4월에 남침례교 총회 역사위원회(Historical Commission)와 남침례교 역사협회(Southern Baptist Historical Society)에서는 테네시 주 네쉬빌(Nashville)에서 여성에 대한 목사안수에 관한 주제로 논문발표와 토론회를 가졌다. 도로시 패터슨(Dorothy Kelly Patterson) 자매는 "왜 나는 남침례교회들은 여성들에게 안수를 해서는 안 된다고 믿는가"(Why I Believe Southern Baptist Churches Should Not Ordain Women)라는 제목의 논문을 발표하였고,[33] 이어서 잰 클랜턴(Jann Aldredge Clanton) 자매는 "왜 나는 남침례교회들은 여성들에게 안수를 해야 한다고 믿는가"(Why I Believe Southern Baptist Churches Should Ordain Women)라는 제목의 논문을 발표하였다.[34]

1) 도로시 패터슨 자매의 주장

도로시 패터슨은 기본적으로 남침례교인들은 성서의 권위에 순복하는 사람들임을 전제하면서, 오늘날의 세상적인 문화 추세나 세상 풍속을 따를 것이 아니라 여성들에 대한 하나님의 말씀에 착념해서 여성안수 문제를 바라보아야 한다고 주장하였다.[35] 성경이 강조하는 여성의 자리는 가정이요 어머니라는 것이며, 여성들은 교회에서는 잠잠해야 하고 남성들을 가르치려고 해서는 안 된다는 것이다. 여성들이 "부르심"(calling)을 받아, 가르치는 직분과 지배하는 직분(teaching/ruling office)을 갖는 것은 성경의 기본적인 가르침, 즉 교회가 그리스도에게 복종하듯이 아내들이 남편들에게 복종해야 한다고 하는 이미지를 전적으로 파괴하는 것이라고 주장하였다.[36]

그녀는 여성안수에 대해 부정적인 입장을 지지하는 성경구절들(창 2:15-17; 딤전 2:8-15; 고전 11:2-16; 14:33-35)을 인용하면서, 성경이 명시적으로 명령하거나 금지하는 교훈에는 여성들이 순종해야 한다고 주장하였다. 결론적으로 그녀는 논쟁의 초점은 안수에 있는 것이 아니라 성경의 권위에 있는 것이라며, 경건한 여인들은 가정에서나 교회에서나 남자들 위에 군림하는 권위(authority over men)의 직분을 떠맡으려 해서는 안 된다고 하였다.[37] 그녀는 여성들이 가정이나 교회나 학교나 시장터에서 순종(subordination)의 자리에 있는 것이, 결코 남녀의 평등을 저해하는 것이 아니라고 주장하였다.

2) 잰 클랜턴 자매의 주장

이에 대해 잰 클랜턴은 남침례교 총회가 여성의 담임목회직을 금지하는 결정을 하였음에도 불구하고, 1983년에 약 200명이던 여성목사들이 5년 후인 1988년에는 약 500명으로 늘어났음을 상기하면서, 남침례교인들은 여성안수의 제도를 뒤집어 엎을 수는 없다고 주장하였다.[38] 왜냐하면 여성에 대한 안수는 하나님으로부터 말미암은 것이기 때문이라는 것이다. 목사와 집사로서 여성들을 안수하는 것은 성서에 대한 올바른 해석과 침례교의 역사, 그리고 하나님의 형상대로 지음받았고 예수 그리스도에 의해 구속받은 인간에 대한 건강한 신학 등에 비추어 볼 때 너무나 당연한 결과라는 것이다.

열두 제자들 가운데 여성이 한 사람도 포함되지 않았다는 논거로 여성안수를 반대하는 것은 논리적인 오류를 범하고 있다고 클랜턴은 주장하였다. 열두 제자들 가운데 이방인이 한 사람도 포함되어 있지 않은데, 그렇다면 침례교회에서는 오직 유대인 남자만 안수받은 목회자로 봉사할 수 있느냐고, 이처럼 터무니 없는 논리가 어디 있느냐고 그녀는 항의하고 있다.[39]

또한 그녀는 누가복음 15장의 비유들에서, 예수님은 하나님의 이미지를 한 마리의 잃어버린 양을 찾는 목자로 묘사하셨을 뿐 아니라 한 드라크마의 잃어버린 동전을 찾는 여인으로 묘사하고 있고, 하나님의 왕국을 농부들이 밭에 뿌리는 겨자씨로 비유하실 뿐 아니라 여인들이 밀가루 반죽에 넣는 누룩으로 비유하고 계심을 상기하면서, 예수님은 삶의 현장에서 그리고 안수에 있어서 남성과 여성의 평등성을 가르치고 있다고 주장하였다.[40]

그녀는 1984년 남침례교 총회가 디모데전서 2장 11-15절의 말씀[41]에 근거하여 여성안수를 금지하는 결의를 한 것에 대하여, 그것은 성경 해석에 치명적인 오류를 범했음을 다음과 같이 주장하였다. 여자가 조용해야 한다는 것을 "영원한 원리"(eternal principle)로 주장한다면, 이 구절 앞에 나오는 구절들, 예를 들면 2장 9절의 말씀, "또 이와 같이 여자들도 아담한 옷을 입으며 염치와 절정로 자기를 단장하고 땋은 머리와 금이나 진주나 값진 옷으로 하지 말라"는 교훈도 어느 때 어느 장소에서나 절대적으로 지켜야 할 명령으로 받아야 한다는 것이다. 이러한 구절들을 여성안수를 반대하는 근거로 삼는 것은 문자적 해석을 선택적으로 적용하는 결과가 되며 문맥적 역사적 성서해석의 원리를 침해하는 결과가 된다고 하였다.[42] 무엇보다도 그녀는 갈라디아서 3장 28절의 말씀을 인용하면서, 그리스도 안에서는 성에 관한 한 모든 장벽은 허물어져 버렸다고 주장하였다.

클랜턴은 여성들을 집사와 목사로 안수하기를 거부하는 교회는 하나님을 제한하는 실수를 범하고 있다고 질책하였다.[43] 여자들과 남자들은 똑같이 동일하게 하나님의 형상을 반영한다는 것이다(창 1:27). 따라서 예배에서 여성들의 참여를 배제하는 교회는 단지 하나님의 형상을 제한적으로 반영하는 결과가 된다는 것이다. 여성들을 안수로부터 제외시키는 것은 하나님의 부르심에 제한을 가하는 것이고 성령의 은사들을 온전히 수용하지 않는 것이라고 하였다.

특히 그녀는 여성안수를 회피하는 것은 역사적인 침례교 신앙의 본질적인 특징들 가운데 하나인 "영혼의 유능성"(soul competency)과 "모든 신자들의 제사장의 원리"(priesthood of all believers)를 부정하는 결과가 된다는 점을 강조하였다. 모든 신자들이 하나님 앞에서 평등하다고 믿으며 왕 같은 제사장들이라고 믿으며, 그래서 회중주의적 민주주의 행정을 행하는 침례교회에서 여성안수를 금지하는 것은 스스로 자가당착에 빠지는 결과가 된다고 역설하였다.[44]

5. 몰리 마샬 교수의 주장

서든(Southern) 침례신학원 교수를 역임한 바 있는 몰리 마샬(Molly T. Marshall)은 그녀의 논문 "목회사역에서 여성은 남성과 동등한 지위를 가진다"(Women's Status in Ministry Equals That of Men)[45]에서, 다음과 같은 세 가지 신학적 성서적 논거들을 제시하면서 목회사역에 있어서 여성이 남성으로부터 부당한 차별을 받아서는 안 된다는 것을 지적하였다:

첫째로, 부활하신 주님께서 부활의 첫 번째 선포자로 여성들을 택하셨고, 1세기의 남성 제자들은 그 부활의 메시지를 "허탄한 말"(idle tale, 별 대수롭지 않은 말, 눅 24:11)로 치부했다는 점이다. 여성들에 의해 복음이 선포되었을 때, 여성들의 상대자들이었던 남성 성직자들(열두 제자들)은 복음의 수용도에 있어서 적지 않은 부족함(lack of receptivity)을 보였다. 여성들이 권위 있는 교회직분의 자리로부터 일반적으로 거부를 당해 왔던 것이 남성의 특권을 보존하기 위함 때문이었는가? 혹은 신학적 정통성을 보존하기 위함 때문이었는가? 틀림없이 두 가지 모두가 그 이유였을 것이다.

둘째로, 부활하신 그리스도의 영, 즉 성령께서는 목회사역을 위한 은사를 자유롭게 풍성히 부어주셨지, 성별에 따라서 혹은 문화적인 기대에 따라서 차별적으로 부어주시지 않았다는 점이다. "은혜를 따라 다양하게 주셨던 은사들"(롬 12:6)을 열거하자면 수를 다 셀 수 없을 것인데(롬 12:4-8; 고전 12:1-11, 27-31; 엡 4:7-12; 벧전 4:10-11), 성령께서는 이러한 은사들을 성별에 따라(along gender lines) 나누어 주시지 않았다. 오히려 성령의 역사로 인하여 은사를 받은 자들은 "하나님의 각양 은혜를 맡은 선한 청지기같이 서로 봉사하며"(벧전 4:10) 그들의 은사를 사용할 것을 권면하셨던 것이다.

셋째로, 예수님이 주인이신 새로운 가족에 속하는 예식이 침례인데, 이 침례가 구약성서의 할례, 즉 남성에게만 베풀어졌던 성배타적인 의식(gender-exclusive rite)을 대신하고 있다는 점이다. 기독교 운동은 남성만의 특권을 강조하는 전통적인 육체적 혈연족보에 근거하는 것이 아니라, 그리스도의 피로 말미암은 새로운 영적 혈연관계에 근거하고 있다. 여성들과 남성들은 상호 평등함에 관해서 "누구든지 그리스도와

합하여 침례를 받은 자는 그리스도로 옷 입었느니라. 너희는… 남자나 여자 없이 다 그리스도 안에서 하나이니라"(갈 3:27-28), "오직 주 예수 그리스도로 옷 입었고"(롬 13:14), "새 사람을 입었으니"(골 3:10)라고 침례의식과 관련을 지으면서 남녀관계의 평등성을 성경은 선언하고 있다. 이러한 성경구절들은 남성의 월권적인 지배로부터의 여성의 해방선언(liberative pronouncement)을 메아리쳐 울리게 하고 있다. 새로운 사회적 신분을 획득하게 되었고 그에 따라 행동양식이 변화되었음을 이러한 침례의식을 통해 선언하였으며, 이것이 초대 기독교를 더욱 크게 고무시켰다. 침례의식이 이와 같은 신약성서적인 가르침에 따라 이루어져야 함을 확신하고 있는 침례교인들이, 성경의 가르침을 충실하게 따르며 살지 못하고 있는 것이 몹시 안타깝다.[46]

마샬 교수는 침례교인들이 "양심의 자유"(liberty of conscience) 혹은 "영혼의 자유"(soul freedom)를, 침례교 신앙의 본질인 자발적인 믿음(voluntary faith)에 필수적인 요소로 간주해 왔다고 하면서, 어떤 사람이 남자든 여자든 하나님과의 사적이고 종교적인 체험을 하였다면, 그것은 본인에게 매우 소중한 체험인 것이고 다른 그리스도인들에 의해 부인되거나 놀림감이 되어서는 안 되는 것이라고 하였다.[47] 각 사람은 자유와 능력을 가지고 있을 뿐 아니라, 하나님을 향해 스스로 반응할 책임을 지고 있다는 것이다.

교회의 딸들 가운데 한 자매가 하나님께서 설교하라고 자신을 부르셨다고 간증한다면, 그녀의 거룩한 소명은 다른 목회 지원자들의 그것처럼 심각하게 수용되어야 마땅하다고 그녀는 주장하였다. 단지 여자라는 이유만으로 그녀의 거룩한 소명이 무시되어서는 안 된다는 것이다. 마샬 교수는 "목회사역에 있어서 남성들이 여성들에게 동등한 지위를 인정해 주는 것(affirming the equality with men of women's status in ministry) 이야 말로 올바른 신학적 자세요 회중정치적인 입장이다. 동시에 오늘날의 침례교인들은 바로 이런 자세와 입장을 지지해야 한다"[48]고 결론 짓고 있다.

IV. 급변하고 있는 세상

세상이 급변하고 있다. 특히 21세기의 세상이 변화하고 있는 속도는 지난 세기들과는 비교할 수 없을 정도로 빠르다. 성경이 씌어졌을 당시의 세상과 21세기의 세상 사이에는, 비록 인간의 본성과 인간의 기본적인 삶 자체는 별로 변하지 않았다고 하더라도, 상상을 초월하는 "다름" 혹은 차이(差異, difference)가 있음이 사실이다. 그 중에서 여성에 대한 관점(여성관)이나 여성에 대한 이해, 여성의 신분과 여성의 역할에 대한 기대 등에 있어서도 엄청난 변화가 생겼다.

1. 고등교육을 받은 여성들이 많아졌다

여성들에게 균등하게 교육받을 기회가 헌법적으로 보장이 되면서 많은 여성들이 대학교육은 물론 대학원과 신학대학원 교육을 받고 있다. 미국과 한국의 교육체계에 있어서 여학생들은 남학생들과 똑같은 학비를 내며 똑같은 조건에서 대등하게 공부하고 있고, 일부의 탁월한 여학생들은 남학생들에 비해 더 좋은 성적을 내고 있다. 2005년 9월 현재 침례신학대학교의 경우 여학생들의 비율이 학부에 57%(1468명 중 839명), 신학대학원에 12%(498명 중 58명), 일반대학원에 32%(65명 중 21

명), 상담대학원에 46%(13명 중 6명), 사회복지대학원에 45%(33명 중 15명)를 차지하고 있다.[49] 이 통계에 나타나 있듯이 오늘날 여학생들의 향학열이 결코 남학생들에 비해 뒤떨어지지 않는다는 점은 확실하다.

신학교육을 받은 침례교 여성들이 남성들 이상으로 세상 사람들의 영적인 필요에 민감하게 반응하고 있고, 하나님의 부르심에 응답하여 기독교적인 사역에 자신의 삶을 드리고 있다. 여성들이 교회에서 지도자적인 리더십을 가질 수 있느냐에 대해 이론적인 논쟁을 할 수는 있지만, 남성들과 동등한 신학교육을 받은 여성들이 교회 내에 많이 있다는 사실은 더 이상 이론이 아니다. 목회사역을 위한 준비가 잘 갖추어진 여성들이 교계 내에 실제로 많이 존재한다는 사실은, 결과적으로 여성들의 목회, 여성들의 지도자적인 리더십, 여성들에 대한 안수 등의 논의를 더 이상은 회피할 수 없게 만들고 있는 것이다.

2. 다양한 영적인 필요는 다양한 목회를 기다리고 있다

과거의 목회는 예배와 설교와 심방과 전도 등이 주류를 이루었다. 그러나 시대가 급변하면서 세상 사람들과 성도들의 영적인 필요가 다양해졌다. 잃어버려진 영혼들의 필요는 말할 것도 없고, 이혼율의 증가로 인해 생긴 가정의 붕괴는 상담사역의 중요성을 일깨우고 있고, 병원이나 군대, 해외주둔지 그리고 여성들만을 수용하고 있는 교도소 등지에서 외로움에 떨고 있는 사람들은 여성적인 따뜻한 보살핌을 필요로 하고 있다. 침체의 늪에 빠져 있는 교회에서는 양육과 교육, 찬양, 기도, 설교, 아가페 사랑의 교제 등을 간절히 필요로 하고 있다. 어떤 필요들은 남성 사역자들이 더 잘 충족시켜 줄 수 있을 것이고, 또 어떤 필요들은 여성 사역자들이 필요 충족에 더 효과적일 수 있을 것이다.

영적인 추수의 때에 추수할 일꾼들이 부족한 것은 예수님의 때나 지금이나 마찬가지이다. 다양한 추수의 현장에 다양한 일꾼들이 필요하다. 하나님께서는 제한된 추수의 기간 동안에 남성이든 여성이든 추수를 위해 헌신한 일꾼들을 부르신다. 남성들이 감당할 수 있는 사역들이 있고, 동시에 여성들이 더 잘 감당할 수 있는 사역들이 있다. 하나님은 한편에서 힘 있고 우락부락한 남성의 팔을 사용하심과 동시에, 다른 한편에서 부드럽고 섬세한 여성의 손을 사용하신다.

현대사회에서 목회의 개념이 확대되고 있다. 한국에서도 서서히 목회가 다양화되고 전문화되고 있다. 특히 대형교회에서는 담임목사의 목회와 교육목사의 목회, 심지어 음악목사의 목회가 서로 분화되고 있다. 환영할 만한 추세다. 청소년 목회, 노년 목회, 어린이 목회, 영아 유아 유년 목회, 상담과 심방 목회, 독신자(Single)들을 위한 목회, 미혼모나 임신부를 위한 목회, 환우들을 위한 목회, 심지어 재수생들을 위한 목회까지 목회가 세분화되고 있다. 오늘날 성도들은 자신들의 사소한 개인적인 필요에까지 하나님의 사랑을 기다리고 있다. 이러한 목회를 위해서는 전문화된 목회자들이 필요하고, 남성 목회자들 뿐 아니라 여성 목회자들의 보살핌과 관심을 필요로 하고 있다.

3. 여권신장운동의 영향을 받고 있다

1960년대에 들어오면서 미국에서는 "여성해방운동"(Women's Liberation Movement)이 활발하게 전개되었다. 여성해방운동가들은 전통적인 가정 개념을 재정의하였고, 여성의 남성에 대한 종속적인 관계와 관행들에 대해 과감하게 도전하였다. 수많은 여성들이 더 이상 가정만이 그들이 있어야 할 유일한 자리로 생각하지 않고 있다.[50] 직장에서도 여성들이 일할 수 있는 자리가 많이 생겨나기 시작했다. 고등교육과 전문화된 교육을 받은 여성들은 전문직업인으로서 남성들과 대등하게 근무하고 있다. 교사, 교수, 의사, 공무원, 변호사, 국회의원, 컴퓨터 전문가, 회사 경영자 등의 직업을 가진 여성들이 과거에 비해 더 많아졌다. 교회 밖 세상의 활동무대에서 남성과 여성 간의 차별의 선이 희미해져 가고 있다.

한국에서도 마찬가지다. 오늘날 혼기를 맞은 미혼여성들이 "결혼은 선택, 직업은 필수"라는 애기를 공공연히 하고 있다. 그만큼 사회에서 여성들이 감당할 수 있는 역할이 많이 확대된 것이다. "현모양처"(賢母良妻)를 미래의 이상적인 자신의 모습으로 말하는 소녀들이 이제는 더 이상 많지 않다. 적지 않은 여성들이 가정이라는 울타리에 갇혀 있기를 거부하고 있다. 출산율 1.16명이라는 통계 자체가 현대 한국여성들의 사회적 욕구를 잘 설명해 주고 있다. 오늘의 기독여성들도 여성들이 보다 많은 자유와 기회를 누리고 있는 세상의 경향성에 큰 영향을 받고 있다. 기독 여성들 역시 일반 비기독 여성들처럼 삶의 자유와 독립, 그리고 균등한 고용의 기회를 얻기 위해 노력하고 있다.

교회 내에서 여성들은 여선교회 활동에 적극적으로 참여할 뿐만 아니라, 일부 지도자들은 교단 차원의 전국여선교회 활동과 초교파적인 기독여성들의 활동에도 왕성한 활동을 하고 있다. 혹자는 "일부 극소수의 여성해방론자들"(libbers)이 전통적인 교회질서를 문란케 하고 있다고 비판할지 모르지만, 이러한 비판적인 태도는 현실을 직시하지 못하고 있는 것이라고 말할 수 있다.[51] 오늘날의 기독 여성들도 이제는 더 이상 남성들에게 맹종(盲從)만 하도록 잘 길들여져 있는, "고분고분하기만 하는" 여인들이 아니다.

4. 여성목사 안수를 시행하고 있는 다른 기독교단들의 영향을 받고 있다

"서론"에서 인용했듯이 총신대학교 신학대학원 여동문회 회원들은 예장 합동측이 여성목사 안수를 인정하지 않기 때문에 여성사역자들이 타 교단으로 빠져나가는 심각한 인재 누수현상이 발생하고 있음을 지적하고 있다. 결국 여성목사 안수를 거부함으로 인해서 교단적인 차원에서 잘 훈련받은 좋은 인재들을 잃어버리고 있는 현실에 대해 위기감을 표출하고 있는 것이다. 미국이나 한국이나 진보적인 교단에서는 여성들에게 목사 혹은 장로로 안수를 하여 교회 내에 여성지도자들을 배출하고 있다.

미국의 북부나 동북부 지방을 여행하며 주일예배에 참석을 해보면, 담임목회 사역을 남성목사와 여성목사가 공동으로 분담해서 감당하는 교회도 있고 남성 담임목사와 함께 교육, 구제, 상담, 중보기도 사역 등에 안수 받은 여성목사들이 동역하고 있는 교회들이 많이 있음을 심심찮게 목격할 수 있다. 한국에서는 안수 받은 여성목사들만으로 구성된 총회가 있는 것으로 알고 있다.

여성목사 안수를 제도적으로 인정하지 않는 보수적인 교단에 속한 여성 지도자들은 타교단에서 안수 받은 동료들로부터 상대적인 상실감을 느끼고 있고 신분 상의 불확실성과 불안감을 경험하고 있다. 비슷한 사역을 비슷한 수고로 감당을 하면서도, 목사라는 신분을 갖지도 못하고 경제적인 면에서도 상대적으로 열등한 대우를 받을 때 그들의 사기는 떨어질 수밖에 없는 것이다.

5. 변화된 콘텍스트가 기존의 성경해석에 도전을 주고 있다

성경은 불변하지만 성경에 대한 해석은 콘텍스트에 따라 변화할 수 있다. 이것이 기독교의 역동성(dynamism)이기도 하다. 교회 내에서 여성들이 지도력을 발휘하는 것에 대해 부정적이거나 소극적인 입장을 취하게 했던 대표적인 성경 구절은 다음과 같은 것들이다: "하나님은 어지러움의 하나님이 아니시요 오직 화평의 하나님이시니라. 모든 성도의 교회에서 함과 같이 여자는 교회에서 잠잠하라. 저희의 말하는 것을 허락함이 없나니 율법에 이른 것 같이 오직 복종할 것이요 만일 무엇을 배우려거든 집에서 자기 남편에게 물을지니 여자가 교회에서 말하는 것은 부끄러운 것임이라"(고전 14:33-35); "여자는 일절 순종함으로 종용히 배우라. 여자의 가르치는 것과 남자를 주관하는 것을 허락지 아니하노니 오직 종용할지니라. 이는 아담이 먼저 지음을 받고 이와가 그 후며, 아담이 꼬임을 보지 아니하고 여자가 꼬임을 보아 죄에 빠졌음이니라"(딤전 2:11-14).

침례교인들은 어느 누구보다도 성경을 하나님의 말씀으로 믿고 절대적인 권위로 받아드리는 사람들이다. 그런데 많은 침례교인들이 성경의 권위를 받아드리는 것과 성경을 정확하게 진실되게 해석하는 것은 다른 차원의 것임을 점차 깨닫게 되었다. 성경이 기록되었을 당시의 상황(then context)과 성경을 읽고 해석하고 적용해야 하는 지금의 상황(now context)에 대한 고려 없이, 성경 본문(text)을 대하는 것은 가능하지도 않고 가능해서도 안 된다는 사실을 깨닫기 시작한 것이다.[52] 아무리 성경의 (절대적인) 권위를 인정한다고 하더라도, 성경을 자의적으로 왜곡하여 해석한다면 그것은 성경을 통해서 계시하고자 하시는 하나님의 뜻을 제대로 분별하지 못하는 결과가 되는 것이다.

사실 성경, 특히 신약성경에는 여성에 대한 안수 문제에 관해 뚜렷하게 금지하는 명백한 성경구절도 없고 동시에 권장하는 명백한 성경구절도 없다. 결국 이 문제는 특정 성경구절에 대한 해석 여하에 달려 있는 것이다. 입장에 따라 해석이 다름으로 인해서 여성안수를 반대하는 입장과 옹호하는 입장으로 나누어지고 있는 것이다. 한 가지 분명한 것은 성경은 여성들이라고 해서 기독교적인 섬김의 사역에 능동적으로 참여하는 것을 금지하지는 않고 있다는 점이다.

최근 들어 여성들의 사회참여가 권장되고 활발해지면서 교회 내에서 기독여성들의 활동과 봉사에 긍정적인 힘을 실어주고 있는 것이 현실임을 외면해서는 안될 것이다. 위의 두 성경구절에 대한 해석도, 여성들이 그 당시의 상황 속에서 교회 내에서 정숙하고 순종적인 태도를 가져야 한다는 점을 강조한 것이지, 여성들의 적극적인 봉사활동, 더 나아가 여성들의 지도자적인 지위 자체를 부정하고 있는 것은 아닌 것이다.

이상과 같은 세상의 급격한 변화는 교회 내에서의 여성의 역할에 대해 새로운 관심을 불러 일으킨다. 신학대학원에 입학하는 학생들은 누구나, 남성이든 여성이든, "하나님의 부르심을 받고 이곳에 왔습니다"라고 간증을 한다. 하나님의 부르심에 믿음으로 응답한 사람들에 대해 어느 누가 그 부르심과 그 응답의 진정성(眞正性, authenticity)에 의문을 제기할 수 있겠는가?

VI. 결 론

최근 부산에서 개최되었던 아태경제협력체(APEC)의 정상회의에는 각국을 대표하는 최고통치권자들, 즉 대통령들과 국무총리들이 참석하여 회의를 하기도 하였고 외교활동을 하기도 하였다. 그런데 그들이 한국의 전통의상인 두루마기를 입고 기념촬영을 한 사진이 무척 인상적이었다. 그 사진 속에는 2명의 여성 국가원수들이 19명의 남자 정상들과 어깨를 나란히 하고 포즈를 취하고 있었다. 비록 여성용 두루마기를 입긴 했지만, 여성 국가원수들의 모습은 당당했다. 여성이 한 나라의 대통령이나 국무총리가 되는 것을 100년, 아니 50년 전에는 상상이라도 할 수 있었을까? 예수님 당시만 하더라도 유대인 사회에서 여성과 아이는 통계숫자에도 들 수 없는 것이 현실이었다("다 배불리 먹고 남은 조각을 열두 바구니에 차게 거두었으며 먹은 사람은 여자와 아이 외에 오천 명이나 되었더라," 마 14:20-21).

성경이 기록되었던 당시의 사회는 말할 것도 없고 20세기 초반까지도 서양에서조차 이 세상은 남성중심적인 사회였다. 여성들의 권리가 신장되기 시작했던 것은 제1차 세계대전(1914-1919) 중 인력의 부족으로 여성들이 경제활동에 참여하게 되면서부터였다. 민주주의가 발달했던 서구에서도 1920년대에 와서야 비로소 여성들에게 투표권 행사가 허용되었다.[53] 그 이전까지는 여성들이 남성들과 동등한 정치적 인격체로 간주되지 못했음을 잘 입증해 주고 있다. 오늘날 유교적인 전통이 강한 우리나라에서 법규 상으로는 남녀평등과 기회의 균등이 보장되고 있지만, 인식과 실천 면에 있어서는 아직도 남녀 간에 불평등적인 요소가 사회의 각 분야에 만연해 있는 것이 사실이다.

오늘날 교회도 급변하고 있다. 미국이나 한국이나 교회에는 여성들이 수적으로 다수를 차지하고 있다. 성도의 대다수가 여성임에도 불구하고 교회에서의 지도력은 주로 남성들에 의해 장악되어 있고 여성들은 단지 남성들의 목회사역들을 보조하는 역할만을 감당하고 있다. 교회에서 설교, 교육, 행정, 재정, 장기발전을 위한 전략 등의 영역에 있어서 여성들의 참여는 극히 제한되어 있고, 단지 음식 준비, 친교, 청소, 보육, 전도, 심방 등의 영역에서만 여성들이 봉사를 하고 있다. 그러나 세상은 벌써 너무나 많이 변해 있다.

어떤 남침례교 남성 지도자가 여성의 목회사역에 관해 언급하면서 하나님의 절대주권을 염두에 두고 이렇게 말한 적이 있다: "인류 역사의 어느 시점에서 하나님께서는 자신이 원하시는 대로 남자든 여자든 상관없이 자신의 종들을 불러 사용하신다. 그리고 복음의 확산을 위해 하나님은 자신이 원하시는 대로 그들의 은사들을 활용하신다."[54] 이 지도자가 여성안수를 찬성하는지는 알 수 없으나 그의 말씀의 요지는 하나님의 절대주권(sovereignty)에 그리스도인들은 열린 마음으로 순종하고자 하는 자세를 가져야 함을 역설한 것이다. 그는 남침례교 산하의 침례신학원들에 많은 여학생들이 재학하고 있는 사실을 지적하면서, "전능하신 하나님의 대견스러운 여종들에 대해서 진지한 평가를 게을리 하는 태도는 하나님을 기쁘시게 하지 못할 것이다"(any lack of serious assessment of these delightful handmaidens of Almighty God will not meet the smile of God) [55] 라고 쓰고 있다.

여성들이 존엄한 인간으로서 대접받지 못하던 시대에 기록되어진 성경말씀을 문자적으로만(literally only) 해석하는 것은 천진난만한 성서주의(naive biblicism)라고 필자는 생각한다. 인류의 역사는 성별, 신분계층, 종교, 국적, 나이의 장벽을 뛰어넘어서 더 많은 사람들에게 더 많은 권리와 자유가 확대되고 확산된 역사이다. 이런 의미에서 예수 그리스도는 기득권의 장벽을 허물고 여성들의 권리와 자유를 되찾아 준 해방자였다. 남성과 여성 사이에는 신체적인 차이와 함께 기능과 역할의 차이가 존재하는 것은 사실이지만, 기능과 역할은 상대적이면서 동시에 문화적이다. 결혼한 여성은 아내라는 고유한 신분을 가지며 자식을 키우는 어머니라는 고유한 신분을 가진다. 그러나 예수 그리스도 안에서 기본적으로 여성은 남성과 동등하다.

21세기는 전문화의 시대이며 다양성의 시대이다. 교회의 목회사역도 전문화, 다양화, 세분화되고 있다. 그렇다면 목사안수도 성도들의 다양한 필요들을 충족시킬 수 있는 방향으로 이루어져야 한다고 필자는 생각한다. 현재 기독교한국침례회 총회에서는 다른 교단과 유사하게 한 종류의 목사안수만을 행하고 있다. 목사로 안수를 행하는 것은 담임목회(pastoring)를 하는 사역자로 안수하는 것이다. 아직 교단적으로 음악목사나 교육목사를 위한 안수제도가 없기 때문에, 교회음악이나 기독교교육을 전공했다고 해도, 음악목사나 교육목사로 안수 받는 길이 제도적으로 열려 있지 않다. 음악목사가 되려고 해도 담임목사에 해당되는 목사로 안수 받아야 하는 실정이다.

필자는 총회 차원에서 목회의 전문화와 다양성을 인정해서 음악목사, 교육목사, 상담목사, 레크리에이션 전문목사 등 기능별 전문사역자들에게 목사안수가 이루어져야 한다고 생각한다. 이렇게 될 때 여성목사 안수도 어렵지 않게 도입될 수 있으리라 생각된다. 남성들에 비해 여성들이 더 잘 할 수 있고 더 효과적으로 많은 열매를 맺을 수 있는 분야, 예를 들면 상담, 영유아 및 어린이 교육, 미혼모나 이혼녀 돌봄, 환자와 장애인 사역, 노인복지 사역 등 전문화된 영역에서 전문적인 지식과 목회경험을 가지고 사역할 수 있도록 여성들에게 길을 열어주어야 한다고 생각한다. 그러한 여성사역자들에게 교회와 교단 차원에서 "공적인 인정"(public recognition)을 해 주는 안수를 베풀어서, 책임감과 긍지를 가지고 일할 수 있도록 제도를 마련해야 할 것이다. 하나님 나라의 확장을 위하여 남종들뿐 아니라 여종들까지도 유감 없이 쓰기를 원하시는 하나님의 심정을, 우리 인간들이 성적인 편견으로 인해 헤아리지 못한다면, 결국 하나님을 슬프게 하는 결과가 되고 말 것이다.

 남침례교 총회는 1995년 아틀란타(Atlanta, GA) 연차총회 시에 교단 창립 150주년을 맞아 대외적으로 성명서를 발표한 적이 있다.[56] 1845년 침례교 전국총회인 일반선교총회(General Missionary Convention)를 탈퇴하여 새 총회(Southern Baptist Convention)를 구성했을 때 흑인노예제도를 옹호했던 것, 1960년대 마르틴 루터 킹 목사의 민권운동(Civil Rights Movement)에 적극적으로 참여하지 못했던 것, 그리고 흑인들에 대한 인종차별을 암묵적으로 묵인해 왔던 것을 참회하는 내용이었다. 남침례교는 그 신학과 신앙의 보수성(保守性, consevativism)으로 인해서 당대의 심각한 현실문제에 대해 적극적인 대처를 하지 못했던 과오를 자인한 것이다.

여성목사 안수문제도 이와 유사한 사례가 아닌가 싶다. 오늘날 남침례교 내의 근본주의적 보수주의자들이 여성목사 안수와 여성들의 리더십 역할에 대해 매우 소극적이고 부정적인 입장을 견지하고 있는데, 장차 수십 년 후에는 이러한 태도에 대하여 대외적으로 또 다른 회개의 성명서를 발표해야 할 날이 오지 않을까 필자는 염려된다. 단지 여성이라는 이유만으로 목사안수를 금하는 것은 회개해야 할 명백한 성차별이다.

주(註)

1) 국민일보, 2005. 9. 23, 30쪽.

2) 장동석, "하나님의 형상대로 남자와 여자를 창조하시다," 『빛과 소금』, 통권 194호, 2003. 12,

3) Ibid.

4) Ibid.

5) H. Leon McBeth, *The Baptist Heritage: Four Centuries of Baptist Witness* (Nashville: Braodman Press, 1987), 690.

6) H. Leon McBeth, *Women in Baptist Life* (Nashville: Broadman Press, 1979), 153.

7) *Home Missions*, May 1972, 26. McBeth, *Women in Baptist Life*, 153에서 재인용.

8) McBeth, *Women in Baptist Life*, 154.

9) Albert McClellen, *Meet Southern Baptists* (Nashville: Broadman Press, 1978), 64.

10) McBeth, *Women in Baptist Life*, 155.

11) Ibid.

12) *Home Missions*, May, 1972, 26.

13) McBeth, *Women in Baptist Life*, 156.

14) Ibid.

15) *Home Missions*, May, 1972, 42.

16) McBeth, *Women in Baptist Life*, 157.

17) Ibid., 159-62.

18) Ibid., 160.

19) Ibid.

20) *Annual*, 1977, South District Association of Baptists in Kentucky, 15.

21) *Baptist Press*, 4 May 1977.

22) McBeth, *Women in Baptist Life*, 161.

23) Ibid., 162.

24) "Resolution on Ordination and the Role of Women in Ministry," June 1984, http://www.sbc.net/resolution/amResolution.asp?ID=1088. Walter B. Shurden, *Not a Silent People: Controversies that Have Shaped Southern Baptists* (Macon, Ga.: Smyth & Helwys Publishing, Inc., 1995), 97.

25) Walter B. Shurden, "A Chronology," *The Struggle for the Soul of the SBC: Moderate Responses to the Fundamentalist Movement.* (Macon, Ga.: Mercer University Press, 1993), xiii.

26) "Resolution on Ordination and the Role of Women in Ministry," June 1984, www.sbc.net.

27) Shurden, "A Chronology," *The Struggle for the Soul of the SBC: Moderate Responses to the Fundamentalist Movement*, 98.

28) "CBF 운영위원회의 대외적 선언"(An Address to the Public from the Interim Steering Committee of the Cooperative Baptist Fellowship). Ibid., 312.

29) "The Family," *Baptist Faith and Message* (Nashville: Southern Baptist Convention, 2000), 20.

30) "The Church," Ibid., 13.

31) Alliance of Baptists는 1979년 이후 남침례교 총회 내에서 일기 시작한 근본주의적 보수주의 운동에 반발하여 역사적 침례교 신앙은 "자유"(freedom)를 본질적인 요소로 간주하고 있다며 조직한 침례교 단체이다. 1986년에 노스 캐롤라이나 주 랄리(Raleigh) 시에 있는 메레디스(Meredith) 대학교에서 발기총회를 개최하였고 1987년에 초대회장에 샬롯(Charlotte, NC) 소재 프라비던스 침례교회 담임목사인 윌리암 크라우치(William Henry Crouch) 목사를 선출하였고, 총무에 사우스이스턴(Southeastern) 침례신학원 선교학 교수인 알란 닐리(Alan Neely)를 선임했다.

32) Cooperative Baptist Fellowship(CBF) 역시 근본주의자들의 교단정치적 횡포에 맞서서 독자적인 교제와 선교활동을 하고 있는 남침례교 내의 온건한 보수주의자들의 단체이다. 1991년 5월에 공식적으로 출범을 하였고 아틀란타(Atlanta, GA)에 본부를

두고 있으며, 남침례교 총회 내에서 독자적인 국내 및 해외선교를 주도하고 있다. 국내외에 13개의 신학원들(seminaries)을 재정적으로 후원하고 있다. 다니엘 베스탈 (Daniel Vestal) 목사가 총무로 섬기고 있는데, 미 남침례교 내에서 온건한 보수주의의 목소리를 대변하고 있다.

33) Dorothy Kelly Patterson, "Why I Believe Southern Baptist Churches Should Not Ordain Women," *Baptist History and Heritage*, vol. xxiii, no. 3 (July 1988): 56-62.

34) Jann Aldredge Clanton, "Why I Believe Southern Baptist Churches Should Ordain Women," *Baptist History and Heritage*, vol, xxiii, no. 3 (July 1988): 50-5.

35) Patterson, "Why I Believe Southern Baptist Churches Should Not Ordain Women," 57.

36) Ibid.

37) Ibid., 61.

38) 1987년 12월 현재 남침례교 총회 내에 안수받은 여성목사는 525명이라고 추산된다고 하였다. Jann Aldredge Clanton, "Why I Believe Southern Baptist Churches Should Ordain Women," 50.

39) Ibid., 52.

40) Ibid.

41) 딤전 2:11-15, "여자는 일절 순종함으로 종용히 배우라. 여자의 가르치는 것과 남자를 주관하는 것을 허락지 아니하노니 오직 종용할찌니라. 이는 아담이 먼저 지음을 받고 이와가 그 후며, 아담이 꾀임을 보지 아니하고 여자가 꾀임을 보아 죄에 빠졌음이니라. 그러나 여자들이 만일 정절로써 믿음과 사랑과 거룩함에 거하면 그 해산함으로 구원을 얻으리라."

42) Clanton, "Why I Believe Southern Baptist Churches Should Ordain Women," 53.

43) Ibid., 54.

44) Ibid.

45) Charles W. Deweese, 『21세기 속의 1세기 신앙』, 김승진 역 (대전: 침례신학대학교 출판부, 2005), 329-42.

46) Ibid., 331-2.

47) Ibid., 338-9.

48) Ibid., 340.

49) 『2004-2005 요람』(대전: 침례신학대학교 출판부, 2004). http://mail1.kbtus. ac.kr/cgi-bin/mail.cgi, 09-28-2005.

50) H. Leon McBeth, "The Ordination of Women," *Review and Expositor*, vol. lxxviii, no. 4 (Fall 1981): 519.

51) Ibid., 520.

52) Ibid.

53) 제1차 세계대전을 전후하여 유럽의 주요국가에서는 여성들에게 참정권을 부여하였다. 특히 스칸디나비아 반도의 국가들은 이 점에서 매우 적극적이었는데, 핀란드는 1906년, 노르웨이는 1907년, 덴마크는 1917년, 스웨덴은 1919년 각각 여성 참정권을 인정하였다. 전쟁 후에 영국을 비롯해 독일과 오스트리아에서 여성 참정권이 실현되었다. 독일이 1919년 바이마르 공화국 헌법에서 여성 투표권을 허용하였다. 영국은 1918년 의회의 입법으로 여성 참정권을 제한적으로 확대 적용하였고, 1928년에 이르러 모든 여성들에게 투표권을 허용하였다. 차하순, 『서양사 총론 2』(서울: 탐구당, 2003), 1036.

54) Charles H. Ashcraft, "I Must Say It," *Arkansas Baptist*, 4 December 1975, 2.

55) Ibid.

56) "남침례교 총회 150주년에 즈음한 인종화해를 위한 결의"(Resolution on Racial Reconcilliation on the 150th Anniversary of the Southern Baptist Convention," June 1995, http://www.sbc.net/resolution/ amResolution.asp?ID=899.

참고자료

단행본

김승진.『침례교회와 역사』. 대전: 침례신학대학교 출판부, 2005.

차하순.『서양사 총론 2』. 서울: 탐구당, 2003.

Baker, Robert A. *The Southern Baptist Convention and Its People 1672-1972*. Nashville: Broadman Press, 1974.

Clouse, Bonnidell and Robert G. Clouse, ed. *Women in Ministry: Four Views*. Downers Grove, Il.: InterVarsity Press, 1989.

Cothen, Grady C. *What Happened to the Southern Baptist Convention?* Macon, Ga.: Smyth & Helwys Publishing, Inc., 1993.

Deweese, Charles W.『21세기 속의 1세기 신앙』. 김승진 역. 대전: 침례신학대학교 출판부, 2005.

Jewett, Paul K. *The Ordination of Women: An Eassay on the Office of Christian Ministry*. Grand Rapids: William B. Eerdmans Publishing Company, 1980.

Lumpkin, William L. *Baptist Confessions of Faith*. Valley Forge: Judson Press, 1959.

McBeth, H. Leon. *The Baptist Heritage: Four Centuries of Baptist Witness*. Nashville: Broadman Press, 1987.

_____. *Women in Baptist Life*. Nashville: Broadman Press, 1979.

McClellen, Albert. *Meet Southern Baptists*. Nashville: Broadman Press, 1978.

Shurden, Walter B. *Not a Silent People: Controversies that Have Shaped Southern*

Baptists. Macon, Ga.: Smyth & Helwys Publishing, Inc., 1995.

_____. *The Struggle for the Soul of the SBC: Moderate Responses to the Fundamentalist Movement*. Macon, Ga.: Mercer University Press, 1993.

학술논문

Amant, C. Penrose St. "Sources of Baptist Views on Ordination." *Baptist History and Heritage*, vol. xxiii, no. 3 (July 1988): 3-15.

Blevins, Carolyn DeArmond. "Reflections: Baptists and Women's Issues in the Twentieth Century." *Baptist History and Heritage*, vol. xxxv, no. 3 (Summer/Fall 2000): 53-66.

Clanton, Jann Aldredge. "Why I Believe Southern Baptist Churches Should Ordain Women," *Baptist History and Heritage*, vol. xxiii, no. 3 (July 1988): 50-5.

Hinson, E. Glenn. "The Church: Liberator or Oppressor of Women?" *Review and Expositor*, vol. lxxii, no. 1 (Winter 1975): 19-29.

McBeth, H. Leon. "The Role of Women in Southern Baptist History." *Baptist History and Heritage*, vol. 12, no. 1 (January 1977): 3-25.

_____. "The Changing Role of Women in Baptist History." *Southwestern Journal of Theology*, vol. 22, no. 1 (Fall 1977): 84-96.

Patterson, Dorothy Kelly. "Why I Believe Southern Baptist Churches Should Not Ordain Women." *Baptist History and Heritage*, vol. xxiii, no. 3 (July 1988): 56-62.

Shurden, Walter B. "A Chronology." *The Struggle for the Soul of the SBC: Moderate Responses to the Fundamentalist Movement*. Macon, Ga.: Mercer University Press, 1993.

Weatherford, Carolyn. "Shaping of Leadership among Southern Baptist Women." *Baptist History and Heritage*, vol. xxii, no. 3 (July 1987): 12-20.

신문, 잡지, 회의록, 인터넷 자료, 기타

『국민일보』. 2005. 9. 23.

신상묵. "교회는 여성의 전문성 개발에 나서야 합니다."『빛과 소금』, 통권 194호, 2003. 12.

이정숙. "남녀는 함께 하나님의 뜻을 이루는 존재."『빛과 소금』, 통권 194호, 2003. 12.

장동석. "하나님의 형상대로 남자와 여자를 창조하시다."『빛과 소금』, 통권 194호, 2003. 12.

『2004-2005 요람』. 대전: 침례신학대학교 출판부, 2004.

"The Church." Baptist Faith and Message. Nashville: Southern Baptist Convention, 2000.

"The Family." Baptist Faith and Message. Nashville: Southern Baptist Convention, 2000.

Annual. 1977. South District Association of Baptists in Kentucky.

Ashcraft, Charles H. "I Must Say It." Arkansas Baptist. 4 December 1975.

Baptist Press. 4 May 1977.

Home Missions. May 1972.

The Tennessee Baptist. 22 February 1879.

"CBF 운영위원회의 대외적 선언"(An Address to the Public from the Interim Steering Committee of the Cooperative Baptist Fellowship). Walter B. Shurden, The Struggle for the Soul of the SBC: Moderate Responses to the Fundamentalist Movement. Macon, Ga.: Mercer University Press, 1993.

"Resolution on Ordination and the Role of Women in Ministry." June 1984. http://www.sbc.net/resolution/amResolution.asp?ID=1088.

"Resolution on Racial Reconcilliation on the 150th Anniversary of the Southern Baptist Convention." June 1995. http://www.sbc.net/resolution/amResolution.asp?ID=899.

영국 청교도 신학의 전통에서 결혼, 가정 그리고 여성

박 홍 규 조교수 | 조직신학

들어가는 말

　영국 청교도 신학의 전통 속에서 결혼과 가정과 여성의 문제를 다룰 때 가장 먼저 제기될 수 있는 질문은 과연 그러한 논의 자체가 필요한가 하는 것이다. 왜냐하면 17세기 서구의 기독교 전통 속에서 수립된 결혼과 가정과 여성의 문제가 21세기 한국 땅에 사는 그리스도인들에게 너무나 거리가 멀어 보이기 때문이다. 더욱이 300년 혹은 400년이라는 시간적 차이를 극복한다고 하더라도 결혼과 가정과 여성의 문제는 그 내용에 있어서 너무 큰 차이를 보일 수 있다는 것이다. 결혼과 가정의 문제를 차치하고라도 여성의 문제를 살펴보면 그 내용의 차이는 더욱 커진다. 남편의 권위가 우선시되는 가부장적 사회, 여성의 대학 교육이 철저히 배제된 사회, 여성의 사회적 진출이 원천적으로 봉쇄된 사회에서 정립된 결혼과 가정과 여성에 대한 견해는 너무나 편파적일 수밖에 없다는 것이다.

우리는 이러한 주장의 정당성을 어느 정도 받아들이면서도 여전히 영국 청교도들이 결혼과 가정과 여성의 문제를 어떻게 보았는지를 정확하게 알 필요가 있다. 그 이유는 아무리 시대가 많이 흐르고, 이 문제들을 바라보는 시각이 많이 바뀌었을지라도, 이 문제들에 대한 개신교적인 견해는 그 핵심에 있어서 바뀌지 않고 내려오고 있기 때문이다. 또한 17세기 청교도들의 결혼과 가정과 여성에 대한 문제에 대해 우리는 정확히 알지 못한 상태에서 무조건적으로 비판하는 경향이 있어 왔다. 더욱이 그들의 주장이 성서에 대한 해석에 기초했다고 할 때 우리는 이 문제들과 관련한 성경의 견해가 시대의 변화에도 불구하고 그 원리에 있어서 변하지 않는다고 말하지 않을 수 없다. 물론 그들의 주장이 성서의 원리를 넘어서서 시대적인 흐름과 전통에 영향을 받고 있는 부분이 있다고 할 때 우리는 과감하게 수정할 필요가 있다고 본다. 아마 여성의 권리나 사회적 진출, 그리고 교육과 관련해서 우리는 그들보다는 더 적극적인 진술을 할 수 있을 것이다. 그럼에도 불구하고 우리는 이 문제들에 있어서 그들이 제시하고 실현하고자 했던 성경의 원리에 귀를 기울일 필요가 있다. 그럴 때 우리는 왜 오늘의 결혼과 가정과 여성의 문제가 그토록 자유와 해방을 주장함에도 불구하고 세속화의 문제에서 자유로울 수 없는지에 대한 주된 이유를 알 수 있을 것이다.[1]

이러한 연구의 필요성에 대한 인식과 더불어 필자는 이 논문에서 영국 청교도들이 결혼과 가정과 여성의 문제를 어떻게 다루었는지를 살펴볼 것이다. 이 문제들을 살펴볼 때 필자는 가정의 기초로서의 경건, 가정의 출발을 의미하는 결혼, 가정의 핵심인 남편과 아내의 관계, 그리고 마지막으로 가정과 관련한 여성의 문제를 다룰 것이다. 특별히 여성과 관련된 문제를 다루는 책에서 이 문제를 가정이라는 보다 큰 전망에서 논의를 전개하는 이유는 영국 청교도 전통에서 이 문제 자체가 결국 가정과 떼래야 뗄 수 없는 관계가 있기 때문이다. 사실 이 당시 문헌들을 살펴보면 여성의 문제는 남성의 문제와 마찬가지로 오늘처럼 독립된 주제로서 다루어지지 않았다. 이것은 그들이 개별적인 사람들에게 관심이 없었다기보다는 그들이 관심이 가정이라는 기초 공동체에 있었다는 것을 의미한다. 그러므로 본 논문은 필연적으로 그 논의를 남성, 혹은 여성이라는 개별적인 성에 대한 것보다는 가정이라는 하나님이 만드신 공동체에 관심을 가지면서 각각의 성의 의미와 역할을 다룰 것이다.

경건과 가정

청교도들의 가정에 대한 논의에서 제일 먼저 제기되는 문제는 "경건"(godliness)이다. 왜냐하면 그들은 자신들이 이 땅에서 행복을 누리며 살고, 다가올 세상에서 영광을 누리는 삶을 살기 위해서는 경건한 가정이 필수적이라고 생각했기 때문이다.[2] 그들에게 있어서 가정을 신앙으로 경영하는 것은 경건의 핵심중의 핵심이었다. 특히 가정의 기초인 남편과 아내의 관계를 성경에 입각하여 이해하고 유지하는 것은 그들의 경건, 혹은 현대적인 표현으로 영성의 핵심이었다. 이것은 청교도적 경건, 혹은 영성이 그리스도인의 삶과 직접적으로 연결되어 있다는 것을 보여주는 좋은 하나의 실례이다.

그렇다면 청교도들에게 있어서 '경건 혹은 영성'(godliness)이란 무엇일까? 그리고 그것은 가정과 어떤 연관이 있을까? 청교도들에게 있어서 경건의 개념은 먼저 '종교'라는 개념과 밀접히 관계가 있다. 조지 스윈녹(George Swinnock)은 종교의 어원을 "묶는다(binding) 혹은 연합시킨다"(knitting)는 의미의 "*religando*"에서 찾는다. 이 어원에서부터 그는 종교는 "하나님과 사람을 함께 연결하여 묶는 위대한 띠"로 이해한다. 종교는 마치 힘줄에 의해 머리에 몸이 붙어 있는 것처럼 사람을 하나님께로 붙어 있도록 하는 것이다. 이와 반면에 무신론은 "하나님으로부터 떠나는 것"이며, 종교는 "하나님께로 돌아가거나 되돌아가는 것"이다.[3]

이러한 종교의 정의에 따라 스윈녹은 "경건"(godliness)을 "하나님의 계시된 뜻에 따라 마음과 삶으로 참되신 하나님을 예배하는 것"으로 이해한다.[4] 다시 말해서 청교도들에게 있어서 경건은 몸과 마음으로 삶의 전 과정을 통해서 참되신 하나님을 그의 계시된 뜻에 따라 예배하는 것이다. 그들에게 있어서 예배는 교회에 가서 공적인 예배를 드리는 것만을 의미하지 않는다. 그것은 오히려 삶의 전 과정을 통해서 하나님께 그 분께서 마땅히 받으셔야 할 영광을 돌려드리는 것이다.[5] 이렇게 볼 때 삶에서 가장 중요한 부분인 가정과 남편과 아내 혹은 더 나아가서 자녀의 문제는 우리의 경건 혹은 예배와 떼래야 뗄 수 없는 밀접한 관계를 가지게 된다. 다시 말해서 가정과 그 가정을 이루는 결혼과 그 가정의 중심인 남편과 아내, 그리고 자녀의 문제는 성도들의 경건의 삶, 예배의 삶에 없어서는 안 되는 중요한 문제들이다. 그러기 때문에 청교도들에게 있어서 가정, 결혼, 남편과 아내의 문제는 그리스도인의 경건 혹은 예배의 삶과 직접적으로 연결이 된다.[6]

우리는 이러한 사실을 윌리엄 퍼킨스(William Perkins)의 "그리스도인의 경제"(Christian Oecomomie)에 대한 이해에서도 발견할 수 있다. 그가 의미하는 "그리스도인의 경제"는 "가족을 성경에 따라 세우고 유지하는 올바른 방법"에 대한 교리를 의미한다. 그는 이것을 간단히 "가족을 올바로 다스리는 교리"라고 표현한다. 그리고 그는 우리가 이 가족을 올바른 상태로 유지하기 위해서는 두 가지 의무를 감당해야 한다고 주장한다. 첫째는 하나님을 향한 의무인데, 그것은 "하나님을 개인적으로 예배하고 섬기는 것"이다. 이러한 의무는 모든 가족들에게 마땅히 있어야 한다. 두 번째는 가족 자체를 향한 의무인데, 그것은 이 땅에서 가족의 삶을 유지하기 위해 각자가 자기에게 맞는 일을 해야 한다"는 것이다.[7] 우리는 여기에서 퍼킨스가 가정을 하나님을 예배하는 것과 연결시키고 있는 것을 볼 수 있다. 이것은 그에게 있어서 올바른 가정의 운영은 경건과 뗄 수 없는 관계가 있다는 것을 의미한다.

이러한 이해를 우리는 또한 리처드 백스터의 『그리스도인의 지침서』(A Christian Directory)에 나오는 『그리스도인의 경제』(Christian Economics)에서도 동일하게 발견할 수 있다. 백스터는 가정을 다루는데 있어서 가장 먼저 예배에 대해 논의한다.[8] 그러면서 그는 스윈녹과 퍼킨스와 마찬가지로 예배의 문제를 종교에 대한 개념과 연결하여 다루고 있다. 그는 "철학은 진리를 탐구하고, 신학은 진리를 발견하며, 종교는 진리를 소유한다"(Veritatem philosophia quaerit, theologia invenit, religio possidet)는 미란

둘라(Mirandula)의 학문 분류에 대한 유명한 선언을 인용하면서 종교를 진리를 소유하는 실천적 학문으로 이해한다. 이것은 종교는 단순히 이론이 아니라, 인간의 지성과 의지가 결합된 인격으로서의 진리에 대한 삶의 향유를 의미한다.[9] 이렇게 볼 때 가정에서의 예배는 종교의 핵심 중의 핵심으로 이해된다. 그는 하나님께 드리는 예배를 Δελεία로 불리는 순종 혹은 섬김을 의미할 뿐 아니라, Λατρεία로 불리는 하나님을 하나님으로서 영화롭게 할 목적으로 종교적으로 어떤 일을 행하는 것을 의미하는 것으로 이해한다. 따라서 가정이 아름답게 하나님의 법에 따라 운영이 되는 것 또한 예배라는 용어를 사용해서 표현할 수 있다.[10] 이러한 행복한 가정의 기초로서 종교 혹은 예배가 있어야 한다는 백스터의 이해는 다른 청교도들의 생각과 크게 다르지 않은 것이었다.

결혼과 가정

이렇게 청교도신학의 전통에서 가정은 경건, 영성, 혹은 예배와 밀접히 연결이 되어 있다면, 이 가정의 출발을 알리는 결혼은 어떻게 이해되었으며, 이것과 관련해서 여성은 어떤 역할을 했을까? 이 문제와 관련하여 우리가 먼저 알아야 할 것은 청교도들의 견해는 종교개혁가들의 결혼에 대한 견해를 수용하고 풍성하게 만든 것이라는 것이다. 이런 면에서 그들은 이 땅에 성경적인 교회와 그 교회에 기초로서 가정에 관심을 가졌던 종교개혁가들의 이상과 다르지 않다. 우리는 이 사실을 1541년 하인리히 불링거(Heinrich Bullinger)의 『결혼의 기독교적 상태』(The Christian State of Matrimony)가 영어로 번역 출간이 되었고, 테오

도르 베자(Theodore Beza)의 『기독교적 결혼』(Christian Matrimony)이 1542년 영어로 번역 출간되었으며, 토마스 크랜머(Thomas Cranmer)에 의해 작성된 영국 국교회(The Church of England)의 『공동기도서』(The Book of Common Prayer)가 결혼에 대한 내용을 불링거의 주장을 그 원형으로 쓰여졌다는 것을 통해서도 알 수 있다. 그리고 영국의 종교개혁가였던 토마스 비콘(Thomas Becon)의 『결혼에 대한 책』(The Boke of Matrimonye)이 같은 흐름에서 1564년에 출간되었다는 것도 알 필요가 있다.[11]

이와 같이 종교개혁가들의 결혼에 대한 견해가 청교도들에게 영향을 미쳤다는 것을 이해한 다음에, 우리는 보다 직접적으로 청교도들의 결혼관을 형성한 사람과 책에 주목할 필요가 있다. 1609년 윌리엄 퍼킨스는 『그리스도인의 경제』(Christian Oeconomie)라는 책을 통해 결혼과 가정에 대한 성서적인 지침을 제공했으며, 이 책은 이후의 청교도들의 결혼과 가정관을 형성하는데 적지 않은 영향을 끼쳤다. 우리가 퍼킨스와 더불어 이 논문에서 함께 살펴볼 스윈녹이나 에드워드 레이너(Edward Reyner)의 결혼에 대한 이해와 신앙고백서들에 나오는 결혼에 대한 이해는 모두 퍼킨스의 틀에서 크게 벗어나지 않고 있다. 물론 퍼킨스의 이 문제에 대한 이해는 종교개혁가들의 이해와 크게 다르지 않았다.

퍼킨스에 따르면 결혼은 "결혼하는 두 사람 곧 한 남자와 한 여자가 한 몸을 이루는 합법적인 결합이다."[12] 인류 최초의 결혼은 아담과 하와 사이에 이루어진 것이며(창 2:21), 이 결혼을 예수님께서는 "사람이 그 부모를 떠나서 아내에게 합하여 그 둘이 한 몸이 될지니라…. 이러한즉 이제 둘이 하니요 한몸이니"라고 말씀하셨다(마 19:5, 6). 바울은 이 결혼에 대해 "사람이 부모를 떠나 그 아내와 합하여 그 둘이 한 육체가 될지니"라고 지적했다(엡 5:31). 그는 이 모든 것들에 기초해서 일부다처제나 첩을 두는 둘 이상의 사람의 결혼은 무지에서 나온 비성서적인 것으로 분명히 이해했다.[13]

결혼은 독신으로 혼자 사는 것보다 훨씬 더 탁월한 상태이다. 그 이유는 첫째로, 결혼은 아담이 타락하기 이전에 하나님께서 낙원에서 정하신 것이기 때문이다. 둘째로, 결혼은 삼위일체 하나님께서 가장 심사숙고 하셔서 만드신 제도이기 때문이다(창 1:26, 2:18). 셋째로, 한 남자와 한 여자의 결합의 방식이 탁월하기 때문이다. 하나님께서는 아담과 하와를 즉시 하나가 되게 하셨다. 넷째로, 결혼은 하나님께서 나라와 교회 안에서 다른 모든 삶의 기초요 원천이 되도록 정하셨기 때문이다.[14] 퍼킨스는 비록 인간의 타락 이래로 독신으로 사는 것이 여러 가지 면에서 더 나은 점이 생기기는 했지만, 이것은 결혼제도의 본질적인 변화를 요구하는 것이 아니라, 부차적인 측면(by accident)에서 변화를 의미하는 것일 뿐이라고 주장한다.[15]

더 나아가 퍼킨스는 결혼의 목적을 다음과 같이 정리한다. 첫째로, 땅에서 사람의 씨와 후손을 계속해서 번창시키기 위해서 자녀는 낳기 위함이다. 둘째로, 하나님의 교회가 거룩하게 유지되고, 계속해서 교회 안에서 하나님을 예배하고 섬길 수 있도록 거룩한 후손을 낳기 위함이다. 셋째로, 그것이 타락이래로 음란을 피하고, 결과적으로 육체의 정욕을 정복하고 누그러뜨리기 위한 주권적인 수단이다. 넷째로, 결혼한 부부가 자신들이 부르심을 받은 소명을 더 낫고 더 편안한 방법으로 행하도록 하기 위함이다. 이렇게 볼 때 로마 교회가 사제의 결혼을 금

지하는 것은 사단적인 것이라고 퍼킨스는 비판한다.[16]

한편 스윈녹은 결혼을 그 목적과 더불어서 "한 남자와 한 여자가 자신들이 이 땅에 사는 동안 자녀를 낳고, 죄를 피하고, 서로 사귐의 위로를 받기 위해 합법적으로 결합하는 것"으로 이해한다.[17] 그러면서 그는 결혼의 저자는 다른 그 누구도 아닌 하나님이시라고 지적한다. 자녀를 낳고 선한 사귐을 가지는 것은 결혼의 본래의 목적이었으며, 음행을 피하기 위한 것은 인간의 타락 이후에 주어진 목적이었다. 그는 한 남자와 한 여자가 결혼의 물리적 내용(material cause)임을 분명히 함으로써 동성 간의 결혼이나 일부다처제, 첩을 두는 것과 같은 것이 비성경적이라는 것을 분명히 하고 있다.[18] 그러면서 스윈녹은 이 결혼은 종교 혹은 경건의 삶과 직결됨을 설명하고 있다. 왜냐하면 결혼은 한 남자와 한 여자가 언약을 통해 합법적으로 결합하는 것인 것처럼, 종교 혹은 경건은 우리를 하나님께 하나가 되도록 결합 혹은 연합시키는 것이기 때문이다. 그러므로 결혼한 부부사이에 종교 혹은 경건이 있다는 것은 그들 안에 서로 온전한 결합이 있다는 것일 뿐 아니라, 그들과 하나님 사이에 온전한 결합 혹은 연합이 있다는 것을 의미한다.[19] 결혼에 대한 스윈녹의 주장에서 주목해야 할 것은 그가 결혼을 "언약"(covenant)의 관계로 이해하고 있다는 것이다. 결혼은 한 남자와 여자가 서로 하나가 되어 함께 살아가겠다는 언약이다. 이 언약에서 하나님께서 남편과 아내 사이에 증인이 되시기 때문에 이것은 "하나님의 언약"이라고 불려진다(잠 2:17; 말 2:14). 하나님의 언약으로서 결혼언약은 사람 사이에 맺어진 언약이 쉽게 깨어질 수 없는 것처럼 더욱 더 깨어질 수 없다.[20]

레이너는 결혼을 이 땅에서 결혼하는 사람들의 신분과 상태에 관계 없이 사람들에게 가장 높게 평가받아야 하고 영광스러운 것으로 파악하고 있다.[21] 그는 결혼이 이렇게 영광스러운 이유를 다양하게 찾고 있다. 먼저, 결혼은 그 저자가 하나님이시기 때문이다. 결혼은 하나님께서 만드시고 정하신 것이다. 하나님께서는 친히 아담과 화와를 결혼시키셨으며, 아담을 하와의 머리로, 화와를 아담의 돕는 베필로 삼아 관계를 맺도록 하셨으며, 그들이 결혼의 모든 목적과 위로에 참여할 수 있도록 축복하셨고, 이 일을 돕도록 하늘의 천군천사들을 보내셨다. 둘째로, 처음 결혼이 이루어졌을 때의 사람의 상태나 장소나 시기를 고려할 때 결혼은 영광스럽다. 결혼은 모든 인류의 머리인 아담과 화와가, 낙원에서, 무죄상태에서 행해진 것이다. 셋째로, 예수 그리스도께서는 약혼한 마리아를 통해 잉태되시고, 태어나셨다. 그가 일으키신 첫 번째 기적은 가나의 혼인잔치에서 물을 포도주로 바꾸는 사건이었다. 그는 또한 자신을 신랑으로, 자신의 교회를 신부로 여기시면서 자신을 교회에 나타내시고, 교회가 자신을 기뻐하고, 자신이 교회 안에서 영광을 받으시기를 기뻐하신다. 넷째로, 사람들은 일반적으로 결혼이 가지고 있는 위엄과 영광과 특권에 대해 동의한다.[22]

청교도 신학의 기본을 형성했으며, 특수침례교회의 *The Second London Confession of Faith*(1677)와 회중교회의 *Savoy Declaration of Faith and Order*(1658)의 기본이 되었던 *Westminster Confession of Faith*(1646)는 결혼과 이혼에 대한 항목을 다루고 있다. 신앙고백서는 "결혼은 한 남자와 여자 사이에 이루어지는 것이며, 어떤 남자이든 동시에 한 명이상의 아내를 가지거나, 어떤 부인이든 동시에 한 명 이상의 남편을 가지는 것을 불법이다. 결혼은 남편과 아내의 서로의 도움을 위해, 합법적인 방법으로 사람을 증가시키고, 거룩한 씨를 교회에 증가시키고, 불결함을 막기 위해 제정되었다. 스스로 동의할 수 있는 판단력을 가진 사람이 결혼하는 것은 누구든지 합법적이다"라고 고백하고 있다. 회중교회의 신앙고백서는 이와 동일하게 고백하고 있으며, 침례교회의 신앙고백서는 이 고백 중에서 "거룩한 씨앗"(holy seed)이라는 부분만 삭제하고 그대로 받아들이고 있다. 이것은 결혼에 대한 청교도들의 이해가 거의 동일했다는 것을 의미한다.[23]

우리는 이러한 퍼킨스, 스윈녹, 레이너, 신앙고백서들의 결혼에 대한 정의와 이유와 목적에 대한 서술에서 청교도들이 결혼을 얼마나 소중하게 여겼는지를 알 수 있다. 그들은 결혼을 타부시하며, 금욕주의를 강조하기보다 오히려 결혼이 주는 풍성함을 누리고자 하였다. 이러한 결혼에 대한 그들의 언급에서 우리는 사실 그들이 한 남성의 결혼 대상으로서 한 여성을 무시한다거나, 의사 결정과정에서 소외시켜도 된다는 식의 종속적인 태도를 볼 수 없다. 오히려 우리는 그들이 결혼을 한 인격과 인격의 만남으로, 그러면서도 하나님이 주신 질서 안에서 역할의 차이로서 이해했다는 것을 볼 수 있다. 그리고 또한 우리는 그들이 결혼을 하나님께서 정하신 제도요, 언약으로 파악함으로 그 중요성을 충분히 이해하고 가르쳤다는 것을 알 수 있다.

이러한 결혼에 대한 이해는 '결혼'(marriage)하기 전에 행해지는 '약혼'(contract)에 대한 그들의 견해에서도 잘 나타난다. 청교도들에게 있어서 약혼은 결혼의 시작이며, 결혼의 일부였다. 이것은 그만큼 그들이 결혼을 중요하게 여겼다는 것을 의미한다. 이것은 약혼을 생략하고 곧 바로 결혼하는 현대의 풍토에 대해 다시 한 번 생각해 보도록 한다. 퍼킨스는 약혼을 한 남자와 한 여자의 결합의 시작으로 이해했으며, 결혼을 "그 결합이 엄숙히 선포되고 완성되는 것"(solemnly manifested and brought to perfection)으로 이해했다.[24] 결혼의 시작으로서의 약혼을 먼저 하는 것에 대한 성경적인 근거는 신명기 20장 7절과 마태복음 1장 18절에서 찾아진다. 약혼을 퍼킨스는 "적합하고 유능한 재판관이나 증인 앞에서 미래의 결혼에 대해 상호간에 언급하거나 약속하는 것"이라고 정의한다.[25]

약혼을 하기 위해서 두 가지가 필요한데, 하나는 결혼의 대상자를 선택하는 것이고, 다른 하나는 서로 간에 결혼하기로 동의를 하는 것이다. 결혼 대상자를 선택하는데 있어서 퍼킨스는 본질적인 조건들과 부차적인 조건들이 있다고 지적한다. 본질적인 조건들은 충족되지 않으면 언제든지 약혼은 무효화될 수 있다. 본질에 속하는 조건들 중에 가장 첫 번째 조건은 서로 성(sex)이 달라야 한다는 것이다. 이것은 청교도들이 철저하게 동성 결혼을 금했다는 것을 의미한다. 둘째로, 혈연에 있어서 정당하고 합법적인 거리를 유지하고 있어야 한다는 것이다. 청교도들은 근친상간과 친가나 외가와의 통혼을 철저하게 비성경적인 것으로 금했다.[26] 셋째로, 자녀를 생산할 수 있어야 한다는 것이다. 퍼킨스는 약혼을 했더라도 신체적인 장애가 있다는 것이 발견되면 하나님께서 그 결혼을 허락하지 않는 것으로 판단하여 약혼을 파할 수 있다고 주장했다. 그리고 이것은 미성년자의 경우에 두 사람 사이의 결혼을 합법적인 것으로 인정할 수 없는 이유가 되기도 한다. 넷째로, 치료가 불가능한 병으로부터 자유로운 건강한 몸을 유지하고 있어야 한다는 것이다. 그리고 약혼상태에서 이런 일이 발생했을 경우 이것은 약혼을 파기할 수 있는 합법적인 사유가 된다. 다섯째로, 이미 결혼을 한 사람은 약속의 대상이 될 수 없다는 것이다.[27] 이러한 본질적인 측면에서 약혼 혹은 결혼의 조건들은 청교도들이 건강한 가정을 유지하기 위해 매우 합리적인 기준을 가지고 있었다는 것을 보여 준다.

더 나아가서 퍼킨스는 결혼 대상자를 선택하는 데 있어서 그리스도인은 이런 본질적인 조건들 이외에도 부차적인, 그러나 포기할 수 없는 조건들이 있다고 주장한다. 그것들은 결혼 대상자들의 도덕성, 곧 그들의 거룩과 순결의 상태와 관련된 것들이다. 첫째로, 그리스도인들에게 있어서 결혼의 대상자들은 신자들이어야 한다는 것이다. 믿는 자는 믿는 자와 결혼을 해야 한다. 둘째로, 결혼의 대상자들은 나이가 서로 적절히 조화를 이루어야 한다는 것이다. 나이가 든 사람은 나이든 사람하고, 젊은 사람은 젊은 사람하고 결혼을 하는 것이 이치에 맞다. 셋째로, 공적으로 정직하고 신뢰할 만한 사람을 결혼의 대상으로 삼아야 한다는 것이다.[28] 우리는 또한 이러한 조건들은 웨스트민스터 신앙고백서를 비롯한 주된 고백서들에도 거의 동일하게 지적되고 있다는 것을 알 필요가 있다.[29] 이것은 청교도들이 결혼의 대상을 찾을 때 매우 엄격하면서도 높은 기준을 가지고 있었다는 것을 우리에게 보여준다.

또한 이렇게 본질적이면서도 부차적인 조건들을 다 갖추고 있다고 하더라도 약혼을 할 때에는 동의가 있어야 한다. 퍼킨스는 약혼 혹은 결혼에 대한 동의에는 남자와 여자 사이의 동의와 부모의 동의가 있어야 한다고 지적한다. 결혼을 할 남자와 여자는 외부의 간섭이나 압력이 없이 자유롭게 서로 동의할 수 있어야 한다. 이 때 이성과 관련해서 그들의 판단력은 건전해야 하며, 의지와 관련해서 그들의 선택은 자유로워야 한다. 이것은 그 만큼 청교도들에게 있어서 결혼에 대한 동의는 일대일의 조건에서 자유롭게 이루어졌다는 것을 의미한다. 부모의 동의는 자신의 자녀들의 결혼을 허락한다는 차원에서의 행위이다. 이렇게 부모의 자유로우면서도 합법적인 동의가 없는 결혼은 무익하고 불법적일 뿐 아니라, 하나님의 법에 의해서 무효화될 수도 있다고 퍼킨스는 주장한다. 이것은 그가 결혼에 있어서 부모의 자유로우면서도 합법적인 동의를 그만큼 중요한 것으로 여겼다는 것을 보여준다.[30] 우리는 여기에서 청교도들이 결혼의 문제와 관련해 남, 여의 인격을 차별하지 않고 동일한 인격으로 인정했다는 것을 알 수 있다. 청교도들은 남, 여를 구분하기 전에 먼저 하나님께서 사람을 자기 형상대로 피조하셨다는 데서 인간의 존엄성을 찾고자 했다.[31] 이러한 인격체로서의 각각에 대한 존중은 약혼과 결혼에 있어서의 각자의 자발적인 동의를 중요하게 여기도록 한 것이다.

퍼킨스에 따르면 약혼한 후에 일정한 시간이 흐르면 마침내 결혼의 완성으로 결혼식이 치러진다. 앞에서 지적했듯이 이 때 결혼식은 약혼으로 이미 시작된 결혼을 엄숙하게 선언하고 완성하는 것이다. 결혼식 때 부모는 신부를 데려다가 신랑에게 주며, 그 둘은 실질적으로 남편과 아내가 되어 서로에게 요구되는 의무들을 감당하게 된다. 이 때 아버지와 어머니로서 부모의 동의가 있어야 하며, 목사의 축복으로 결혼은 축복이 되고, 거룩하게 된다. 그리고 회중들 앞에서 결혼서약을 함으로써 자신들이 서로 언약을 맺었음을 선언하고, 목사의 엄숙한 기도에 의해 이 언약은 성립된다. 또한 신랑과 신부 당사자 사이에도 결혼의 완성을 위한 행동이 있어야 하는데, 그것은 신랑이 신부를 정중한 방식으로 자신의 집으로 인도하는 것으로 이루어진다.[32]

남편과 아내

이렇게 결혼이 완성이 되면 이 둘은 부부가 되며, 부부로서 서로를 향한 의무를 가지게 된다. 청교도들은 성인 남녀가 만나서 결혼을 통해 남편과 아내가 되어 가정을 이루는 것에 대해 관심을 가졌을 뿐 아니라, 어떻게 결혼한 남편과 아내가 서로 경건한 가정을 이룰 것인지에 대해서도 관심을 가졌다. 그래서 그들은 구체적으로 결혼한 부부는 서로를 향해 어떤 공동의, 그러면서도 개별의 의무를 가지는 지에 대해 제시했다. 왜냐하면 이 땅에서 행복한 가정을 누리기 위해서는 서로의 의무에 대해 부부는 분명한 성경적인 지침을 가지고 있어야 하기 때문이다.

결혼한 부부의 의무와 관련하여 퍼킨스는 이를 "함께 거하는 것"(cohabitation)과 "함께 나누는 것"(communion)으로 나누어 설명한다. 결혼한 부부는 "서로를 향한 의무를 더 잘 감당하기 위해 한 장소에서 함께 조용하면서도 안락하게 거주를 해야 한다." 특별히 이 의무는 결혼을 한 첫해에는 유지되어야 한다. 이렇게 해야 하는 이유는 그들이 서로의 상태를 잘 알고 서로를 향한 안정된 애정을 발전시키기 위함이다. 이러한 함께 거하는 의무는 가족이 필요로 하는 일이나, 혹은 교회나 국가와 관련된 중요한 일이 발생했을 경우에 예외가 될 수 있다. 그러나 이때를 제외하고 이것은 반드시 지켜져야 한다.[33] 결혼한 부부는 이렇게 함께 거해야 할 뿐 아니라, 함께 나누어야 한다. 부부가 함께 나눈다고 하는 것(communion)은 "서로의 도움과 필요와 위로를 위해 서로의 인격과 재산을 서로 나누는 것"을 의미한다. 이러한 의무는 서로에게 거짓이 아니라 빚진 마음으로 서로에게 특별한 호의를 베푸는 것이다. 이 특별한 호의는 서로를 향한 신실하면서도 전적인 애정을 가지고 베풀어져야 하는데, 이것은 올바르고 합법적으로 몸을 나누고, 서로를 소중히 여기고, 서로를 즐거워하고 위로하는 것으로 나타나야 한다.[34] 올바르고 합법적으로 몸을 나누는 것(marriage-bed)은 "오직 부부사이에만 존재하는 은밀하면서도 유일한 사귐"을 의미한다. 이것은 "복된 씨를 얻고," "성령이 거하는 전인 몸을 깨끗하게 위지하기" 위해 필요하며, "그리스도와 신자들 사이의 연합"을 상징한다.[35]

퍼킨스는 구체적으로 부부 사이에서 남편과 아내의 의무에 대해서도 논의를 한다. 남편은 아내에 대해 머리라는 측면에서 권위를 가진다. 그러면서 그는 아내를 향해 두 가지 의무를 가지는데, 하나는 "아내를 자신처럼 사랑하는 것"이며, 다른 하나는 "아내를 공경하는 것"이다. 아내를 사랑하는 것과 관련하여 남편은 "아내를 위험에서부터 보호"해야 하며, "평생을 아내의 필요한 것을 공급"해야 한다. 아내를 공경하는 것과 관련하여 남편은 "그녀를 자신의 동반자요 동료로 인정"하고, "그녀의 연약함을 감싸주고," 경우에 따라서 "그녀의 권면과 충고를 따라야" 한다.[36] 아내는 남편을 향해 두 가지 의무를 가지는데, 하나는 "자신의 남편에 순종하고 그를 모든 일에 있어서 자신의 머리로서 존경하고 인정하는 것"이며, 다른 하나는 "모든 일에 있어서 자신이 남편에게 순종해야 한다는 것" 곧 "판단과 의지에 있어서 전적으로 그에게 의지해야 한다는 것"이다.37) 우리는 이와 같은 퍼킨스의 남편과 아내에 대한 이해에서 가정 내에서의 남편과 아내의 관계가 대등하면서도 성서적인 원리를 따라 질서가 강조되고 있음을 볼 수 있다.

결혼을 하나님의 언약으로 이해한 스윈녹은 결혼한 부부사이의 의무를 퍼킨스보다 더 따듯하면서도 인격적인 관계에서 다룬다. 그는 결혼한 부부사이에는 "친밀함"(amity)과 "신뢰성"(fidelity)의 의무가 서로에게서 모두 요구된다고 지적한다.38) 친밀함과 관련하여 부부는 가장 가까운 관계이기 때문에 가장 사랑스러운 애정이 있어야 한다. 부부는 한 이름, 한 자녀, 한몸, 한 육체, 한 침대, 한 식탁, 한 집을 소유한다. 그러므로 부부는 서로 한 본성, 한 영혼, 한 마음을 소유해야 한다.39) "마음의 연합이 없는 몸의 연합은 아무런 유익을 주지 못한다. 의무가 가장 큰 곳에서 애정도 가장 커야 한다. 남편은 아내를, 아내는 남편을 아버지와 어머니와 자녀들과 세상에 있는 다른 모든 것들보다도 사랑해야 한다."40) 스윈녹은 남편과 아내 사이의 사랑은 고난이 닥쳐올 때도 계속되어야 하며, 이들은 오히려 고난 속에서 서로 더욱 굳게 연합되며, 그들의 사랑은 그들이 살아 있는 동안 계속되어야 한다고 주장한다.41) 언어에 있어서도 주의를 해야 하는데, 이는 언어가 "생각과 의미를 설명하는 마음의 주석가"(the heart's expositor)이기 때문이다. 그는 이 사랑이 지속되기 위해서는 경건에 그 뿌리를 두고 있어야 함을 지적한다.42)

더 나아가서 부부는 서로에게 신실해야 한다. 그들은 가장 가까운 관계이기 때문에 그만큼 더 신실해야 한다고 스윈녹은 지적한다.43) 부부 사이의 신실성은 먼저 기업과 관련해서 나타나야 한다. 부부는 모든 합법적인 수단을 사용해서 자신들의 기업을 늘이기 위해 부지런히 노력해야 한다. 그들은 또한 서로의 연약함을 감싸주며, 서로의 육체를 사용함에 있어서도 신실해야 한다. 성도의 몸은 하나님의 성전이기 때문에 사단의 도구가 되도록 해서는 안 되며 거룩하게 유지해야 한다. 남편은 아내를 최고로 생각해야 하며, 아내는 남편을 최고로 생각해야 하고, 서로 자신의 정욕을 위해 사용하지 말아야 한다.[44] 그들은 거룩한 일에서나, 세속적인 일에서 모두 협력해야 한다. 이 때 부부는 "서로 평등하면서도 동일한 위치"를 유지해야 한다. 스윈녹은 이 관계를 수레의 양 바퀴에 비교한다. 짐을 좀더 가볍게 운반하기 위해서 남편과 아내는 동등한 차원에서 수레를 끌어야 하기 때문이다. 남편과 아내는 몸과 마음이 하나이듯 함께 살아야 한다. 물론 이 때 남편은 머리로서 최우선적으로 돌봐야 하며, 아내는 남편에게 도움을 받듯이 남편을 도와주어야 한다. 부부는 "조건에 있어서 하나일 뿐 아니라, 마음에 있어서도 하나"일 때 행복하다.[45] 우리는 이러한 차르녹의 부부 사이의 의무에 대한 주장에서 그가 남편과 아내의 질서라는 측면을 무시하지 않으면서 서로의 인격적이면서도 평등한 관계를 주장하고 있는 것을 볼 수 있다.

스윈녹은 더 나아가서 아내를 향한 남편의 의무에 대해서도 구체적으로 제시한다. 남편은 자신에게 하나님께서 주신 아내를 신실하게, 존경과 사랑을 가지고 다스리고(govern) 인도해야(guide) 한다. 이 때 남편은 아내에게 "애정(affection)"을 가져야 하고, "교훈과 권면"(instruction and admonition)을 주어야 하고, 필요한 것들을 "제공'(provision)해야 한다. 이것들은 남편이 아내를 향해 반드시 가져야 할 의무이다.[46] 스윈녹은 여자가 남자에서 만들어 졌다는 것은 남편의 애정이 아내에게 얼마나 커야 하는지를 보여준다고 지적한다. 그는 "그녀는 남편의 주권자가 되지 않도록 남편의 머리에서 만들어지지 않았고, 남편의 노예가 되도록 남편의 발에서 만들어지지도 않았다. 오히려 그녀는 그녀가 남편의 마음에 얼마나 가까이 있어야 하는 가를 보여주기 위해 남편의 옆구리의 갈비뼈에서 만들어졌다"라는 히에롬 장키우스(Hierom Zanchius)의 말을 인용하여 남편이 아내를 향해 얼마나 큰 애정을 가지고 있어야 하는지를 설명한다.[47] 성령께서 아내를 "너의 가슴의 아내"(the wife of thy bosom)라고 부른 것(신 13:6)은 얼마나 남편이 아내에게 특별한 사랑을 가져야 하는 가를 잘 보여 준다.[48] 남편이 아내를 다스린다(dominion)는 것 또한 "남편이 노예가 주인에게 군림하는 것과 같은 것을 의미하는 것이 아니라, 영혼이 육체에 대해 상처를 내기 위해서가 아니라 몸의 복지를 위해서 가지는 것과 같은 지배"를 의미하는 것이다.[49]

남편은 아내에게 가르침을 더 주어야 하며 아내가 하나님을 향해 죄를 범할 경우 권면해야 한다. 남편이 아내의 머리라고 할 때 이것은 "다스린다(dominion)는 측면에서 뿐 아니라 방향(direction)에 있어서도 머리"라는 의미이다. 이것은 마치 교회의 머리가 그리스도이신 것과 같다.[50] 그러나 이렇게 가르치고 권면할 때도 남편은 "아내에 대한 사랑이 자신의 사랑의 영혼"이라는 것을 알아야 한다. 아내에 대한 사랑이 없이는 그의 모든 사랑은 죽은 것일 뿐이라고 스윈녹은 지적한다.[51] 권면하는데 있어서도 남편은 아내를 공개적으로 권면하지 말아야 하며 은밀하게, 그것도 감정적으로가 아니라 인내하면서 따뜻하게 권면해야 한다.[52] 우리는 이러한 스윈녹의 지적에서 청교도들이 부부간의 인격적인 사랑을 얼마나 정확하게 인식했는지를 어렵지 않게 알 수 있다. 더 나아가서 남편은 관계적인 측면에서나, 질적인 측면에서 아내에게 필요한 것을 제공해야 한다. 스윈녹은 남편은 아내에게 음식, 옷, 함께 거하는 것 혹은 침대를 올바로 사용하는 것을 제공해야 한다고 주장한다.[53]

한편 아내 또한 남편을 향해 감당해야 할 의무가 있다. 스윈녹은 남편의 으뜸가는 의무는 "아내 사랑(affection or love)하는 것"이라면, 아내의 으뜸가는 의무는 "순종"(subjection)이라고 말한다. 그에 따르면 전자는 "유쾌한 것"인 반면에, 후자는 "힘이 드는 것"이다. 그러나 그럼에도 불구하고 순종에는 많은 열매가 있는데, 그 이유는 "남편의 사랑이 부인의 순종에 매우 많이 의존"하며, "아내의 남편에 대한 순종이 없이 아내에 대한 남편의 사랑은 기대하기 어렵기" 때문이다.[54] "여자가 남자의 갈비뼈로 만들어진 이유는 아내가 남편의 보호를 받아야 할 뿐 아니라, 자신이 남편에게 순종해야 한다는 것을 의미하는 것이다."[55] 이 순종과 관련하여 스윈녹은 다음과 같이 정리한다. 아내가 남편에게 순종해야 한다는 것은 하나님의 계명이다. 아내가 남편에게 순종할 수 있는 원천은 그녀의 하나님에 대한 사랑과 애정이다. 아내가 남편에게 순종해야 하는 이유는 남편이 아내의 머리이기 때문이다. 아내는 마치 교회가 그리스도께 순종하듯이 남편에게 순종해야 한다. 아내는 남편에게 순종할 때 마음에 맞는 것만이 아니라 "합법적인 모든 일"에 있어서 순종해야 한다. 아내는 순종할 때 억지로가 아니라 기꺼이 즐거운 마음으로 순종해야 한다.[56]

더 나아가서 스윈녹은 아내는 남편에게 순종해야 할 뿐 아니라, "남편의 인격을 존경해야 한다"고 지적한다. 그녀는 내적으로 감정에 있어서나, 외적으로 표현이나 행동에 있어서 남편에게 존경을 해야 한다.[57] 아내가 남편을 존경해야 할 이유는 다음과 같이 정리될 수 있다. 첫째로, 여자는 남자가 만들어진 다음에 만들어졌기 때문이다. 둘째로, 여자가 남자에게서 만들어졌기 때문이다. 셋째로, 여자가 남자를 위해 만들어졌기 때문이다. 넷째로, 여자가 먼저 죄를 지었기 때문이다. 다섯째로, 남자가 여자의 머리이기 때문이다. 여섯째로, 남자가 하나님이 형상이며 머리이기 때문이다. 일곱째로, 하나님께서 남편에게 자기 아내를 다스릴(dominion) 권세를 주셨기 때문이다.[58] 한편 남편에 대한 순종과 존경뿐 아니라, 아내는 자신이 스스로 가지고 있어야 하는 미덕들도 있다. 그녀는 매사에 신중해야 하며, 다른 사람에게 자비를 베풀 줄 알아야 하고, 하나님과 사람들 보기에 경건해야 하며, 매사에 신실해야 하고, 남편의 영적인 복지를 위해 때를 얻든지 못 얻든지 노력해야 한다.[59] 스윈녹은 경건한 아내는 그녀 자신에게 영광이 되며 남편에게는 자랑거리가 된다고 지적한다.[60]

백스터 또한 퍼킨스와 스윈녹과 마찬가지로 결혼한 부부 사이의 의무들에 다룬다. 그와 다른 신학자들과의 차이는 그가 부부 사이에 일어날 수 있는 다양한 문제들에 대해 보다 구체적이며 실질적인 지침과 답을 주고 있다는 것이다. 백스터는 남편과 아내 사이의 의무들을 다음과 같이 제시한다. 첫째로, 남편과 아내는 서로 진실하고, 전적이며, 친밀한 사랑으로 사랑해야 한다. 둘째로, 남편과 아내는 함께 거하며(cohabitation), 자녀의 생산을 위해 건전하면서도 정중하게 함께 결합(conjunction)해야 한다. 셋째로, 결혼언약을 더럽히고 깨뜨리지 않도록 간음을 피해야 한다. 넷째로, 남편과 아내는 서로 사랑하고, 동행하고, 대화하기를 즐거워해야 한다. 다섯째로, 남편과 아내는 조용하면서도 평화롭게 살아야 하며, 분내고 부조화를 일으킬 모든 경우를 피해야 한다. 여섯째로, 남편과 아내는 서로의 구원을 위해서 하나님에 대한 지식과 예배와 순종에 있어서 특별한 관심과 기술과 부지런함을 가지고 도와야 한다. 일곱째로, 남편과 아내는 서로의 육체의 건강과 위로를 위해 서로 도와야 한다. 여덟째로, 남편과 아내는 세상의 일과 기업과 관련하여 서로 도와야 한다. 아홉째로, 남편과 아내를 서로를 존경하고 서로의 이름을 내기 위해 도와야 한다. 열째로, 남편과 아내는 자녀를 교육하고 가족의 일을 다스리는데 서로 도와야 한다. 열한째로, 남편과 아내는 자비와 호의를 베푸는 일에 있어서 서로 협력해야 한다. 열두째로, 남편과 아내는 안전하고 행복한 죽음을 위해 서로 도와주고 위로해야 할 의무가 있다.[61]

이렇게 부부 사이에 존재하는 의무들에 대한 지침을 제시한 백스터는 더 나아가서 아내를 향한 남편의 의무와 남편을 향한 아내의 의무에 대해서도 보다 구체적인 지침을 제시한다. 첫째로, 남편은 아내를 포함하는 모든 가족을 다스리는데(govern) 주된 역할을 해야 한다. 둘째로, 남편에게 있어서 권위와 사랑은 서로 연합되어 있어야 한다. 남편은 아내에게 군주처럼, 불경건하게 권위를 가지고 군림해서는 안 되며, 권위는 반드시 사랑으로 행사되어야 한다. 셋째로, 남편은 아내와 자녀와 종들에 대한 권위를 유지해야 한다. 넷째로, 남편은 부인에 대한 권위뿐 아니라 존경도 유지해야 한다. 다섯째로, 남편은 구원의 문제와 관련하여 지식에 있어서 아내보다 뛰어나야 하며, 그녀의 선생이 되어야 한다. 여섯째로, 남편은 가족의 으뜸가는 선생이어야 한다. 일곱째로, 남편은 날마다 하나님께 기도하는데 있어서 가족의 입이 되어야 한다. 여덟째로, 남편은 가족의 필요한 것들을 공급하는 일에 으뜸이 되어야 한다. 아홉째로, 남편은 가족문제에 있어서 가장 인내를 잘하는 사람이 되어야 한다. 특히 남편은 아내의 연약함과 감정의 변화에 대해서도 인내해야 한다. 열째로, 이 모든 의무들은 신중하게, 사랑과 온유함으로, 친밀하게, 신실하게, 온유하게, 공개적으로, 지속적으로 행해져야 한다.[62]

한편 아내는 남편을 향해 다음과 같은 의무를 가진다고 백스터는 지적한다. 첫째로, 아내는 남편을 특별히 사랑해야 한다. 둘째로, 아내는 남편에게 자발적으로 순종하고 복종해야 한다. 셋째로, 아내는 남편을 자신에게 정해진 교사로 생각하고 매사에 그의 지혜를 구해야 한다. 넷째로, 아내는 남편이 지적하는 잘못들에 대해 심각하게 받아들이고 고치려고 노력해야 한다. 다섯째로, 아내는 질서에 있어서 (superiority) 남편을 앞서 있는 사람으로 공경해야 한다. 여섯째로, 아내는 현재 처해진 상황에 대해 즐거운 마음으로 만족하며 살아야 하고, 인내하지 못하고 불평하도록 하는 영을 주의해야 한다. 일곱째로, 아내는 자신의 감정을 극복하고 온유함과 절제로 매사에 행동하려고 노력해야 한다. 여덟째로, 아내는 오만하면서도 분쟁을 일으키려는 기질에 대해 주의하고 겸손하며 평안을 유지하려고 노력해야 한다. 아홉째로, 아내는 허영이나 사치나 지나친 호기심에 빠지지 않도록 조심해야 한다. 열째로, 아내는 혀를 다스리는데 특별히 주의해야 한다. 열한째로, 아내는 가족에서 자신이 해야 할 일과 돌보고 수고해야 할 것을 기꺼이 부지런히 감당해야 한다. 열두째로, 아내는 남편의 재산을 그의 동의나 모르게 낭비하지 말아야 한다.[63]

우리는 이렇게 남편과 아내 사이의 서로를 향한 의무에 대한 백스터의 주장에서 그가 부부사이에 남편의 권위에 기초한 질서를 강조하면서도, 그 질서가 사랑 안에서 인격적으로 이루어져야 한다고 생각하는 것을 발견할 수 있다. 이러한 그의 입장은 부부의 기본적인 의무를 "함께 거하는 것"과 "함께 교제하는 것"을 핵심으로 보고 있는 퍼킨스와 "사랑"과 "순종"의 관계로 파악하고 있는 차르녹과 크게 다르지 않은 것이다. 우리는 이러한 청교도 신학자들의 부부 사이의 의무들에 대한 주장에서 그들이 얼마나 성경적인 질서에 기초한 사랑이 넘치면서도 인격적이며 평등한 가정을 가꾸어 나가기를 위해 노력했는지를 어렵지 않게 알 수 있다.

나가는 말

우리는 지금까지 영국 청교도 신학의 전통에서 결혼, 가정 그리고 그 속에서 여성의 위치와 역할에 대해 살펴보았다. 우리는 이 문제에 대한 그들의 논점이 남성, 혹은 여성이라는 개별적 인격과 역할에 대한 논의보다는 가정이라는 틀 안에서 서로의 관계성을 고려하면서 다루어졌다는 것을 알 수 있다. 그들이 이렇게 가정이라는 틀 안에서 남성과 여성의 문제를 보려고 한 가장 근본적인 이유는 하나님 나라의 회복이 가정의 회복이며, 가정이 중심이 되는 교회의 회복이라는데 있었던 것 같다. 그들은 그리스도와 교회의 관계를 신랑과 신부의 관계로 파악했으며, 경건의 기초가 되는 가정을 하나님 나라가 구현되는 구체적인 현장으로 보았다. 이러한 가정에 대한 이해를 어느 한 쪽의 성에 대한 일방적인 우위와 다른 성에 대한 일방적인 종속의 개념으로 이해하는 것은 그 근본취지 자체를 잘못 이해하는 것이다.

물론 청교도 시대 당시에 여성에 대한 교육이나 사회참여와 같은 문제에서 여성의 역할이 남성에 비해 너무 제한되고 종속적이지 않았는가 하는 문제는 여전히 제기될 수 있다. 그러나 그럼에도 불구하고 그들이 성경이 제시하는 인간과 가정에 대한 이해를 기초로 행복하고 아름다운 가정과 부부관계를 유지하고자 노력했다는 것에 대해서는 이견이 있을 수 없다. 그들은 남성과 여성의 개별성, 인격성, 고귀성, 평등성을 명확하게 인정하고 있었다. 그러면서도 그들은 하나님의 창조질서에 따른 남성과 여성의 위치와 역할을 강조하여 행복하고 아름다운 가정을 유지하고자 했다. 이러한 청교도적인 결혼과 가정관은 오늘날 가정의 한계를 벗어난 성의 급격한 개방과 남녀 간의 위치와 역할에 대한 성서적 이해 그 자체를 거부하면서 가정의 파괴로 인도하는 세속적인 이성관에 대해 분명히 경종을 울릴 수 있다.

주(註)

1) 이 문제와 관련하여 James I. Packer의 *A Quest for Godliness* (Wheaton: Crossway Books, 1990), 226를 보라. 패커는 청교도들의 결혼과 가정에 대한 견해가 남성적인 관점에서 쓰여졌다는 것에 대해 그 시대의 전통을 이해할 것을 촉구하는 것과 동시에 성서적 질서를 유지하려고 했던 그들의 적극적인 노력에 대해서도 지적한다.

2) 1608년 London에서 출간된 Ste. B.라는 목사가 쓴 *Counsel to the Husband*의 서문에 보면 이 사실을 알 수 있다.

3) George Swinnock, *The Christian Man's Calling* in *The Works of George Swinnock,* Vol. 1 (Edinburgh: James Nichol, 1868; repr. Edinburgh: The Banner of Truth Trust, 1992), 30-1.

4) Ibid., 31.

5) Ibid.

6) Ibid., 31-35, 46-59.

7) William Perkins, *Christian Oeconomie: A Short Survey of the Right Manner of Erecting and Ordering a Familie, according to the Scriptures* in *The Works of William Perkins,* Vol. III (London, 1631), 669.

8) Richard Baxter, *Christian Economics* in *A Christian Directory* (London, 1846; repr. Morgan: Soli Deo Gloria, 1996), 409.

9) Ibid.

10) Ibid.

11) James I. Packer, *A Quest for Godliness,* 259-61. Theodore Beza, *Christen Matrimonye*(London, 1542).

12) Perkins, *Christian Oeconomie,* 670. "Marriage is the lawful conjunction of the two married persons; that is, of one man, and one woman into one flesh."

13) Ibid., 671.

14) Ibid.

15) Ibid.

16) Ibid.

17) Swinnock, *The Christian Man's Calling*, 464. 스위녹의 결혼에 대한 정의는 Amandus Polanus의 다음과 같은 결혼에 대한 정의를 그대로 가져온 것이다. "Conjungium est legitima unius maris et unius feminae conjunctio ad sobolem procreandam, vel fornicationem vitandam, vel mutuum adjumentum." *Syntag.*, lib. x. cap. 53.

18) Ibid., 464-66.

19) Ibid., 465.

20) Ibid., 469-70.

21) Edward Reyner, *Considerations Concerning Marriage, The Honour, Duties, Benefits, Troubles of it* (London, 1657), 1, 2.

22) Ibid., 2-5.

23) *The Westminster Confession of Faith* (1646), *Savoy Declaration of Faith and Order* (1658), William L. Lumpkin, *Baptist Confesssions of Faith* (Valley Forge: Judson Press, 1969), 284-85.

24) Perkins, *Christian Oeconomie*, 684.

25) Ibid., 672. "a mention or mutual promise of future marriage before fit and competent Judges and Witnesses."

26) 근친상간이나 외가나 친가와의 통혼을 금하는 제도는 웨스트민스터, 사보이, 제이차 런던, 그리고 일반침례교회의 신앙고백서인 Orthodox Creed에도 모두 나온다. 퍼킨스는 이 문제와 관련해서 성경의 예를 아주 자세히 다루고 있다. Perkins, *Christian Oeconomie*, 673-78.

27) Ibid., 673-79.

28) Ibid., 679-81.

29) "Yet it is the duty of Christians to marry only in the Lord. And, therefore, such as profess the true reformed religion should not marry with infidels, Papists, or other idolaters: neither should such as are godly be unequally yoked, by marrying with such as are notoriously wicked in their life, or maintain damnable heresies." *Westminster Confession of Faith*, Chapter XXIV. iii.

30) Perkins, *Christian Oeconomie*, 681-82.

31) John Bunyan, *An Exposition of the First Ten Chapters of Genesis* in *The Works of John Bunyan*, Vol. 2, George Offer, ed. (Glasgow, 1854; repr. Edinburgh: The Banner of Truth Trust, 1991), 422-24.

32) Perkins, *Christian Oeconomie*, 684-86.

33) Ibid., 686-88.

34) Ibid., 688-91.

35) Ibid.

36) Ibid., 691-92.

37) Ibid., 692 93.

38) Swinnock, *The Christian Man's Calling*, 471, 475.

39) Ibid., 471.

40) Ibid., 472.

41) Ibid., 473.

42) Ibid., 474-75.

43) Ibid., 475.

44) Ibid., 475-77.

45) Ibid., 478-81.

46) Ibid., 487-97.

47) Ibid., 489-90. "Non debet autem viro dominari uxor; ideo non est sumpta es capite; nec etiam pedibus conculcari; ideo pedibus non est creata; sed debet amari ex corde ideo de costa cordi vicina sumpta est." - *Zanch. in Eph. v.*

48) Ibid., 490.

49) Ibid., 491-92.

50) Ibid., 492-94.

51) Ibid., 492.

52) Ibid., 494.

53) Ibid., 495-97.

54) Ibid., 503.

55) Ibid., 507. 스윈녹은 이 표현을 어느 랍비가 말한 것으로 지적한다.

56) Ibid., 509-10.

57) Ibid., 504-6.

58) Ibid., 507-8.

59) Ibid., 513-22.

60) Ibid., 503.

61) Baxter, *Christian Economics,* 431-38.

62) Ibid., 438-40.

63) Ibid., 440-42.

 참고자료

B., Ste. *Counsel to the Husband*. London, 1608.

Baxter, Richard. *Christian Economics* in *A Christian Directory*. London, 1846; repr. Morgan: Soli Deo Gloria, 1996.

Beza, Theodore. *Christen Matrimonye*. London, 1542.

Bunyan, John. *An Exposition of the First Ten Chapters of Genesis* in *The Works of John Bunyan*, Vol. 2, George Offer, ed. Glasgow, 1854; repr. Edinburgh: The Banner of Truth Trust, 1991.

Lumpkin, William L. *Baptist Confesssions of Faith*. Valley Forge: Judson Press, 1969.

Packer, James I. *A Quest for Godliness*. Wheaton: Crossway Books, 1990.

Perkins, William. *Christian Oeconomie: A Short Survey of the Right Manner of Erecting and Ordering a Familie, according to the Scriptures* in *The Works of William Perkins*, Vol. III. London, 1631.

Reyner, Edward. *Considerations Concerning Marriage*, The Honour, Duties, Benefits, Troubles of it. London, 1657.

Swinnock, George. *The Christian Man's Calling* in *The Works of George Swinnock*, Vol. 1. Edinburgh: James Nichol, 1868; repr. Edinburgh: The Banner of Truth Trust, 1992.

The Westminster Confession of Faith, 1646.

Savoy Declaration of Faith and Order, 1658.

Elisabeth Schüssler Fiorenza의 생각 속에 나타나는 여성해방적 성경해석과 여성안수

윤 원 준 조교수 | 조직신학

1. 들어가는 말

　　20세기 후반부에 시작된 여성해방신학은 흑인신학과 남미의 해방신학처럼 어떠한 억압적 상황에서 출발하는 신학적 방법론을 가지고 있다. 억압받는 사람들의 경험과 억압으로부터의 해방의 경험이 신학적 성찰의 대상이 된다. 그러나 흑인신학이나 남미의 해방신학과는 달리, 여성해방신학은 억압의 근원이 사회와 문화 속에 내재되어 있는 성차별과 가부장제라고 주장한다. 대부분의 기독교 여성신학자들이 공통적으로 주장하는 것은 여성들은 사회에서 억압을 받았을 뿐만 아니라, 기독교 교회 전통에서도 조직적인 억압을 받아왔다는 것이다. 이러한 가부장제적인 억압은 기독교 전통 중에서도 특히 성경 자체에도 깊게 뿌리내리고 있다고 한다. 그러므로 여성신학은 신학을 위한 권위와 규범으로서 성경에 더 이상 의존하지 않고, 대신 여성의 경험을 규범으로서 내세우게 된다. 이전의 전통 속에서 기독교인들이 성경을 바라보던 것과는 판이하게 다른 모습으로 성경을 대하게 된 것이다. 이러한 여성신학의 방법론은 새로운 성경해석학을 산출하게 된다. 그리고 교회에서 전통적으로 지켜오던 성직자 제도에 대해서도 여성해방적인 관점에서 해석을 시도한다. 이러한 여성신학자들 중에서 가장 활발한 활동을 한 사람들 중 한 명이 하버드 대학의 교수로 있는 엘리자베스 슈슬러 피오렌자(Elisabeth Schüssler Fiorenza)이다.

본 논문은 피오렌자의 여성해방신학 중에서 그녀의 성경해석과 여성안수 문제에 대한 생각들을 다룰 것이다. 논문의 첫 번째 부분은 피오렌자의 여성해방적 성경해석학에 집중할 것이다. 두 번째 부분은 남미의 해방신학과 피오렌자의 여성신학의 공통점과 차이점을 다룰 것이다. 세 번째 부분은 성경 속의 가부장적인 가정훈에 대한 그녀의 역사적이며 해석학적인 고찰을 살펴볼 것이다. 네 번째 부분은 여성안수 문제와 관련된 그녀의 가톨릭 구조에 대한 비판을 다루게 된다. 마지막 부분은 피오렌자 생각에 대한 비판을 시도하게 될 것이다.

2. 피오렌자의 여성해방적 성경해석학

피오렌자에 의하면, 성경은 단순하게 하나님으로부터 온 신성한 계시로 받아들일 수가 없다고 한다.[1] 성경은 계시 혹은 하나님 말씀이라기보다는 남성들의 말이며 가부장적인 관점에서 기록된 글로써 보아야 한다는 것이다. 이러한 성경은 과거뿐만 아니라, 현재에도 가부장적인 종교와 이데올로기의 정당화를 위해서 사용되며 기능을 하고 있다는 것이다.[2] 피오렌자가 보기에는, 성경은 하나님의 남성화와 남성 중심의 언어적 표현을 사용해서 가부장적인 권력과 여성에 대한 억압을 정당화시켰다. 그리고 이러한 가부장적 억압은 여성을 시야에서 사라지게 했으며 추방해 버렸다고 한다.[3]

피오렌자가 보기에는 이러한 문제들은 성경자체의 성격에서 기인하는 것이다. 즉 가부장적인 사고와 여성에 대한 억압은 성경에 대한 잘못된 해석에서 비롯된 것이 아니고, 성경 본문 자체가 가부장적이기 때문이라는 것이다. 그러므로 남성 중심적 성경해석뿐만 아니라, 성서 그 자체에 대해서도 의심의 해석학을 적용해야만 한다는 것이 피오렌자의 생각이다. 그러면 여성해방을 위해서 여성해방주의자들은 성경과 성경의 종교를 포기해야만 하는 것인가? 피오렌자는 이 질문에 대해서는 부정적으로 대답한다. 성경의 기독교를 포기할 수 없는 이유는, 그리스도인으로서 성경적 종교는 "우리의 유산"으로 간주되어야 하며, 이러한 유산은 "우리의 힘"이기 때문이라는 것이다. 그러나 그녀는 이러한 유산을 있는 그대로 받아들일 수 있는 것이 아니고, 오직 여성해방적 비판과 검토를 통해서만 자신의 것으로 만들 수 있다고 주장한다. 즉 여성해방적 비판을 거친 성경만 성경으로서 혹은 진정한 유산으로서 받아들여질 수 있다는 의미이다.[4] 무엇이 그리스도인이며, 왜 그 "힘"이 지속되어야 하는지에 대한 구체적 설명은 그녀의 생각에서 생략되었다.

동시에 성경은 여성해방을 위한 정당화 구실도 한다고 피오렌자는 주장한다. 즉 성경은 수많은 여성들이 억압과 불의에 대항해서 싸우도록 했으며, 지금도 그 구실을 수행하고 있다는 것이다. 이러한 기능을 가능케 하는 성경의 부분은, 자유와 구원에 대한 성경적 비전이라는 것이다.[5] 그러므로 성경은 한편으로는 희망의 비전의 원천으로 평가되어야 하고, 또 한편으로는 여성해방적 관점에서 비판적으로 평가되어야만 한다는 것이다. 이러한 주장들을 통해서 피오렌자가 말하고자 하는 것은, 성경 속의 여성에 대한 억압적인 혹은 종속적인 구절들은 어떠한 신성한 권위를 가질 수가 없다는 것이다. 성경 본문 중에서 그것이 하나님의 말씀으로 받아들여질 수 있는 기준은 그것이 여성에 대한 지배와 착취를 수용하는 가부장적 구조에 반대하고 있는가 아닌가에 의해서 결정되어야만 한다는 것이다. 만일 억압을 조장하는 가부장적인 성경 본문을 하나님 말씀이라고 한다면, 하나님을 억압과 비인간성의 하나님으로 만드는 것이 될 것이기 때문이다. 그러므로 피오렌자는 하나님을 가부장적인 표현 속의 성경과는 달리, 새롭게 하나님을 말해야 한다고 주장한다. 그리고 이러한 새롭게 말함은 하나님뿐만 아니라, 성경과 교회에도 적용되어야 한다는 것이다.[6]

피오렌자는 여성해방적 성서해석의 중심점으로서 여성교회(*ekklesia gynaikon*)라는 개념을 제시한다. 여성교회는 "성서적 종교를 통해 가부장제에 대항하는 투쟁에서, 여성으로서 의식적으로 참가하는 여성들과 이러한 여성투쟁에 동참하는 남성들의 운동"이라고 한다.[7] 이러한 여성교회는 에클레시아라는 신약성경적 개념이 완전하게 드러날 수 있는 교회라고 한다. 헬라말로 에클레시아는 "그들의 사회적, 정치적, 정신적 삶과 그들의 자녀들의 행복을 위해서 공동으로 결정할 수 있도록 모인 자유로운 시민의 공적 집회"인데, 여성교회로서의 에클레시아는 "성경의 능력으로 그리고 정의, 자유, 구원이라는 성서적 비전을 통해서, 모든 어려움에도 불구하고 사회와 교회에서 가부장적 억압에 대항해 해방을 위한 투쟁을 계속하는 저 모든 여성과 남성의 모임"이다.[8]

그러므로 피오렌자는 무시간적인 이념의 원형(Archetype)이 아니라, 여성교회를 구성하는 기원적 원형(Prototype)으로 성경을 이해할 것을 요구한다. 이념적 원형과는 달리, 기원적 원형은 새로운 경험과 운동을 구성하는 미래를 향해 열려 있는 패러다임으로 이해되어야 한다는 것이다. 즉 성경은 추상적 원리를 제공하는 닫혀진 것이 아니라, 미래를 향한 비판적 변혁을 위한 열려진 기원적 원형으로 생각해야 한다는 것이다.[9] 그렇다면 성경은 남성의 언어로 기술되었지만, 아직도 하나님의 말씀을 증거하는 권위로서 받을 수 있다는 것이다. 즉 성경은 그 자체가 신적인 권위와 거룩성을 포함하는 것이 아니라, 여성해방적인 비판적 평가를 거친 변혁을 통해서만 하나님 말씀으로서의 거룩한 책이 될 수 있다는 것이다. 이러한 변혁을 피오렌자는 "돌에서 빵으로 변환"이라고 비유적으로 표현한다.[10]

피오렌자에 의하면, 이념적 원형으로서의 성경은 사람들로 하여금, 그것을 받아들이거나 받아들이지 않거나 양자택일을 요구하지, 그것을 비판적으로 평가하는 것을 거부한다. 왜냐하면 이념적 원형은 역사적으로 한정되고 제한되어 있음에도 불구하고, 그 자체를 보편적이며, 통시대적인 권위와 규범으로 주장하기 때문이다. 그러므로 이념적 원형으로서의 성경이해는 하나님을 가부장적인 남성적 하나님으로 인정하든지 혹은 아닌지를 택하게끔 요구하는 것이다. 다시 말하면, 이념적 원형으로서의 성경이해는 여성해방주의자들로 하여금 가부장적 하나님의 종교를 받아들이든지, 혹은 가부장적 하나님과 성경종교(기독교)를 떠나든지 둘 중에 하나를 택해야 할 것을 요구한다는 것이다.[11] 피오렌자에 의하면 이념적 원형으로서의 성경에 대한 이해는, 그 속의 문제들 때문에 역사비판적 학문의 도전에 의해서 수정되어야만 했고, 결국은 역사적 기원적 원형에 의해서 대체되어야 한다고 주장한다.[12]

피오렌자는 지금가지 신학의 역사에서 나타난 세 가지 성경해석 모델을 언급하면서, 그 세 모델을 각각 비판한다. 첫째 모델은 교리적 해석 모델로서, 이 모델은 성서를 가부장적 가르침과 구조를 교회의 신조의 형태로 정당화하며 실체화하는 모델이다. 성경을 축자영감적인 계시로 이해하는 이러한 교리적 해석 모델은 성경의 계시에 충실하려고 노력하며, 이들의 논의의 예를 들어보면, 바울이 여성의 종속을 가르치는가, 교회에서는 여성의 충분한 평등을 인정하는가, 혹은 여성안수를 인정하는가 등이다. 여성해방주의자들 중에서도 "복음파"에 속한 자들이 취하는 입장이다. 둘째 모델은 역사적, 사실적 모델이다. 이 모델은 성경의 진리와 권위를 역사적 사실성으로부터 도출해낸다. 역사적으로 신뢰할 수 있으며 검증할 수 있는 사실성이 성경과 기독교의 권위를 보증한다는 생각이다. 그래서 예를 들면, 만일 예수의 부활증언이 역사적 신뢰성을 가지지 못하고, 후에 공동체에서 만들어진 이차적인 전승일 뿐이라면, 성서의 권위와 신뢰성은 확립되지 못한다.[13] 피오렌자가 언급하는 세 번째 모델은 양식 편집 비판의 대화적, 다원적 모델인데, 이것은 "모든 성서의 본문과 전승을 회복하며 그것들을 역사적 공동체의 상황에서 신학적 응답으로서 이해하려고 한다."[14] 이 모델은 성경 속의 서로 모순되는 구절들과 상징들의 다양성을 인정함으로서 성경을 이념적 원형으로서 이해하지는 않지만, 다양한 의미와

소리들 속에서도 "하나님의 소리"를 확정하려고 시도한다는 점에 있어서는, 아직도 이념적 원형의 패러다임에 머물고 있다는 것이다. 정경중의 정경을 주장하는 신학적 전통들과, 특히 그 중에서 신정통주의적 신학 모델은 "하나님의 말씀"으로서의 규범적 권위를 확정하려고 시도한다고 본다. 이러한 규범적 권위를 성경 속에서 추구하는 여성신학자들은 로즈마리 래드포드 류터와 레티 러셀이라고 한다. 류터에게는 그것은 해방적 예언자적 비판이며, 러셀에게는 그것은 불변하는 전승으로서의 규범이다.[15]

그러나 피오렌자는 그들보다 좀더 과격한 주장을 시도한다. 피오렌자가 보기에는 이들의 시도는 아직도 성경을 이념적 원형이라는 패러다임 속에서 보고 있다는 것이다. 진정한 여성해방적 신학을 위해서는, 이러한 이념적 원형의 패러다임을 벗어나야 한다는 것이다. 이들이 아직도 이념적 원형으로서의 성경을 고집할 때에는, 성경의 어떠한 부분들은 가부장제에 대한 비판적인 부분도 있다는 것을 인정할 수는 있을 것이다. 그러나 피오렌자가 보기에는, 일부분이 아니라 모든 성경 전승에는 가부장제의 각인이 새겨져 있다고 한다.[16] 그러므로 피오렌자가 원하는 여성해방적 비판적 성경해석학은 어떠한 이념적 원형으로서의 성경의 규범적 권위를 인정하는 대신, 여성해방주의자의 경험이라는 권위 아래에 성경의 본문을 놓기를 원하는 것이다. 그녀에 의하면, 이러한 여성해방적 해석학은 성경에서 규범을 이끌어 내는 것이 아니라, 재생산하며 변혁하는 책임이 있다는 것이다. 그리고 여성해방적 해석학에서는 여성이란 단어는 기독교 신자들 속의 여성만이 아니라, 모든 여성을 다 가리키는 총체적 의미를 가진다.[17] 즉 모든 여성의 경험 밑에 성서의 권위가 있게 되는 것이다. 기독교나 성경이 그녀에게 필요한 이유는 오직 성경 속에 여성 해방적 비전이 있기 때문일 것이다. 여성의 경험을 위해서만 성경이 성경될 수가 있다는 의미일 것이다.

이념적 원형으로서가 아니라, 기원적 원형으로서의 여성해방적 모델을 위해서 여성해방적 해석학이 수행해야 될 과제는 네 단계의 요소들을 통해서 수행된다고 피오렌자는 주장한다. 첫 번째 단계는 의심의 해석학이다. 의심의 해석학이 수행하는 중요한 역할은 성경에 나오는 언어에 대한 비판과 수정작업이다. 남성중심적 언어를 총체적이며 양성적인 언어로 대체하고 번역하는 작업을 포함하게 된다.[18] 두 번째 단계는 선포적 해석학으로, 성경 본문과 전승 속의 가부장적 요소들을 고발하고 선포하는 단계이다. 그래서 예배에서 사용되는 성구집이나 책들에서 그리고 교리문답에서 가부장적인 요소들을 배제하는 작업을 해야만 한다.[19] 세 번째 단계는 기억의 해석학으로서, 여성들의 과거에 있었던 수난과 투쟁의 기억을 포기하지 않고, 기억된 과거를 통해서 "전복의 힘"을 도출해내고자 한다. 성경 속의 이전의 여성들의 억압과 고난과, 그들의 도전을 기억함으로 과거 현재 미래의 여성들의 보편적인 연대도 가능케 되며, 이러한 연대를 통해서만 가부장제적인 억압에 대처할 수 있다는 것이다.[20] 그러나 이러한 전 단계들은 마지막 단계인 창조적 실현의 해석학을 통해서만 온전히 실현될 수 있다고 한다. 이 마지막 단계의 해석학은, 여성들의 적극적인 참여가 필요하며, 역사적 창작력, 예술적 재창조, 새로운 예배와 의식 등을 통해서 건설적인 여성교회를 만드는데 기여한다는 것이다. 여성해방과 남녀평등의 공동체를 위한 창조적 재구성을 창조적 실현의 해석학이 가능케 한다고 주장한다.[21] 그래서 새로운 제의를 만들며, 새로운 의식과, 새로운 기도를 쓸 뿐만 아니라, 선배 여성들의 고난과 승리에 대한 이야기, 시, 드라마를 새로이 만들기를 원한다. 즉 "새 꿈을 꾸고 새로운 비전을 볼 수" 있는 여성교회를 만들고자 하는 것이다.[22]

피오렌자는 여성해방적 성경해석을 목회적 신학적 패러다임에 근거한 해석학이라고 주장한다. 목회적, 신학적 패러다임은 교리적 모델이나 역사적 모델의 결점들을 보충하는 패러다임이라는 것이다. 이 패러다임은 양식비평과 편집비평에 의해서 그 정당성을 보장받게 된다. 이 두 가지의 비평들은 성경의 문서가 목회적이고 실천적인 상황에 대한 신학적 응답임을 보여주었다는 것이다.[23] 즉 성경은 교리적인 것이 목적이 아니고, 신앙공동체의 그 당시 상황을 위한 것이었다는 것이다. 공동체의 필요와 상황에 응답하는 모습으로서의 성경 전승이 형성되었으므로, 성경은 예수에 대한 자료들을, 그때마다 필요에 의해서 자유롭게 다른 모습으로 응용 변화시키며, 새롭게 바꾸었다는 것이다.[24] 이것은 기독교가 특정한 문화에 순응하기 위해서 새롭게 꾸며질 수 있는 가능성을 말한다.[25] 성경 저자들이 전승을 재해석하며, 구체적인 목회상황에 따라서 선택, 전달, 창작을 한다는 점에서, 그들은 목회적 신학적 패러다임을 따라간 것이다.[26] 그 때의 성경의 저자들이 자유롭게 상황에 따라서 새롭게 꾸몄던 것처럼, 여성해방적 재구성은 지금도 가능하며 지금도 시도해야만 한다는 것이다. 피오렌자에 의하면, 성경은 단순히 반복하기 위해서 있는 것은 아니며, 상황에 맞게 번역되어야만 하는 것이다. 이러한 목회적 신학적 패러다임을 정당화하기 위해서 그녀는 다음과 같은 예를 든다: "어떤 성직자가 나치 시대에 로마서 9-11장에 나타난 은혜의 신학을 설교하고, 아우슈비츠 수용소의 가스실이나 유대인 박해에 대해서 말하지 않는다면, 그 사람은 복음을 선포한 것이 아니라 성서의 메시지를 왜곡한 것이 된다."[27] 이러한 목회적 신학적인 재구성을 위해서 피오렌자는 해방신학에서 그 연결점을 찾는다.

3. 해방신학과 여성신학

해방신학의 일반적인 주장과 같이, 피오렌자는 구원을 전체적인 인간의 구원으로 이해한다. 그러므로 죄로부터의 해방이라는 의미의 구원으로 구원의 의미를 제한시켜서는 안 된다는 것이다. 그것은 사회적, 정치적 억압으로부터의 해방도 포함해서 생각해야 한다. 억압적이고 가부장적인 성경전승은 신성한 계시로서 받아들여질 수 없으며, 오직 억압에 대한 비판적인 전승만 계시로 인정될 수 있는 것이다.[28] 피오렌자는 주장하기를, 인간존재 일반에서, 특히 착취와 억압의 세계 역사에서, 신학이 지적 중립을 고수한다는 것은 불가능하다고 한다. 이것도 전반적인 해방신학에 관련된 문제이기도 하다. 즉 억압받는 자의 편에 서느냐, 혹은 그 반대편에 서느냐, 둘 중의 하나를 택할 수밖에 없다는 것이다.[29] 신학이 삶의 자리에 관계를 가져야만 된다는 것을 이해하지만, 그럼에도 해방신학에 동참하기를 꺼리는 신학자 중 한명으로 피오렌자가 지목하는 사람이 쉬버트 옥덴이다. 옥덴이 해방신학과 거리를 두고자 하는 이유는 해방신학이 "이미 취하고 있는 입장의 정당화인 한, 다른 전통적인 신학활동과 마찬가지로 마르크스주의적 의미에서의 이데올로기가 될 위험" 때문이다. 피오렌자는, 제임스 콘의 주장을 빌어서, 옥덴의 생각을 비판하기를, 억압받는 사람들의 편에 서는 것은 모든 신학의 출발점이 되어야 한다는 것이다.[30]

여성신학이 해방신학 일반과 공통된 점이 있음에도 불구하고, 피오렌자는 자신의 여성해방신학을 해방신학과 차별화시키기를 원한다. 해방신학 속에서 나타나는 당파성을 그녀는 정당화시키기를 시도하는 것이다. 피오렌자는 여러 종류의 다양한 해방신학들에서 하나의 공통분모로 규범 혹은 정경을 추출하고자 하는 시도를 부인한다. 예를 들면, 백인 여성이나, 인디언 여성과 같은 특정한 집단을 지원하는 해방신학은 그때 그때마다 그 상황에 적당한 특정한 해석 모델을 발전시켜야 한다는 것이다. 해방신학자 소브리노에게는 역사의 예수가 진리의 규범이다. 그리고 흑인해방신학자 제임스 콘에 의하면, 흑인 신학의 규범은 "흑인해방에 필요한 혼을 제공하는 흑인 그리스도로서의 예수이다…. 그는 기독교의 복음의 본질"이다.[31] 소브리노와 콘 역시 성경에서 도출되는 (성서적)규범을 인정하고 있다. 그러나 피오렌자는 그리스도 예수가 여성해방주의를 위한 정경적 규범이 될 수 있는가에 의문을 표한다. 예수의 남성이 여성에게 모델이 되며 규범이 될 수 있는가? 결국 피오렌자는 규범은 성서나 이데올로기적인 성서학습에서 나오는 것이 아니고, "여성과 억압받고 있는 사람들 모두의 해방을 위한 투쟁 안에서만 형성될 수 있다"고 주장한다.[32] 규범은 보편적이 아니라 특정한 것이어야만 한다는 것이다. 성경이라는 규범자체를 부인하게 되는 것이다. 소브리노와 제임스 콘의 해방신학보다 피오렌자의 여성해방신학은 성경이 더욱 필요 없는 신학이 되어 버린다. 어떠한 해방을 묶어주는 규범도 인정하지 못하기 때문에, 여성해방신학 내의 당파성 또한 받아들여야만 한다. 그러나 또한 모순되게도, 이러한 당파성이 억압받는 사람들 모두의 연대를 촉진할 수도 있다고 주장한다. 특정화된 당파성이 서로에게 향해서 적대적이 될 수도 있지만, 연대를 촉진하는 방향으로 전개되어야 된다는 것이다.[33] 어떻게 이것이 가능할까? 흑인남자해방과 백인여성해방이 어떻게 연대하며 조화될 수 있을까? 이러한 질문에 대한 대답을 피오렌자는 제공해 주지 않는다.

피오렌자에 의하면, "성서는 그것의 공동체적, 사회적, 종교적 상황에서 읽혀야 하며, 특정한 역사석 상황에 내한 신앙의 대답"으로 이해되어야 한다.[34] 이러한 피오렌자의 생각은 어느 정도 스탠리 하워와즈의 주장에 동의한다. 성경이라는 책에서 자신들의 정체성을 가지게 되는 공동체로부터 성경은 그것의 도덕적 권위를 견지하게 된다.[35] 공동체적 상황에 의존하는 성경이라는 개념은 피오렌자가 받아들이지만, 공동체성 자체에 대한 비판을 그녀는 추가해야만 된다고 주장한다. 그런 의미에서, 하워와즈의 공동체로서의 교회 역시 비판의 대상이 된다. 하워와즈가 말하는 "용서받은 사람들의 공동체"로서의 교회가 (여성에 대한) 억압적 전통을 인정하지 않는 한, 비판적 해방신학의 비판을 피할 수가 없다는 것이다. "용서받은 공동체"가 아직도 죄악을 행한다는 것을 망각하고 있다고 피오렌자는 생각한다.[36] 피오렌자가 생각하는 여성교회는 비판받을 만한 것이 남아 있는 것일까? 여성은 항상 억압받는 의로운 자들이라고 말하고 싶은 것일까? 피오렌자는 이 점에서는 명확하게 밝히지 않고 침묵하는 것처럼 보인다.

4. 성경 속의 가정훈에 대한 여성해방적 해석

피오렌자는 성경내의 기록에 대한 해석의 예로써, 가정훈을 언급하며, 여성해방적 관점에서 어떻게 평가할 것인가를 보여준다. 즉 가정훈에 대한 비판적 해석을 통해서 그녀가 주장하는 여성해방적 해방신학을 보이고자 하는 것이다. 성경 속의 가정훈이라고 분류되는 구절들은 골로새서 3:18-4:1, 에베소서 5:22-6:9 등에서 온전한 모습으로 나타난다. 이러한 본문들은, 가족 내의 가부장에 대해서 아내와 노예와 어린이들이 어떠한 순종과 복종을 해야 하는가를 가르치고 있다.[37]

피오렌자에 의하면, 신약성경의 가정훈에 나타나는 윤리학은 아리스토텔레스의 윤리학과 정치학을 받아들인 것이다.[38] 아리스토텔레스에 의하면, 가정에서의 가부장적 관계는 사회적 관습에 의해서 만들어지는 것이 아니고, 본성적인 것에 근거한다고 한다. 다른 말로 하면, 사회마다 달라질 수 있는 관습이 아니고 본성적이라는 것이다. 가정은 그러므로 본성적 지배자와 본성적 종속자의 결합인 것이다.[39] 타이쎈의 주장을 도입하면서 피오렌자는 말하기를 초기 기독교 공동체의 윤리는 이러한 헬라 로마 사회의 윤리를 받아들이고서야 그 사회에서 선교를 할 수 있었다. 그러나 처음 예수가 시작한 윤리는 비가족적이고 금욕적인 것이었다. 예수에게 초기 기독교 공동체로서의 변환이 일어나면서 완화된 가부장주의가 헬라 로마권 사회에서 기독교 공동체에 유입된 것이라는 것이다.[40] 그러므로 신약성경에 나타나는 가정훈의 윤리는, 피오렌자가 보기에는 기독교로의 회심이 만들어내는 가부장제에 반대하는 혁명적인 힘을 완화하기 위한 시도였다. 초기 기독교의 선교운동은 가부장적인 가정들과 갈등을 일으킬 수밖에 없었다. 기독교는 사회적 신분이나 가정에서의 지위에 상관없이 그들을 수용했기 때문이었다. 그러나 이교도 아버지가 아내나 자식들이 기독교로 개종하는 것을 보고서, 가부장적 구조를 파괴하는 기독교를 비난하기 시작할 때부터, 기독교는 그 속에 가부장적 가정훈을 집어넣기 시작했다는 것이다. 결국 가정훈은 기독교 원래의 혁명적 능력을 감소시키게 되었다고 한다.[41]

그러나 신약성경 속의 이러한 혁명적인 요소들은 흔적으로 남아 있다고 피오렌자는 주장한다. 빌레몬서에 나타나는 빌레몬의 가정교회 지도자들 중에 한 여성인 오네시모가 그 예이다. 오네시모는 "사랑하는 동족"으로서 가정교회에서 받아들여져야 한다는 것이다. (바울의 가정훈과 서로 다른 주장?) 빌레몬과 같은 예들은 이그나티우스의 편지들이나 "헤르메스의 목자서"에서도 발견될 수 있다고 한다. 그 문서들에 따르면, 여성이나 남성 노예들이 기독교 공동체에서 자유를 기대하였다는 것이다.[42] 이러한 것들을 살펴볼 때에 분명한 것은, 초기 기독교 가정교회에서 일어났던 가장 주된 갈등은 기독교 공동체와 로마의 가부장적 가족 사이에서 어느 쪽에 더욱 충성할 것인가 라는 것이었다는 것이다.[43] 가부장적 질서가 요구되는 로마정부의 통치하에서는 기독교로 회심하는 것 자체가 정치질서에 대한 침해와 위반이 될 수 있는 혁명적 행위였다는 것이다. 이러한 혁명적 행위를 가부장적 국가의 윤리와 융화시키려고 시도한 것이 신약성경 속의 가정훈들이다. 이 가정훈들은 기독교 공동체 구조자체도 가부장화 하려고 시도했다는 것이다. 결국 가부장적인 종속이 동등과 평등의 윤리를 제압하게 되고, 초기 기독교에서 나타나는 대등한 제자직의 윤리는 그 능력을 잃어버리게 되었다고 한다. 국가와 사회의 구조적 질서에 순응하는 결과를 낳게 된 것이다. 그러므로 로마제국의 윤리에 초기 기독교의 윤리가 흡수 합병되기 위해서는 몇 세기가 걸리게 되지만, 이러한 긴 기간이 필요했던 것은 초기 기독교의 평등의 윤리가 얼마나 강력했는지를 보여준다는 것이다.44)

피오렌자에 의하면, 신약성경 속의 여성에 대한 기술들은, 가정훈을 포함해서, 기독교 여성이 무엇이라는 것을 의미하는지 정의하는데 실패하였다. 기독교 여성이라는 것의 의미는 성경의 계시에 의해서 정의되는 것이 아니고, 여성 억압에 대한 투쟁, 해방 그리고 사회적 구조와 메카니즘 속에서 자라나는 것이라고 그녀는 주장한다.45) 그러나 또 한 편으로 피오렌자는 성경과 완전히 결별하고 기독교 여성해방 운동이 아니라 세속적 여성해방운동으로 나아가는데 주저하는 듯이 보인다. 그녀가 말하는 비판적 여성해방적 해석학은 "여성해방적 기독교 신앙과 에토스의 규범을 성경으로부터 도출해내고 성경적 비전이 갖는 해방적 동력을 억압적 측변으로부터 단절"시키고자 하는 것이다. 성경의 해방적 비전 때문에, 남성들에 의해서 쓰인 가부장적 산물인 성경을 떠나지 못하고 있는 것이다. 그러나 이러한 해방적 비전이 성경 내용에 저항하는 비전을 말하는지, 혹은 성경 내용 속에 어느 정도는 여성해방적인 요소들이 포함되어 있다는 것인지 분명치가 않다. 그러나 전자의 주장이 더욱 강해 보인다. 성경 전체가 가부장적 구조에서 쓰였다고 말하기도 하며 동시에, 그녀는 "평등한 제자집단과 가부장적 종속이라고 하는 두 개의 에토스는 모두가 성서적 권위와 정경성을 주장할 수 있다"라는 상반된 주장을 하고 있다.46) 그러나 한 가지 확실한 것은 평등한 제자직이라는 에토스로 가부장적 제도를 변혁하고자 하는 것이 그녀의 목표이다. 만일 성경 속에 어떠한 부분은 평등한 제자직이라는 것이 포함된다면, 이것은 성경 속의 하나의 규범이 될 것이며 가부장제에 물들지 아니한 이념적 원형이 될 가능성이 있을 것이다. 그렇다면 성경 속의 어떠한 본문들은 남성중심주의에 의해 왜곡된 것이 아니라는 주장인가? 피오렌자는 이 점에서는 명확치 않다.

이러한 모순적으로 보이는 피오렌자의 주장은 그녀가 해방신학을 비판할 때에 다시 한 번 드러난다. 그녀는 세군도의 남미의 해방신학의 해석학적 방법론을 그녀의 여성신학적인 해석학과 비교해 본다. 세군도는 네 개의 성서해석의 단계에 대해서 약술한다:

> 첫째는, 우리는 현실에 대한 자기의 경험에서 이데올로기적인 회의로 이끌린다. 둘째로, 그 회의가 이데올로기적인 상부구조 전체로, 특히 신학에게로 적용된다. 셋째, 신학적 현실에 대한 이러한 새로운 경험방식에 의하여 우리는 '해석적' 회의로 이끌린다. 즉 보급되어 있는 성서해석은 성서 텍스트 전체에 대해서도, 성서 텍스트가 침묵하고 있는 현실에 대해서도 공정하지 못했지 않았는가 하는 회의로 이끌린다. 마지막으로 우리는 자기의 새로운 신학적 관점을 가지고 성서를 해석한다. 그리고 이 새로운 관점이란 텍스트에 대한 재래의 해석 전체에 신선한 빛을 던지게 된다.[47]

이에 대응하는 여성해방적 해석을 위해서 세군도적인 해석학적 네 단계를 적용해 보았을 때는 다음과 같은 예를 도출해 낼 수 있을 것이다.

의식향상의 과정을 체험하고 여성으로서의 정체성을 분명히 가지게 된 여성은, 첫째로, 자기 자신의 자기 이해와 사회나 교회의 여성의 위치 사이에 있는 긴장을 경험한다. 둘째로, 그 경험에 의하여 보급되어 있는 남성중심의 다양한 신학체계를 철저히 조사하는 일로 이끌린다. 셋째로, 신학이 가부장적 남성주의 구조의 관심에 기초하여 형성되었다는 새로운 통찰에 따라서, 보급되어 있는 성서의 남성중심적 해석을 의심하게 된다. 마지막으로, 여성의 관점에서 성서를 읽는다는 것이 남성중심 언어도, 성서의 저자들 자신 속에 있는 가부장적 경향도 모두 고려한 새로운 성서해석이라는 결과를 가져오게 될 것이다.

여기서 세군도적인 해방신학에서는 "가난한 사람들 편에 서는 선택"으로서의 전이해는 자기 이해라기보다는 해석이다. 즉 이것도 해석자가 텍스트로부터 해석의 결과로서 도출해 내는 내용이기 때문이다. 이러한 주장이 가능할 수 있는 이유는, 성경이라는 텍스트 속에 나타나는 하나님은 "가난한 사람 편에 서는" 하나님이기 때문이다. 그러나 피오렌자가 주장하는 비판적 해석학적 신학은 이것이 불가능하게 된다. 왜냐하면, 성경의 하나님이 여성해방의 하나님이라는, 혹은 여성의 하나님이라는 주장을 할 수 없기 때문이다.[48] 피오렌자가 보기에는 성경의 하나님은 여성의 편에 서는 하나님으로 비춰지지 않는 것이다.[49] 그러므로 세군도식의 해석학적 대화적 패러다임 안에 있는 해석학을 피오렌자는 그대로 수용할 수는 없다. 성경 전승으로부터 배울 것이 있으며, 의미를 가질 수 있다는 세군도의 주장은 신정통주의의 해석학과 같다. 그러나 세군도가 신정통주의와 다른 점은, 성경 텍스트 내용이 그것 자체로서 의의가 있고 해방적인 것이 아니라, 성경 텍스트에서 생겨나는 교육적인 신앙과정이 해방적이라고 주장하는 점이다.[50] 피오렌자가 보기에는 세군도의 해석학은 아직도 충분하게 성경에 대해 비판적이지 않은 것이다. 그러므로 피오렌자의 여성해방적 성경해석학은 세군도의 해석학적 대화적 패러다임을 받아들일 수 없고, 또한 불트만, 가다머에서 발전하는 대화적 해석학적 패러다임과도 같이 융화될 수 없다. 왜냐하면 "남성 중심적 텍스트의 권리를 존중할 수 없고 또 가부장적 성서적 지평과의 융합을 추구할 수 없기 때문이다."[51] 그러므로 성경의 하나님을 억압의 하나님으로 만들고 싶지 않으면, 성경 텍스트 속의 종교 개인 정치 윤리적인 가르침을 계시와 권위로 인정할 수 없는 것이다. 성경이라는 텍스트가 영감 되었다는 주장을 할 수가 없으며, 오히려 성경의 사람들이나 컨텍스트에 영감을 위치시켜야 한다고 피오렌자는 주장한다. 즉 역사 속에 있었던 공동체와 사람들에게서 영감을 발견할 수 있다는 것이다. 그리고 피오렌자는 말한다: "여성해방 신학자들은 또 영감을 특히 인간 존엄성과 억압세력에서 해방하려고 투쟁하는 가난한 여성들의 영감으로서 봐야 된다고 한정하면서 이러한 진술들을 받아들이고 있다. 왜냐하면 그들은 모든 역경의 경험에도 불구하고 창조와 구원의 성서적 하나님을 믿고 있기 때문이다."[52] 그러나 여전히 질문은 남는다: 여성억압적인 성경이라는 텍스트가 말하는 하나님을 어떻게 여성해방의 하나님으로 믿는 것이 가능한가? 그리고 왜 믿어야 하는가?

5. 여성의 교회 직분과 안수

피오렌자의 여성해방적 신학은 교회 내에서의 직분과 안수에 대해서도 동등과 개혁을 주장한다. 가톨릭에 속한 한 명의 여성이며 신학자로서, 그녀의 주된 관심은 가톨릭 교회 내에서의 여성의 직분에 관한 것이다. 제2바티칸 공의회 이후의 가톨릭 교회는 영구적 부제를 안수한(임직된, ordinated) 사역자로 인정하기로 결정했다. 그러나 가톨릭의 고위자들은 이러한 안수된 직분은 남성들에게만 제한될 것이라는 표현들을 공공연히 하고 있었다. 이러한 가톨릭의 부제직은, 여성들은 사역의 많은 분야들(종교선생, 선교사, 음악담당자, 사회복지사, 청소년 지도자 등)에 포함시켜서 사역을 감당하게끔 하기 위한 목적도 있었다. 그리고 사실 여성들이 많은 부분을 담당했었다. 그러나 왜 안수 받은 영구적 부제직은 여성들에게 허락되어서는 안 되는가 라는 질문을 하게 되었다.[53] 여성들이 대부분 담당하고 있는 사역들에 대해서 영구적 부제직을 여성에게 허락하지 않는다는 것은 교회내의 여성들에 대한 심각한 차별이라고 피오렌자는 주장한다. 그러면 가톨릭 여성들은 이러한 상황에서 다른 선택의 길이 없어 보일 수가 있다. 여성이 제외된 교회의 영구적 부제직을 두는 것을 수용하든지, 혹은 여성들도 그 직책을 가지기 위해서 싸우는 일일 것이다. 그러나 피오렌자는 다른 대응방법을 주장한다. 그것은 영구적 부제직을 설치하는 것을 찬성하기보다는 그들이 속한 교구에 영구적 부제직을 받아들이지 말자는 것이다. 그 이유는 영구적 부제를 도입하는 것이 교회 내에서 동등한 권리를 추구하는 여성들에게도 그리고 제2바티칸 공의회 이후의 교회를 위해서도 도움이 되지 않는다는 것이다.[54]

피오렌자가 문제 삼고자 하는 것은 가톨릭의 성직자 계급제도 자체이다. 만일 가톨릭의 성직자 계급제도 자체를 문제 삼고자 한다면, 여성들이 영구적 부제에 포함되기 위해서 투쟁하는 문제뿐 아니라, 여성들이 사제, 추기경, 그리고 교황까지도 될 수 있어야 한다는 문제까지 제기할 수 있기 때문이다. 여성을 처음부터 배제하는 계급제도 자체를 문제 삼아야지, 지엽적인 영구적 부제직 한 가지 얻기 위해서 싸우는 것은 가톨릭의 계급제도를 수긍하는 범위 속에 머물 수밖에 없다는 것이다.[55] 그러므로 피오렌자가 보기에는 어떠한 구조 내에서 여성의 해방을 추구하고 요구하는 것만으로는 충분치가 않다. 또한 역사적인 문제들을 돌아보고 단지 실제적인 기회들만 추구하는 것 역시 충분치가 않은 것이다. 영구적 부제직의 안수 문제로 촉발된 여성의 지위에 대한 문제는 교회에 대한 신학적 성찰의 문제로서 다루어져야만 한다는 것이다. 즉 교회란 무엇이여야 하는가라는 문제로 확대되어야만 한다는 것이다.[56]

피오렌자가 보기에는 영구적 부제직을 신설하려는 가톨릭 교회의 의도는 교회의 이원론적 구조인 사제직과 평신도, 신성과 세속적 부패 그리고 교회와 세속의 차이를 계속 유지하려는 것이다. 그래서 콘스탄틴 이후 있어 왔던 교회의 계급적 사다리 구조의 마지막 디딤목 하나를 추가하는 것일 뿐이라는 것이다. 피오렌자에 의하면, 로마제국이 기독교를 국교로 인정할 때부터, 세상구조와 교화의 융합이 이루어졌다. 세상이 교회라는 구조의 한 부분으로 자리 잡았고, 교회는 더 이상 믿는 자들의 공동체가 아니었으며, 대신 문화적 정치적 지리적으로 규정되는 기독교적 공동 집단일 뿐이었다. 이러한 교회론에서는, 개인적으로 택할 수 있는 기독교적 믿음에 의해서 기독교인이 되는 것이 아니고, 어떠한 지역과 문화 사회 속에 태어났는가에 의해서 기독교인이 되는 것이었다. 구원은 단지 교회출석, 성찬참여, 그리고 설교들을 통해서 가지게 되는 것이고, 이러한 것들은 안수 받은 계급 속의 성직자들만이 집행하였다. 전교인들의 참여가 아니라, 중보자로서의 성직자들의 역할은, 교회계급 제도를 절대화시키게끔 되었다는 것이다.[57]

여기서 피오렌자는 교회, 즉 하나님의 백성이라는 의미를 재정의하고자 시도한다. 한 명의 가톨릭 여성신학자가 가톨릭 계급구조를 반대하는 개신교적 교회론을 전개하는 것이다. 피오렌자에 의하면, 초기의 기독교 신학에서는 이스라엘의 선택된 백성으로서의 명칭이 새로운 하나님의 백성으로서의 교회의 명칭으로 변환되었다. 그리고 교부시대에는 육적 이스라엘이 영적 이스라엘인 교회(유대-교회의 이원론적 구조)로 변환되어 해석되었다. 11-12세기에 이르러서는, 유대인-교회의 이원론적 구조는 성직자와 평신도의 이원적 구조로 대체가 되었다는 것이다. 이것은 성과 속을 구별하는 구조로 확립되었다. 그리고 이런 구조 하에서는 평신도는 육적 이스라엘의 영역에 속하며, 성직자 계급은 영적 이스라엘을 대표하는 것으로 이해되었다. 평신도는 세상에 속해서 영적인 직무를 감당할 수가 없게 되었다. 이러한 구조 속에서 오직 안수 받은 계급만 교회의 모든 부분을 결정하게 된다고 피오렌자는 비판한다.[58]

유럽에서 일어난 종교개혁은 기존의 가톨릭 교회구조를 공격하였고, 이러한 많은 공격에 대항해서, 오히려 가톨릭 교회는 스스로를 방어하며 그러한 공격을 거절하며 정죄하게 되었다고 피오렌자는 주장한다. 종교개혁과 계몽주의의 도전에 오히려 가톨릭 교회는 스스로의 구조를 신적인 권위에 위임받은 독재적인 구조로 더욱 강화하게 되었다는 것이다. 피오렌자는 가톨릭 교회의 이러한 태도는 시대착오적이라고 본다. 이러한 태도로 인해서 민주적이고 다양화된 사회 속에서 정의와 사랑과 평등의 복음 선교를 올바로 수행할 수가 없다는 것이다.[59] 그 당시의 가톨릭 교회처럼 지금의 가톨릭 교회 역시 봉건적이고 절대적 계급 구조 속에 안주하고 있다는 것이다. 이 계급구조는 항상 여성이 배제된 구조였다. 그리고 이러한 구조 속에서 만들어지는 영구적 부제직 역시 이전과 다름이 없다는 것이다.[60] 이러한 계급구조 속에서는 평신도는 교회의 계급구조에 부속되어서 복종하는 존재일 뿐이다. 교회에 대한 이러한 잘못된 이해와 해석은 고쳐야만 한다는 것이 피오렌자의 생각이다. 라너의 생각을 빌어서 피오렌자는 주장하기를, 평신도는 성직자를 위한 부속품이 아니고, 오히려 목회적 보살핌을 받아야 하는 대상이다. 이러한 계급 구조는 오직 교회가 진정한 하나님의 사람들의 모임이 될 때에야 없어진다는 것이다.

피오렌자에 의하면, 콘스탄틴 이후의 제국주의적 성격을 가진 국가 교회의 모습 속에서는, 침례(세례)는 국가의 시민권이 되었고, 예수를 따라가는 사역을 위한 의식은 성직자 안수식이 되어 버렸다. 진실로 예수를 따르는 기독교인은 그러므로 안수 받은 성직자만 감당하게 되어버린 것이다. 성직자가 기독교인이며 교회와 동일시되는 시각에서는, 여성도 안수받기 위해서 투쟁해야만 하게 된다. 그러나 피오렌자가 지적하는 점은, 구조자체를 문제 삼을 때에는, 안수받기 위해서 투쟁하는 것은 큰 의미가 없어진다는 것이다. 그녀는 구조자체를 바꾸고자 하는 것이다. 구조자체를 바꾸기 위해서 다시 회복시켜야 할 개념은 신약성경적인 전신자제사장직이다. 신약성경의 "제사장"이란 명칭은 모든 믿는 자들과 그리스도를 지칭하는 말이지, 어떠한 특정한 성직 계급을 지칭하는 것이 아니다. 히브리서에서 진술하는 그리스도의 대제사장직의 사역은 어느 특정 계급의 제사장들만을 허용하는 것이 아니라, 모든 신자들의 제사장직을 가능케 한다는 것이다. 모든 믿는 자는 남성뿐 아니라, 여성도 포함되어야만 한다. 신약성경적 제사장직은 어떠한 이원적 구조도 허용치 않는다는 것이다.[61] 피오렌자에 의하면, 여성의 안수 문제는 전신자제사장직 교리와 직접적으로 연결되어 있는 것이다. 신약성경에서 가르치는 대로, 사역을 섬김으로 이해할 때에는, 가톨릭 교회 사역의 비신성화와 비성직자화가 이루어져야 한다고 주장한다. 아이러니컬하게도 제2바티칸 공의회는 신약성서의 가르침인 모든 신자들의 제사장직을 확인했다. 그러나 가톨릭 교회에서는 신약성경적인 전신자제사장직은 실천하지도 않으며 지키지도 않고 있다고 피오렌자는 생각하는 것이다.

6. 나가는 말

피오렌자의 여성해방신학은 우리가 가진 전통에 대해서 비판적이며 해방적인 성찰의 기회를 제공해 주는 것이 사실이다. 전통 자체를 무비판적으로 받아들여야만 되는 것이 신학의 임무는 아닐 것이다. 그녀의 비판적이고 해방적인 힘은 가톨릭의 성직자 구조자체를 비판할 때에 명확히 나타난다. 그녀는 여성안수의 문제는 여성을 성직자(부제)로 안수(임명)하는가 아닌가의 문제가 아니라, 좀더 근본적인 문제로 지적한다. 그것은 전신자제사장직이라는 종교개혁자들이 주창했던 사상과 연결된 것이라고 그녀는 올바르게 진단한다. 가톨릭 교회에서의 여성안수 반대의 근원적인 문제점으로 신약성경적인 전신자제사장직이 지적되어야만 된다면, 이것은 가톨릭의 문제만으로 남아 있기는 힘들다. 그녀의 비판은 개신교 내에서의 여성안수 문제는 개신교 내에서의 전신자제사장직의 실천과도 관계를 가지게 되기 때문이다. 가부장적이며 성직자가 신성화된 가톨릭의 구조가 여성안수를 막고 있다면, 개신교의 어떠한 부분은 여성안수를 막고 있는 것일까? 피오렌자의 비판을 빌린다면, 그것은 개신교회 내에서 일어나는 전신자제사장직의 왜곡이 원인일 수가 있을 것이다.

피오렌자의 여성신학은 그 속에 긍정적인 비판의 요소가 있는 것이 사실이지만, 동시에 그녀의 주장은 기독교적이 되기 위해서 규범과 권위의 문제에 있어서는 허약한 기반에 서 있다. 그녀에게는, 다른 많은 여성신학자들과 마찬가지로, 성경이 아니라 여성의 경험이 규범과 권위의 원리이다. 여성의 경험이 성경을 판단하며 전통을 판단하는 기준이라는 것이다. 그녀의 주장을 따라가 본다면, 여성의 경험과 여성해방이 기독교를 참 기독교답게 만드는 것이라는 결론에 도달할 것처럼 보인다. 그녀는 성경을 포함한 기독교의 유산을 있는 그대로 받아들일 수 있는 것이 아니고, 오직 여성해방적 비판과 검토를 통해서만 자신의 것으로 만들 수 있다고 주장한다. 여성해방적 비판을 거친 성경만 성경으로서 혹은 진정한 유산으로서 받아들여질 수 있다는 의미가 될 것이다. 기독교적인 것이 무엇인가 혹은 기독교인이 된다는 것이 무슨 의미인지를 규정하는 규범이 성경에서 나오는 것이 아니고, 여성의 경험에서 나온다면, 초월적인 신적인 기준과 하나님으로부터 오는 말씀의 권위는 심각한 위기에 처하게 될 것이다. 기독교적임이 어떠한 것인지에 대한 정확한 대답은 피오렌자의 생각 속에서는 기대하기가 힘들 것이다. 왜냐하면 여성해방의 경험은 기독교에만 제한된 경험이 아니기 때문이다. 여성해방과 여성의 경험을 위해서 기독교 자체의 정체성마저 부인할 위험을 지니고 있다.

또 하나의 문제점은 당파성에 대한 그녀의 주장에서 제기된다. 만일 모든 신학이 구체적인 상황에 해당되는 당파성의 신학만 존재한다면, 기독교 신학이라는 것이 가능할 것인가? 그러면 인디언 여성해방신학이 아닌 좀더 넓은 범위의 여성신학은 가능한 것인가? 피오렌자는 해방신학 속의 당파성을 인정함으로 인해서 해방신학과 여성해방신학이라는 논의조차도 구체적인 당파성이 아닌 그 보편성 때문에 불가능하게 만들어 버리는 것이 아닌가? 구체성과 당파성의 주장이 보편성을 파괴함으로 인해서, 그녀 자신의 여성해방신학도 근거를 상실할 수 있어 보인다. 당파성을 주장할 때에는, 인디언 여성신학이 따로 있어야 하며, 백인 여성신학이 따로 존재해야만 한다. 공통된 여성의 경험으로서의 규범 역시 주장하기가 힘들게 될 것이다.

그 외에도 피오렌자의 생각으로부터 제기되는 몇가지 질문들은 다음과 같다: 피오렌자가 생각하는 여성교회는 비판받을 만한 것이 남아 있는 것일까? 여성은 항상 억압받는 의로운 자들이라고 말하고 싶은 것일까? 여성억압적인 성경이라는 텍스트가 말하는 하나님을 어떻게 여성해방의 하나님으로 믿는 것이 가능한가? 그리고 왜 믿어야 하는가? 피오렌자는 이러한 질문들에 대해서 명확한 대답들을 제공하지 않는 것처럼 보인다.

주(註)

1) Elisabeth Schüssler Fiorenza, 『돌이 아니라 빵을: 여성신학적 성서해석학』, 김윤옥 역 (서울: 대한기독교서회, 1994), 7.

2) Ibid., 8.

3) 이러한 억압의 명백한 예는 1850년 영국의 의회 헌법이 성별에 대한 언급에서 그(he)가 그녀(she)를 대표하도록 법적으로 강요한 사실에서도 나타난다. 그러므로 여성신학적 해석학은 정치적으로도 중요한 과제를 포함하고 있다는 것이다. Ibid., 9.

4) Ibid., 12.

5) Ibid., 13.

6) Ibid., 14.

7) Ibid.

8) Ibid., 15.

9) Ibid., 19.

10) Ibid., 20.

11) Ibid., 47.

12) Ibid., 48.

13) Ibid., 49.

14) Ibid., 50.

15) Ibid., 51.

16) Ibid., 52.

17) Ibid., 53.

18) Ibid., 57.

19) Ibid., 59.

20) Ibid., 60.

21) Ibid., 62.

22) Ibid., 63.

23) Ibid., 82.

24) Ibid., 84.

25) Ibid., 85.

26) Ibid., 86-7.

27) Ibid., 88.

28) Ibid., 95.

29) Ibid., 105.

30) Ibid., 108.

31) Ibid., 126.

32) Ibid., 127.

33) Ibid., 131.

34) Ibid., 137.

35) Ibid., 136.

36) Ibid., 139.

37) Ibid., 145.

38) Ibid., 148-9.

39) Ibid., 148.

40) Ibid., 149.

41) Ibid., 150.

42) Ibid., 151.

43) Ibid., 152.

44) Ibid., 156.

45) Ibid., 168.

46) Ibid., 176.

47) Juan Luis Segundo, *The liberation of Theology* (Maryknoll, NY: Orbis Books, 1976), 8.

48) 피오렌자, 253.

49) Ibid., 254.

50) Ibid., 255.

51) Ibid., 256.

52) Ibid.

53) Elisabeth Schussler Fiorenza, *Discipleship of Equals: A Critical Feminist Ekklesia-logy of Liberation* (New York: Crossroad, 1993), 24.

54) Iibd., 25.

55) Ibid.

56) Ibid., 26.

57) Ibid., 28.

58) Ibid., 29.

59) Ibid.

60) Ibid., 30.

61) Ibid., 34.

참고자료

Fiorenza, Elisabeth Schussler. *But She Said: Feminist Practices of Biblical Interpretation*. Boston: Beacon Press, 1992.

_____. *Disciplesip of Equals: A Critical Feminist Ekklesia-logy of Liberation*. New York: Crossroad, 1993.

_____. *Foundational Theology: Jesus and the Church*. New York: Crossroad, 1992.

_____. *In Memory of Her: A Feminist Theological Reconstruction of Christian Origins*. New York: Crossroad, 1994.

_____. *Jesus: Miriam's Child, Sophia's Prophet: Critical Issues in Feminist Christology*. New York: Continuum, 1994.

_____. *Searching the Scriptures*. London: SCM Press, 1993.

_____. *The Book of Revelation: Justice and Judgment*. Philadelphia, Fortress Press, 1985.

_____. 『돌이 아니라 빵을: 여성신학적 성서해석학』. 김윤옥 역. 서울: 대한기독교서회, 1994.

_____. 『크리스찬 기원의 여성 신학적 재건』. 김애영 역. 서울: 종로서적, 1986.

Segundo, Juan Luis. *The liberation of Theology*. Maryknoll, NY: Orbis Books, 1976.

한국교회와 여성 인권:
남녀평등의 실제적 구현을 위해

김 병 권 조교수 | 기독교윤리학

이 논문의 목적은 두 가지다. 첫째, 한국교회에서의 여성인권 문제를 남녀평등의 실제적 구현이라는 관점에서 조명한다. 둘째, 남녀평등의 실제적 구현을 위해서 한국사회에서 중요한 실천과제 중 하나로 논의되고 있는, 여성에 대한 잠정적 우대조치를 한국교회가 수용할 수 있는가 하는 점을 규명한다. 이 목적에 충실하기 위해서 그리고 논의의 폭을 좁히기 위해서, 이 논문은 하나의 작업가설에 근거하여 이루어진다. 즉 교회에서 남녀평등이 실제로 구현되는 것이 성경적 요청이라는 작업가설 위에 이 논문은 작성된다. 이 작업가설을 받아들일 수 없는 독자에게는 이 논문의 주장이 큰 의미가 없을 것이다.

위의 두 가지 목적을 성취하기 위해서 이 논문은 먼저 여성인권과 남녀평등의 문제를 개괄적으로 서술할 것이다. 이어서 한국교회에서 남녀평등은 명시적 차원에서 소극적 합의가 이루어져 있지만, 실제적 차원에서는 그렇지 못한 것이 현실임을 입증할 것이다. 이러한 현실에 대한 극복책 중 하나로 이 논문은 한국사회에서 논의되고 있는 여성에 대한 잠정적 우대조치에 주목하고 그것을 소개한 후, 그 조치를 한국 교회가 수용할 수 있는가 하는 점을 기독교윤리학적 측면에서 규명할 것이다.

I. 여성 인권과 남녀평등

서구 근대시민혁명의 성과로 확립된 '근대 인권'의 개념은 주로 남성의 권리를 의미하는 것이었다. 여성의 인권과 여성에 대한 차별의 문제가 인권의 주요한 문제로 제기되어 국제사회에서 논의되기 시작한 것은 국제연합(UN)이 설립된 이후부터였다. '여성인권'이라는 용어가 국제문서에서 처음 사용되기 시작한 것은 1993년 UN이 주최한 세계인권대회 때부터였다. 이때 사용된 여성 인권의 개념은 "여성차별 철폐뿐 아니라, 여성에 대한 폭력철폐까지 포괄하는 전략으로 모든 인권과 기본적 자유를 남녀가 평등하게 향유, 행사하는 것으로 구성되었다."[1]

우리나라에서는 1948년 제헌헌법이 제정되면서부터 남녀평등은 법원칙으로 확립되었다. 물론 우리 헌법에는 "남성과 여성은 평등한 권리를 갖는다"라는 식으로 규정된 조항은 없다. 그럼에도 불구하고 남녀평등의 헌법적 근거를 확보하는 것은 결코 어렵지 않다. 우리 헌법 전문에는 "정치, 경제, 사회, 문화의 모든 영역에 있어서 각인의 기회를 균등히" 한다는 규정을 담고 있으며, 제11조 제1항은 "모든 국민은 법 앞에 평등하다. 누구든지 성별, 종교 또는 사회적 신분에 의하여 정치적, 경제적, 사회적, 문화적 생활의 모든 영역에 있어서 차별을 받지 아니한다"라고 규정하고 있기 때문이다.[2] 말하자면, 이런 규정들은 "사실상의 평등지위를 실현하기 위한 차별금지로서 차별금지명령과 평등지위명령을 모두 포함하는 평등권 명령"으로 볼 수 있는 것이다.[3]

이러한 남녀평등의 원칙은 각 생활 영역에 따른 개별적 조항에서 구체적으로 명시되어 있다. 즉 헌법에는 "여자의 근로는 특별한 보호를 받으며 부당한 차별을 받지 아니하고(제32조 4항), 혼인과 가정생활은 양성의 평등을 기초로 성립 유지되어야 하고(제36조 1항), 국가는 여자의 복지와 권익의 향상을 위하여 그리고 모성의 보호를 위하여 노력하여야 한다(제34조 3항, 제36조 2항)는 것을 명기하고 있다." 이러한 내용에서 확인할 수 있듯이 우리 헌법은 남성에 의한 여성의 차별을 금지하고 있을 뿐 아니라 특정 영역에서는 여성이 남성에 비해 특별한 보호를 받을 권리가 있다는 것을 명시하고 있다.[4]

헌법에 남녀평등의 정신이 명시화되어 있다고 해서 구체적 현실에서 남녀평등이 제대로 실현되고 있는 것은 아니다. 한국사회가 갖고 있는 "고정관념, 관습, 전통들은 많은 경우 여성의 권리 행사에 장애가 되고 있다." "양성 중 한 성의 열등성 또는 우월성의 관념 또는 남녀의 정형화된 역할에 기인하는 편견, 관습, 기타 관행" 등이 사회에서의 성차별에 영향을 미치기 때문이다.[5] 한국사회에서 성차별은 경험적 연구에 의해 구체적 수치로 나타나고 있다.

통계청의 『사회통계조사보고서』에 따르면, 2002년 사회생활과 관련한 영역에서 성차별이 있다고 응답한 여성은 72.4%이며(남성은 66.8%) 직장생활과 관련한 영역에서 성차별이 있다고 응답한 여성은 69.1%(남성은 65.2%)에 이른다.[6] 유엔개발계획(UNDP)에서 발표한 『인간

개발보고서 2003』에 따르면, 여성의 사회진출 정도를 보여주는 '여성권한척도'(GEM)는 조사 대상 78개국 중 68위로 사실상 최하위를 차지했다. 구체적 통계를 열거하면, 의회여성점유율은 5.9%(1위인 아이슬란드는 34.9%), 행정관리직 여성비율은 5%(아이슬란드 31%), 전문기술직 여성비율은 34%(아이슬란드 55%)에 머물고 있는 수준이다.[7]

남녀평등의 원칙이 법률적 차원에서 확립되어 있지만 실제적 차원에서 성차별이 안존하고 있는 것은 비단 한국사회의 문제만은 아니다. 대부분의 국가가 헌법상 일반 평등권 규정을 통해 성차별을 금지하고 있다. 그러나 남녀평등이 완전히 실현된 국가는 지구상 어디에도 없다. 『인간개발보고서 2004』에 따르면 남녀평등지수(GDI)와 여성권한척도(GEM) 두 분야에서 최고 점수를 얻은 나라가 노르웨이인데, 그 점수는 각각 0.955와 0.908이었다.[8]

국가나 사회 안에서 남녀평등에 대한 법과 실제, 현실과 이상 사이의 이러한 괴리는 종교영역으로 들어가도 그대로 나타난다. 종교가 갖는 특수성 때문에 이러한 괴리는 사회에서보다 더 깊게 나타나기도 한다. 이런 점을 염두에 두면서 한국교회에서의 남녀평등 문제를 살펴볼 필요가 있다.

II. 한국교회에서의 남녀평등

오늘날의 기준으로 볼 때, 대부분의 제도화된 종교들은 그 제도 속에 여성 차별적 성격을 담고 있다. 예를 들면, 불교에서 여승은 불교 집단의 대표자가 될 수 없고, 힌두교에서는 일반적으로 여성이 구원받을 수 없다고 주장하며, 이슬람교에서는 여성이 한 증언의 효력은 남성이 한 증언의 효력에 절반밖에 되지 않는다고 주장한다.[9] 그러나 기성 종교의 이러한 성차별적 성격은 그 종교의 시조에게서 기인되는 것은 아니다. 종교의 시조들은 대체로 여성을 남성과 동등하게 인식하고 대하였다. "예를 들어서 붓다와 예수는 그 당시의 관습과 긴밀한 관계를 유지하고 있었다. 무하마드는 여성들의 지위를 향상시킴으로써 그 당시의 문화를 개혁하였고… 고대 인도의 여성들은 베다를 공부하고 희생을 바쳤다는 증거가 있다." 말하자면, 종교가 제도화되면서 남녀가 동등하다는 관념이 남녀가 불평등하다는 관념으로 바뀌어간 것이다.[10]

이러한 제도화된 종교의 일반적 특징이 기독교에도 그대로 나타난다. 성경의 창조기사에는 하나님의 양성적 측면이 들어 있다. 그리고 남성과 여성은 하나님의 형상으로 창조되었다는 점에서 창조적 평등성을 갖고 있음을 보여준다. 예수님의 행적이나 가르침 속에서 반여성적이거나 성차별적 요소는 거의 없다. 바울은 "그리스도 예수 안에서" 남자와 여자가 평등하다는 것을 강조한다(갈 3:28). 그럼에도 불구하고 기독교가 제도화되어 가면서 여성은 "골치 아픈 존재"로 되었다가, "사악한 존재"로 여겨지기도 하였다. 여성 집사 제도는 중세 이후(서방 교회는 11세기, 동방 교회는 14세기 이후) 사라지고 남성 성직자가 수녀원까지 관장하기에 이르렀다. 이런 과정을 거치면서 기독교 안에는 여성 차별적 성격이 공고히 자리잡게 된다.[11]

한국교회에서의 여성 인권 문제는 기독교 역사의 이러한 여성 차별적 맥락과 무관하지 않다. 한국에 전래된 기독교는 역사 속에서 위와 같은 성차별적 성격에 감염된 기독교이기 때문이다. 물론, 한국에 전래된 기독교는 전통적 유교 사상 속에 감금된 여성의 인권을 해방시키는 데 큰 기여를 한 것은 부인할 수 없는 사실이다. 그러나 그것이 "여성과 남성의 평등한 권리와 신분을 인정하려는 데"까지 나아간 것이 아니라, 한국의 봉건적 여성상을 타파하고 서구적 여성상으로 대체하려는 시도에 그쳤다는 점에서 일정한 한계가 있다.[12] 오늘날 한국교회가 이 한계를 어느 정도 극복하였는지를 살펴보는 것은 현재 한국교회에서 여성 인권이 어느 정도 신장되었는지를 이해하는 가늠자가 될 수 있다.

1. 남녀평등에 대한 암묵적 합의와 선언

오늘의 시점에서 볼 때, 남녀평등에 대한 선언적 차원에서의 암묵적 합의는 한국교회에서 어느 정도 확보되었다.[13] 오늘날 교회 내에서 과거 기독교 지도자가 노골적으로 여성을 비하하는 것처럼 여성을 대하는 경우는 거의 없다. 예를 들면, 터툴리안처럼 여성은 '악마의 문'이며 "여성 때문에 하나님의 아들조차도 죽을 수밖에 없게 되었다"라고 주장하든가, 토마스 아퀴나스처럼 "여성을 비합법적으로 출생한 남성"으로 간주하면서 "여성은 노예보다도 더 낮은 신분"으로 본다거나, 루터처럼 "여성들은 사탄의 사제이기 때문에 그리스도의 사제가 될 수 없다"라는 말을 하거나, 칼뱅처럼 모든 여성은 남성의 통제를 받아야 한다면서 남편에게 순종하지 않는 아내는 죽여도 되는 정도의 사회 풍토를 만들어내는 경우는 없다.[14]

남녀평등에 대한 선언적 차원의 요구와 합의는 한국교회에서 두 단계를 거치며 이루어졌다. 첫 단계에서는 주로 교회 여성들이 주체가 되어 남녀평등을 주장한 것이고, 둘째 단계에서는 여성과 남성이 함께 주장한 것이다. 1953년 8월 10일 『기독공보』에 실린 "女子의 人格宣言"은 교회 여성만이 주체가 되어 남녀평등을 주장한 초기 선언이다. 대한예수교장로회 여전도대회 대표들에 의해 선포된 이 선언서에는 남녀는 동등이고 직위도 동등하다는 주장을 다음과 같이 담고 있다:[15]

> 우리는 大韓예수敎長老會女傳道大會의 決定에 依하여 女子의 人格도 男子와 同等임을 宣言합니다. 우리는 하나님이 男女를 "自己形象대로 創造하신"(創一27) 絕對敎理를 信仰하고 "男女는 同等"이란 長老敎信條 第五條에 依하여 이를 宣言합니다. 人格이 同等이면 職位도 同等이다. 人格同等은 絕對不便의 敎理요, 職位의 差別은 伸縮自存의 程度問題다. (중략) 女子도 千年世界의 王子요 祭司長임을 所望하는 우리는 地上에서 長老될 수 있다고 믿어 女祭司長의 永存人格을 天上에 告하고 天下에 宣言합니다.

이 선언문은 남녀 동등의 정신에 기초하여 교회 직분의 동등을 주장한다는 점에서 적극적으로 평가될 수 있다. 그러나 이 선언문은 첫째, 말 그대로 선언에 그쳤을 뿐 총회에서 제대로 안건으로 상정조차 되지 못하였다는 점과 둘째, 그 주창자들이 여성들로만 구성되었다는 점에서 일정한 한계를 갖는다.[16]

1985년 8월 16일 한국기독교 100주년 기념여성대회에서 채택된 "한국 기독교 100주년 여성 선언"은 — 선언의 주체가 교회 여성만으로 이루어진 것이긴 하지만 — 양성의 평등을 주장하는 데서 그치는 것이 아니라, 한 걸음 더 나아가 "남성지배의 세계" 문화에 대한 대안 제시의 책임이 교회 여성에게 있다는 점을 부각시키고 그것을 위한 구체적 운동 방향을 제시했다는 점에서 "女子의 人格宣言"보다 진일보했다. 그 선언은 "여자와 남자의 평등성과 삶은 바로 모든 인간성의 본질이요 하나님의 형상이다. 그러므로 여성의 자유와 권리 주장은 곧 모든 인간성의 구원과 완성을 의미한다"라고 주장함으로써, 양성 평등의 주장이 여성만을 위한 것이 아니라 남성을 위한 것임을 천명하였다.[17] 이 선언은 또한 하나님께서 여성에게 부과한 책임을 새로운 세계 질서의 실현에까지 확장시켜야 한다고 주장한다. 즉 "한국의 전 기독교 여성은 힘, 정복, 지배의 원리에 입각한 남성 위주의 역사, 종교와 문화, 사회와 세계가 지구와 생명파괴의 위기를 초래하게 된 역사적 상황을 인식"할 것을 촉구한 후, "여성의 인간성, 여성의 자유와 권리주장은 이제 저 남성지배의 세계를 극복하고 넘어서서, 새로운 교회와 사회와 세계 질서를 실현하기 위함"이라고 천명한다.[18]

1995년 8월 8일 '95통일희년교회여성협의회 참가단체 일동의 이름으로 발표된 "'95년 통일희년 교회여성 선언"에는 다섯 가지 실천 과제를 제시하고 교회 여성들이 희년 성취 운동에 적극적으로 참여할 것을 선언한다. 즉 첫째, "모든 인간 차별, 성차별이나 민족 차별의 회복," 둘째, 경제정의의 실현, 셋째, 생태계의 회복, 넷째, 교회개혁의 완성, 다섯째, 민족의 샬롬공동체적 통일의 실현이 그것이다. 이중에서 첫째와 넷째 항목에서 남녀평등을 위해 구체적으로 노력해야 할 것을 언급하고 있다. 즉 여성을 차별하는 것은 "하나님의 뜻에 어긋나는 것"이며 "여성과 남성, 민족과 민족의 관계가 지배, 피지배 관계로 고정되는 데서 인간에 대한 모든 노예적 상황이 비롯되었"다고 진단한다. 아울러 사회에 팽배해진 가부장주의가 "강자위주의 논리"임을 천명한다. 뿐만 아니라 "교회역사의 흐름에서 교회는 제도화를 통하여 성직자 중심적 남성 중심적 위계적 권위주의의 체제로 변모하였다"고 주장한다. 이러한 판단에 기초하여 그 선언서는 한국교회에게 "교회의 모든 성차별적 제도와 관습을 폐지하라"고 촉구한다.[19]

여성 인권 문제를 교회에서 남성과 여성이 함께 제기하기 시작한 선언서로 주목할 만한 것은 1978년 2월 18일 한국기독청년협의회가 발표한 "착한 사마리아 사람 운동 선언"이다. 그 선언서에서는 "남성 위주의 사회에서 이중적 지배를 감수해야 하는 여성들"을 강도 만난 자로 보고 착한 사마리아 사람 운동에 여성 인권을 위한 실천을 포함시켰다는 점에서 의미가 있다.[20] 1986년 9월 제71회 총회에서 선포된 "대한예수교장로회(통합측)의 신앙고백서"에는 남녀평등의 주장을 담고 있다. 즉 그 고백서에는 "구원받은 인간은 그리스도 안에서 새로운 피조물이 되고(고후 5:17), 인종과 계급 그리고 남녀의 구별없이 동등한 특권을 누린다"(갈 3:27-28)라는 고백이 담겨 있다.[21]

1993년 5월 9일, 향린교회가 선포한 "교회 갱신 선언서"는 교회에서의 여성인권 및 양성 평등의 문제와 관련하여 첫째, 하나의 지역 교회가 독자적으로 공동의회에서 그 선언서를 작성하여 통과시켰다는 점과 둘째, 교회에서의 남녀평등을 실현하기 위해서 구체적 실천 내용을 담고 있다는 점에서 중요한 의미를 갖는다. 그 선언서는 오늘날 한국교회의 남성 중심 운영 방식에 대해서 다음과 같이 문제제기를 한다:[22]

지금까지 대부분의 한국교회들은 교인들의 다양한 의사를 민주적으로 반영하는 제도와 구조를 갖지 못한 채, 소수의 남성 지도자들에 의해 구성된 당회에 모든 권한이 집중되는 형태로 운영되어 왔다. 이로 말미암아 교인의 다수를 구성하는 여성과 청년은 교회의 의사결정 과정에서 소외되어, 민주적이어야 할 교회공동체의 삶이 목사와 소수의 장로로 구성된 당회에 의해 사실상 지배되고 있다. 이는 해방된 하느님의 백성들의 민주 평등공동체의 원리에 명백히 어긋나는 잘못된 관행이다.

이어서 그 선언서는 대안으로 "당회의 구성과 운영은 민주적이어야 하기" 때문에, 당회는 연령, 남녀 등 각 계층을 대표하는 사람들로 구성되어야 한다고 천명한다.[23] 뿐만 아니라 "교회 내의 남녀 차별은 실질적으로, 완전히 철폐되어야 한다. 여성장로 제도와 여성목사 제도는 하루 빨리 정착되어야 한다. 여성장로의 숫자는 교인들의 남녀 비율에 따르는 것이 바람직하다"라는 주장까지 담고 있다.[24]

위의 선언서 내용들은 한국교회에서 상대적으로 진보적 계열에 속하는 교단이나 교회 사람들에 의해 발표된 것이다. 교회에서의 양성평등의 실현이나 여성 인권 문제를 해결하기 위해서 보수적 교단이나 교회에 속한 사람들에 의해 선포된 선언서들은 거의 없다. 예를 들면, 『한국복음주의협의회 성명서 모음집』에는 1983년 12월에 발표된 "한국 기독교의 현주소"에서부터 1998년 4월에 발표된 "북한동포돕기와 그 방안"에 이르기까지 모두 60편의 성명서 및 선언서가 실려 있는데, 그 중에서 여성 인권 문제를 다룬 성명서는 단 한 편도 없을 뿐 아니라, 내용 중 소항목으로 그 주제를 언급한 성명서도 없다.[25] 옥한흠 목사가 주도하는 "교회갱신협의회"는 한국교회의 갱신을 위하여, 1996년 3

월 7일 "교회갱신협의회 창립발기선언문"을 시작으로 하여 2005년 8월 24일 "교갱협 제10차 영성수련회를 마치며"까지 모두 57편의 성명서를 발표하였다. 그 중에서 한국교회의 여성 문제를 직접 다룬 성명서는 한 편도 없다. 57편의 성명서 전체 내용 중에서 여성 문제를 언급한 문장은 "한국교회, 희망의 새천년을 향한 목회자 선언"(1999년 3월 25일 발표)에서 "모든 은사는 동일한 가치로 존중하며, 여성에 대한 잘못된 관행과 제도를 고쳐나가야 한다"라는 것이 전부이다.[26]

2. 교회 내 남녀평등의 현실적 모습

남녀평등이라는 주제와 관련하여 한국교회에서 발표된 선언서를 통해 우리가 위에서 확인할 수 있었던 것은 다음과 같은 세 가지다: 첫째, 명시적으로 여성 차별을 주장하는 경우는 없다. 둘째, 상대적으로 진보교단 쪽에서는 교회 내의 여성 인권 확보나 남녀평등을 촉구하는 선언들이 나오고 있지만, 셋째, 상대적으로 보수교단 쪽에서는 그러한 주장들이 별로 나오지 않고 있다.

교회 내 여성 인권 문제나 남녀평등과 관련하여 진보교단과 보수교단 사이의 이러한 차이를 어떻게 설명할 수 있는가? 한국교회 내에서는 여성 차별이 없기 때문에 그러한가? 만약 그렇다면, 보수교단쪽 태도가 온당할 것이다. 그러나 교회 내 현실을 보면 기본적으로 세 가지 측면에서 그렇지 못하다.[27]

첫째, 한국교회에서 여성은 교회 정책 결정 과정에서 어느 정도 소외되어 있다. 강남순의 설문조사에 따르면, 교인의 70%를 이루는 여성들이 교회의 정책결정 기구에 참여하는 비율은 개교회의 각 위원회

2.3%, 당회 2.1%, 구역회와 제직회의 6.6%로서 사실상 11%에 그친다. 이를 다르게 표현하면, 한국교회의 정책 결정은 전체 구성원의 30%를 차지하고 있는 남성이 89%의 영향력을 발휘하는 가운데서 이루어진다는 것이다.[28] 노치준 역시 동일한 지적을 하고 있다. "교회행정(치리)에서 의회제를 채택하고 있는 장로교가 주를 이루고 있는 한국교회의 경우 그 권한이 당회에 집중되어" 있는데 그 당회에 여성이 참여할 수 있는 길이 원천적으로 배제된 교단들이 한국교회의 절반 이상이 되기 때문이다.[29] 이원규 역시 "대부분의 한국 교단들 그리고 교회들에서는 교회 여성은 당회나 기획위원회와 같은 교회의 최고 의결기관에 참여할 기회가 제한되어 있고, 여러 주요 위원회의 책임적 자리는 남성교인의 몫으로 돌려지고 있다"고 지적하면서 강남순이나 노치준과 동일한 주장을 한다.[30]

개교회 내에서뿐 아니라, 교단 단위로 보더라도, 교단 정책 결정 과정에서 여성은 제도적으로 소외되고 있다. 한국교회에서 여성에게 목사나 장로 안수를 주는 교단이 극히 제한되어 있고, 설혹 여성에게 안수를 주는 교단이라 하더라도 여성의 비율이 매우 저조하기 때문이다.[31] 안상님은 한국교회에서 여성차별을 없애는 데 앞장섰던 기독교장로회의 경우를 들어 다음과 같이 설명한다: 기독교장로교의 경우 "실제 교회생활 속에서 여성들의 참여도를 제직 분포로 살펴보면 남장로 40명에 여장로 1명 비례이다. 장로는 당회원으로 교회의 모든 결의권이 주어져 있다는 점을 생각할 때, 이 교단에서는 여성의 결의기구에의 참여도는 40분의 1이라고 할 수 있다"(1986년의 통계).[32]

교회연합기구 내에서도 실질적으로 성차별이 존재한다. 안상님의 조사에 따르면, 한국기독교교회협의회(KNCC)는 한국에서 진보적 교단이 속한 연합체인데, 그곳의 최고의결기관인 총회의 총대 명단을 보면 "86명 중 여성은 4명뿐이다"(1989년 현재). "각 교단별로 보면 복음교회는 8명 전부 남성, 감리교는 15명 중에 여성은 1명, 구세군은 10명 중 여성 2명, 성공회는 8명 전부 남성, 기독교장로회는 14명 중 여성이 1명, 그리고 예수교장로회는 17명 전부 남성총대이다."[33]

둘째, 한국교회에서 여성들은 맡은 역할에 있어서도 불공평한 대우를 받고 있다는 것이 일반적인 지적이다. 강남순의 연구에 따르면, 여성들이 교회에서 '하고 있는 활동' 중에서 가장 많은 비율을 차지하고 있는 것이 '청소, 음식 만들기'로써 51%를 차지하고 있다. 그런데 이 청소, 음식 만들기가 교회에서 자신이 '하고 싶은 활동'이라고 응답한 여성은 0.3%에 불과하다. 이 설문 자료가 의미하는 바는 두 가지다. 첫째는 전통적으로 가정에서 여성의 일로 부과된 청소나 음식 만들기가 교회에서도 아무런 교정 없이 여성에게 그대로 답습되고 있다는 것이다. 둘째는 여성들은 그 일을 교회에서까지 계속하는 것을 그리 만족스럽게 생각하지 않고 있다는 것이다.[34]

셋째, 여전도회에 대한 교회의 역할기대를 살펴보는 것도 교회 여성의 현실을 이해하는 데 도움이 된다. 여전도회의 현실은 여성들이 맡은 역할에서 불공평한 대우를 받는 현실이 교회 안에서 제도화되어 어떻게 고착되어 있는지를 보여주기 때문이다. 대부분의 교회에서 구성원을 가장 많이 확보하고 있는 조직이 여전도회이다. 그러나 "여전도회는 으레 여지껏 해왔던 방식대로 여전도회 자체 프로그램과 그에 따른 활동보다는 일방적 희생과 봉사로써 육체적·재정적 보조 담당이 그 본연의 임무인 것처럼 받아들여지고 있다." 말하자면, 여전도회에 대한 교회의 역할 기대는 주체적 역할보다는 보조적 역할에 제한되어 있다는 것이다. 많은 여전도회 회원조차도 여전도회가 하는 일은 목사님의 목회 방침을 잘 도와주고 순종하는 것으로 그 역할을 제한하여 인식하고 있는 것이 현실이다. 그 결과, 교회 여성들이 사회 여성들보다 더 뒤떨어진 역사의식과 사회의식을 갖게 되었다는 분석조차 나오고 있는 실정이다.[35]

이러한 세 가지 측면 외에도 안상님은 다음과 같은 내용들을 한국교회 내 성차별의 구체적 모습으로 지적한다: 교회 주보에서 나이가 더 많은 여전도사의 이름이 남전도사의 이름보다 뒤에 실려 있는 것, 여전도사가 하는 일이 주로 심방에 치중하고 대예배 설교는 아주 적은 것, 교회 행사에서 남자 장로가 앞에 앉고 여자 장로나 권사는 그 뒤에 앉는 관습, 교회행사에서 여신도들에게 한복을 입고 접대를 하게 하는 풍습(남신도들에게 한복을 입고 접대시키는 경우는 거의 없기 때문에 여신도를 분위기를 조장하기 위한 장식품으로 여기는 모습) 등이 그것이다.[36]

3. 남녀평등과 관련한 교회 내 '허위의식'의 문제

위에서 지적한 내용이 사실이라면, 그래서 한국교회 내에 여성차별이 실재한다는 것을 우리가 합의할 수 있다면, '교회 개혁과 관련된 성명서나 선언서들에서 여성차별의 문제를 다루는 정도가 진보적인 교단(교인들)과 보수적인 교단(교인들) 사이에 차이가 나는 이유가 무엇인가?'라는 질문을 해볼 수 있다. 위에서 언급했던 성명서 외에, 교회 내 여성차별과 관련하여 한국 교인들의 의식을 실증적으로 조사한 연구를 보더라도, 여성차별에 대한 교인들의 의식에는 다소 모순된 모습이 두 가지 양상으로 나타난다.

첫째는 교회 안에서 여성이 소외되는 경우가 실제로 심한 교단의 교인들이 그렇지 않은 교단의 교인들보다 교회 내에서 남녀평등이 잘 이루어지고 있다고 생각한다는 것이다. "교회 내에서 남녀의 지위가 평등하다고 본 비율은 전체 평균이 46.9%인데, 예장 합동의 경우는 62.0%나 돼"는 것이 대표적인 예이다.[37] 예장 합동은 여성 목사나 여성 장로를 아직 인정하지 않고 있는 실정임에도 불구하고, 교회 내 남녀평등의 실현 여부에 대한 인식이 전체 평균보다 높게 나오고 있는 것은 납득하기 어려운 부분이라 할 수 있다.

둘째는 원론적으로는 교회 내 남녀평등의 실현을 수긍하지만, 자기 교회에서 남녀평등을 구현하는 것에는 다소 소극적인 의식을 보인다는 것이다. 노치준의 설문 조사에 따르면, 교회 내 여성목사 안수를 찬성하는 교인의 비율이 50.3%(매우 찬성 27.3%, 찬성 23%)에 이른다. 여성장로 안수와 관련하여서는 찬성이 54%(매우 찬성 31.6%, 찬성 22.4%)이다. 그러나 "귀교회에서 여자목사님을 담임목사님으로 모신다면 어떻게 하시겠습니까?"라는 질문에 대해서, 찬성은 31.9%(매우 찬성 18.1%, 찬성 13.8%)에 그친다. 반면 "신앙이나 인품 등에서 여성장로님을 모실만한 분을 주변에서 보셨습니까?"라는 질문에 대해 긍정적 반응을 보인 비율은 54.9%이다.[38] 이것은 여성장로 안수에 대해 긍정적 반응을 보인 비율과 거의 같은 수준이다. 이러한 통계는, 여성을 교회의 여러 지도자들(장로는 여러 명이기에) 가운데 하나로 세우는 데는 원칙과 실제 정서에서 일치를 보이고 있지만, 최고 지도자(담임목사는 한 분이기에)로 여성을 세우는 것과 관련해서는 원칙과 실제 정서 사이에 큰 간격이 있음을 우리에게 확인시켜 준다.

교회 내 여성차별에 대해 이와 같은 두 가지 양상의 모순된 의식을 우리는 '허위의식'이라고 부를 수 있다. 첫 번째 유형의 허위의식은 현실이 그러하지 않은데 그러한 것처럼 의식하고 있다는 점에서 '허위적'이고, 두 번째 유형의 허위의식은 자신이 실제로는—또는 정서적으로는— 원하지 않는데 이성적 측면이나 원칙적 측면에서 원하는 것으로 자신이 원한다고 생각한다는 점에서 '허위적'이다. 교회 내 남녀평등에 대해 이러한 허위의식이 정착된 데는 교회조직이 갖는 특수성이 일정한 역할을 한다.

조직론의 관점에서 교회를 이해해보면, 교회는 "지위평등원칙에 따른 자유가입의 조직"에 속하면서, 규범적 권력—도덕적 관여의 조직에 속한다. 지위평등원칙에 따른 자유가입의 조직이란 "특정한 목적을 위해 자유로이 조직에 입회한 사람들로 구성"되며 민주적 방식의 리더십이 통용되는 조직을 의미한다. "규범적 권력—도덕적 관여의 조직"이라 함은, 규범적 "상징을 바탕으로 하여" 리더십 또는 권력이 행사되되, 구성원이 그것을 수용하며 조직에 관여하는 것은 "신앙심이나 존경" 같은 상징에 근거하여 이루어지는 조직을 말한다. 말하자면, 교회는 통제의 수단이 강제적이고 구성원은 소외감을 느끼는 "강제적 권력—소외적 관여"의 조직이 아닐 뿐더러, "통제의 수단으로 보수와 같은 경제적 유인을 이용하고 구성원은 다분히 타산성을 지니게 되는," "보수적(報酬的) 권력—타산적 관여"의 조직도 아니라는 것이다.[39] 규범적 권력—도덕적 관여 조직의 특성은 그 조직이 지향하는 무형의 가치에 대해 구성원들이 바치는 자발적 애정이 조직 구성 및 운영에 있어서 매우 중요한 역할을 한다는 데 있다.

그러나 교회와 같은 성격을 갖는 이러한 조직은, 특정 지도자나 그 조직의 전통에 의해 그 조직이 지향하는 무형의 가치가 점진적으로 왜곡 또는 조작되기 쉽다는 데 그 약점이 있다. 즉 상징 조작을 통해 그 조직이 지향하는 무형의 가치를 상당히 변질시키면서도 구성원들의 자발적 애정을 계속 확보해낼 수 있게 되는 것이 이러한 조직의 문제점이 된다. 예를 들자면, 보수적 권력-타산적 관여는 그 조직의 구성원이 받는 보수가 떨어지면 바로 그 조직의 문제점에 대해 의문을 제기하게 되어 조직 변질의 위험성을 어느 정도 초기에 막을 수 있지만 규범적 권력-보수적 관여의 조직은 그렇지 못하다는 것이다. 교회 안에 남녀평등에 대한 허위의식이 쉽게 뿌리내릴 수 있게 된 데는 교회 조직의 이러한 특성이 한 역할을 한 것이다.

교회 구성원의 인적관계 역시 남녀평등과 관련한 교회 내 허위의식의 정착에 적지 않은 영향을 미치게 된다. 교회에서 상위직을 차지하고 있는 사람이 자신의 남편이나 아버지 또는 아들인 경우, 그 여성은 교회의 상위직이 남성만으로 이루어졌더라도 큰 문제의식을 갖지 않게 된다. 집안에서 남편, 아버지 또는 아들이 가장 또는 호주로 있는 것에 큰 문제의식을 갖지 않게 되는 것과 같은 이치이다. 노치준은 이런 현상을 "지위에 따른 남녀차별의 문제는 실질적으로 가족 혹은 친족관계로 환원되면서 개인적인 차원에서는 해소"되는 것으로 진단한 후, "이러한 해소는 성차별의 구조적 조건은 그대로 남겨 두고 있다는 의미에서 문제의 은폐"라고 주장한다.[40]

III. 한국교회 내 남녀평등의 실제적 실현 방안: "잠정적 우대조치"의 수용 문제

지금까지의 논의를 통해 우리는, 남녀평등 문제와 관련하여 한국교회는 명시적 차원에서는 남녀평등을 수용하지만 실제적 차원에서는 성차별이 있으며, 교회라는 조직의 특수성 속에서 그러한 성차별이 별 저항을 받지 않고 안존하고 있을 뿐 아니라, 허위의식 또는 이데올로기에 의해 은폐되거나 망각되고 있다는 사실을 확인할 수 있었다. 이러한 사실에 기초하여 판단해 볼 때, 한국교회에서 남녀평등을 실제적으로 실현하기 위해서는 세 가지 과제가 필요함을 알 수 있다. 첫째, 교회 내에 팽배해 있는 성차별 이데올로기 또는 허위의식을 극복하는 것이 필요하다. 둘째, 그러한 이데올로기와 허위의식을 낳고 안존시키는 교회조직의 왜곡을 바로 잡는 것, 즉 교회를 교회되게 하는 것이 요청된다. 셋째, 여성에 대한 잠정적 우대조치를 채택하는 것이다.

이 세 가지 실천 과제 중에서 이 논문이 특별히 관심을 두는 것은 셋째 내용 즉 여성에 대한 잠정적 우대조치를 교회가 수용할 수 있는가 하는 문제이다. 그 이유는 세 가지이다. 첫째는 앞의 두 가지 실천 내용은 상대적으로 소극적 실천 내용인 반면, 잠정적 우대조치의 채택은 교회 내 남녀평등을 실제적으로 실현하기 위한 적극적 실천 내용이 되기 때문이다. 뿐만 아니라, 둘째, 앞의 두 가지 내용은 별도의 논문을 써야 할 정도로 많은 분량이 요청되기 때문이다. 셋째, 여성에 대한 잠정적 우대조치는 한국사회에서 남녀평등을 실제로 실현하기 위해서 꼭 필요한 조치로 합의가 되어, 이 조치의 합헌성 여부와 법철학적 타당성 등에 대한 논의가 상당히 깊이 있게 전개되고 있기 때문이다. 아래 글에서는 한국사회에서 여성을 위한 잠정적 우대조치가 어떻게 논의되고 있는지를 먼저 살펴보고, 그 우대조치를 교회 내에 수용할 수 있는 기독교윤리학적 또는 성경적 근거가 있는지를 검토해 볼 것이다.

1. 한국사회에서 논의되고 있는 여성을 위한 잠정적 우대조치

한국사회와 같이 오랜 세월 남성지배 · 남존여비의 제도와 인습이 고착된 사회 속에서는 암묵적으로 또는 관습적으로 여성이 차별을 받게 되는 경향성이 있다. 이런 경향성을 교정하기 위하여 "여성의 실질적 평등 확보를 위한 특별보호의 보장을 추구"하는 것이 필요하게 되었다.[41] 이런 필요에서 나타난 법률들로서 "여성발전기본법," "남녀고용평등법," "남녀차별금지 및 구제에 관한 법률"을 들 수 있다. "이 법(여성발전기본법)에 따르면, '정치, 경제, 사회, 문화의 영역에서 남녀평등을 촉진하고 여성의 발전을 도모' 하기 위하여 국가와 지방자치단체는 '여성의 참여가 현저하게 부진한 분야에 대하여 합리적인 범위 안에서 그 참여를 촉진하기 위하여 관계법령이 정하는 바에 따라서 잠정적인 우대조치'를 취할 수 있다"[42]

여성을 위하여 "합리적인 범위 안에서" 취하는 "잠정적인 우대조치"는 여성을 위한 할당제 논의로 구체화되어 나타났다. 여성 할당제란 "여성에 대한 차별을 제거하기 위한 법적, 정치적 수단으로서 여성 참여의 몫이 일정 비율에 도달할 때까지 여성이 일정한 요건 하에서 우선적으로 고려되는 조치"이다.[43]

한국사회에서 여성 할당제 시행은 "세계화추진위원회가 1995년에 여성의 사회참여확대를 위한 방안의 하나로 점진적 목표할당제에 해당하는 '여성공무원채용목표제'를 채택"한 데서 기인한다. 총무처는 이에 따라 5급 행정직과 외무직, 7급 행정직의 공채에서 여성 합격자의 비율을 1996년 10%에서 시작하여 2000년에는 20%까지 끌어올리는 방안을 골자로 한 '공무원임용시험령'을 개정하기까지 하였다.[44]

여성 할당제를 국가 정책적으로 법제화하여 전면적 시행을 강제하기 위해서는 그 제도의 합헌성과 관련된 문제가 선결되어야 한다. 그러나 이것을 과제로 남겨둔다 하더라도, 한국사회에서 여성 할당제는 지방자치단체에서 부분적으로 시행되고 있는 것은 고무적인 현상이라 할 수 있다. 여성단체에서는 이 여성 할당제가 전면적으로 시행되어야 하지만, 현재의 여건을 고려하여 다음과 같은 원칙을 제안한다. 첫째, 여성이 여성의 권익을 실현하고 대변할 수 있는 대표성이 너무나 부족한 곳 즉 정치영역이 제일 시급하다. 둘째, 현재의 차별로 인한 영향이 장기적으로 미치는 곳, 즉 직업교육·훈련의 영역이 그 다음으로 고려되어야 한다. 셋째, 할당제를 충족시킬 수 있는 여성인력이 준비된 영역부터 시행하는 것이 필요하다. 넷째, 공적부문에서 시작하여 사적부문으로 자발적 실시를 유도하면서 최소한의 강제성을 부여하는 것이 필요하다.[45]

2. 여성을 위한 잠정적 우대조치의 교회 내 수용 가능성 모색

여성에 대한 잠정적 우대조치는 명시적으로 인정된 남녀평등이 현실 생활 속에서 실제로 뿌리내리도록 하는 데 크게 기여할 수 있다. 말하자면, '잠정적 우대조치'는 남녀평등에 관한 이상과 현실, 명분과 실제, 형식과 내용의 간극을 메우는 데 큰 도움이 될 것이다. 한 사회가 남녀평등을 규범적으로 인정하면서도 잠정적 우대조치를 실질적으로 배제한다면, 그 사회는 이상, 명분, 그리고 형식에서는 여성인권을 보장하고 있지만, 현실과 실제 그리고 삶의 내용적 측면에서는 여성인권이 침해되고 있을 가능성이 높기 때문이다.

사회에서 시행되고 있는 여성에 대한 잠정적 우대조치를 교회가 수용할 수 있는가 하는 문제와 관련하여서 일차적으로 점검되어야 할 것은, 남녀평등에 소극적 또는 부정적 입장을 취하는 것으로 보이는 성경구절을 어떻게 해석하는가 하는 문제이다. 예를 들면, 남성의 머리됨과 관련된 문제(엡 5:23), 여성이 교회에서 말하는 것과 가르치는 것과 남자를 주관하는 것이 허락되지 않는 문제(고전 14:34-35, 딤전 2:12)가 그것이다. 이 구절들에 대해 검토하는 것은 이 논문의 범주 밖의 일이다.[46] 서론에서 언급했던 것처럼, 이 논문은 "남녀평등이 교회에서 실현되어야 한다"라는 전제를 갖고, 한국교회에서 남녀평등의 실제 상황을 검토하고 실현 방안을 제시하는 데 그 목적이 있기 때문이다.

예수의 가르침과 행적에 근거해서 판단할 때, 한국교회는 여성에 대한 잠정적 우대조치를 수용할 수 있다고 본다. 상대적으로 차별적 대우를 받는 여성에 대해 잠정적 우대조치를 취하는 것을 글랜 스테슨(Glen Stassen)의 표현을 빌려 설명하자면, 정의로운 평화를 이루기 위해 "전환의 주도권"을 잡는 행위에 속한다. 스테슨은 그의 책 *Just Peacemaking*에서 전환의 주도권을 잡는 것의 신약 성경적 근거를 풍성하게 제시해 준다.[47]

도널드 크레이빌(Donald Kraybill)은 예수가 당대 사회에서 어떻게 여자에 대해 우대조치를 취했는지를 구체적으로 언급하고 있다. 당대 사회의 정황을 이해하면, 예수가 여성에게 보여준 태도는 파격적인 우대조치였다. 예수는 "여성들에게 존엄성과 보다 높은 지위를 부여하시기 위해 사회적인 규칙을 위반하는 것도 주저하지 않으셨다." 대표적인 것이 야곱의 우물에서 사마리아 여인과 나눈 대화이다. 예수의 이 행동은 당대 사회에서 대표적으로 금지되고 있던 몇 가지 규례를 깨트린 행동이다. 즉 당대사회에서 기피해야 할 대상 및 내용이었던 '난잡한 여인,' '사마리아 여인,' '사마리아 땅,' '한낮에 남녀가 대화하는 행위' 등을 자발적으로 어기고 접근하였던 것이다. 예수는 이 여인에게 단순히 친절만 베푼 것이 아니라, 자신이 메시아임을 그 누구에게보다도 더 명확하게 이 난잡한 사마리아 여인에게 알려주었다. 뿐만 아니라 예수는 자기 부활의 첫 번째 증인으로 여성을 택하였다. 당대 사회에서 여성은 '거짓말쟁이'로 간주되었기 때문에 법정에 증인으로 설 수가 없었다. 그런데 그런 여성을 부활의 첫 증인으로 삼은 것은 예수의 파격적 여성 우대조치라 할 수 있다.[48]

여성 할당제 또는 여성을 위한 잠정적 우대조치와 관련하여 제기되는 중요한 윤리적 문제 중 하나는 그 제도가 공정하고 정의로운가 하는 문제이다. 김도균은 존 롤즈(J. Rawls)의 "공정으로서의 정의관"에 비추어 이 제도를 검토한 후 다음과 같이 결론내린다: "남녀 사이의 기회 평등을 실현하기 위하여 여성에게 잠정적으로 우대조치를, 즉 여성에게 유리하도록 필요한 영역에서 일정기간 동안 수단관련적인 한계적 불평등 배분을 실행하는 것은 정당하다."[49] 잠정적 우대조치 개념은 성경적 정의 개념에 비추어 보더라도 정당하다.

성경에서의 정의 개념은 공동체를 세우기 위한 하나님의 은혜로운 행위와 밀접하게 관계된다. 즉 정의는 압제를 당하는 자들을 구원하여 하나님의 공동체로 만드시는 하나님의 활동을 의미한다. 성경에서 인간에게 요구하는 정의는 하나님의 이러한 정의에 부합하는 행동을 의미한다. 예를 들면, 정의를 의미하는 히브리어 '체다카'는 공동체에서 혜택을 받지 못하는 사람들을 위하여 하나의 공동체를 만들고 그것을 유지하시는 하나님의 적극적 행동을 언급할 때 사용되었다. 헬라어 '디카이오시네'도 '체다카'와 같은 의미로 사용된다. 즉 "바울에게 있어서 하나님의 의는 하나님의 구원을 가져오며 또한 하나님이 만드시는 구속된 공동체 안으로 들어가는 길을 열어주는 창조적인 능력이다." 이러한 정의는 가난하고 약한 사람들이 박탈당했던 사회 정치 경제적 권리를 되돌려준다. 즉 가난하고 약한 자가 어느 정도 회복될 때까지 성경적 정의는 그들에게 유리하도록 편파적으로 작동한다.[50] 여성을 위한 잠정적 우대조치는 성경적 정의의 이런 특성과 맥을 같이 한다.

이로 볼 때, 교회 내에서 여성을 위해 잠정적 우대조치를 취하는 것은 성경적이고 기독교윤리학적 근거를 충분히 가진다고 결론지을 수 있다. 다만, 잠정적 우대조치의 구체적 내용을 선정하는 것과 관련해서는 개교회나 교단의 현실적 조건에 따라 신축성을 가질 필요가 있다.

Ⅳ. 결론

한국교회 내 여성 인권의 문제를 남녀평등의 실제적 구현이라는 관점에서 볼 때 우리는 다음과 같은 결론을 내릴 수 있다. 첫째, 한국교회에서 명시적으로 성차별을 주장하는 경우는 거의 없다. 둘째, 그럼에도 불구하고 한국교회 내에서 성에 기초한 불평등은 현실적으로 존재한다. 셋째, 교회 내 남녀평등의 실현에 대한 인식에는 진보교단과 보수교단 사이에 차이가 있다. 넷째, 그 차이는 남녀평등의 실현 정도의 차이에서 오는 것이 아니라, 허위의식 또는 이데올로기에 의해 교인들의 의식이 왜곡된 데 기인한다. 다섯째, 남녀평등의 실제적 구현을 위해서 사회에서 중요한 실천과제로 논의되고 있는, 여성에 대한 잠정적 우대조치를 교회가 수용하는 것은 기독교윤리학적 입장에서 볼 때 타당성이 있다.

이러한 결론을 확보하였음에도 불구하고 이 논문은 한국교회 내 여성평등의 실현을 위하여 세 가지 사항을 과제로 남겨둔다. 첫째는 이 논문이 작업가설로 설정하고 논의를 시작했던, 교회 내에서 남녀평등이 실제로 이루어지는 것이 충분히 성경적이라는 작업가설을 입증해야 하는 과제이다. 둘째는 교회 내에 팽배해 있는 성차별 이데올로기를 극복하고, 그러한 이데올로기를 낳고 안존시키는 교회 조직의 왜곡을 바로 잡기 위한 실제적 방법을 연구해야 하는 과제이다. 셋째는 여성에 대한 잠정적 우대조치를 교회 내에서 실행하기 위해서 한국교회가 채택할 수 있는 구체적 방법과 그 적용 범위 및 내용을 정하는 과제이다. 이 세 가지 과제는 이 논문의 범주를 넘어선다. 따라서 이와 관련하여서는 앞으로 별도의 연구가 이루어져야 할 것이다.

주(註)

1) 김엘림, "여성의 인권과 차별문제," 『21세기의 인권 (Ⅱ)』, 한국인권재단 편 (서울: 한길사, 2000), 643-4.

2) 이외에도 남녀평등에 관한 헌법 조항으로는 "사회적 특수계급의 금지 및 영전(榮典) 일대의 원칙(제 11조, 제 2항, 3항), 교육의 기회균등(제 31조 1항), 근로관계에서의 성차별금지(제 32조 4항), 혼인과 가족생활에서의 남녀평등(제 36조 1항), 선거와 선거운동에서의 평등(제 41조 1항, 제 67조 1항, 제 116조 1항)" 등을 들 수 있다. 윤후정, 신인령, 『법여성학--평등권과 여성』, 개정 증보판 (서울: 이화여자대학교 출판부, 1991), 13.

3) 석인선, "여성 인권 페미니즘 법학: 헌법상 양성평등과 할당제," 『법과 사회』, 16권 (1999), 93.

4) 양성평등과 한국법체계 연구모임, "법적 평등의 실질적 성취를 위한 실천 전략," 조형 엮음, 『양성평등과 한국법 체계』 (서울: 이화여자대학교 출판부, 1996), 299.

5) 김선욱, "아시아지역 노동자와 여성의 인권보장 : 아시아지역 남녀불평등의 개선문제," 『사회과학연구』, 4권 (1995): 339.

6) 한국여성개발원, 『2003 도표로 보는 여성통계』 (서울: 한국여성개발원, 2003), 20.

7) Ibid., 146.

8) UNDP, "Human Development Report 2004" [온라인 자료], http://www.root.or.kr/root/hdr2004-1.htm, 2005년 11월 23일 접속.

9) Denise Lardner Carmody, 『여성과 종교』, 강돈구 역 (서울: 서광사, 1992), 17.

10) Ibid., 191-3.

11) Ibid., 137-66.

12) 박충구, "성차별 문화와 한국교회(1)," 『기독교 사상』, 1995년 2월, 149-51.

13) 한국교회가 선언적 차원에서 남녀평등에 대해 암묵적으로 합의하고 있는가 하는 점에 대해서는 다른 견해가 있을 수 있다. 예를 들면, 여성을 목사로 안수하는 것을

명시적으로 금하는 교단이 있다. 그러나 이 문제는 학자에 따라서 남녀평등과는 다른 차원의 문제로 보기도 한다. 즉 남녀의 평등 개념과 역할의 차이 개념을 구분하면서, 남녀의 평등은 고수하되, 역할의 차이를 인정하려는 경우가 그것이다. 존 스타트의 경우 남녀평등을 주장하면서도 "남성의 머리됨"은 고수하는 데, 이러한 주장의 논리적 근거로 양성의 보완성 및 책임의 논리를 제시한다. John Stott, 『현대 사회 문제와 그리스도인의 책임』, 정옥배 역 (서울: IVP, 2005), 371-412 참조.

14) D. L. Carmody, 『여성과 종교』, 147, 149, 157, 158.

15) 이덕주, 조이제 엮음, 『한국 그리스도인들의 신앙고백』(서울: 한들, 1997), 250-1.

16) Ibid., 250.

17) Ibid., 361.

18) Ibid., 360-1.

19) '95통일희년교회여성협의회 홍보출판위원회 편, 『새날을 낳으리라-'95통일희년교회여성협의회 보고서』(서울: '95통일희년교회여성협의회, 1996), 464-7.

20) 이덕주, 조이제 엮음, 『한국 그리스도인들의 신앙고백』, 352-3.

21) Ibid., 371.

22) Ibid., 383.

23) Ibid.

24) Ibid., 384.

25) 김명혁 편, 『한국복음주의협의회 성명서 모음집』(서울: 기독교문서선교회, 1998).

26) 교회갱신협의회, "성명서" [온라인 자료], http://www.churchr.org, 2005년 11월 23일 접속.

27) 한국교회 내 여성 차별이나 여성 인권 문제를 실증적으로 다룬 연구 자료는 충분치 못하다. 한국교회의 현실과 관련하여 광범위한 설문조사를 통해 그 결과를 단행본으로 표낸 대표적인 두 권의 책인 『한국교회 미래 리포트』나 『한국 개신교와 한국 근현대 사회·문화적 변동』에는 한국교회 내 성차별과 관련된 내용의 문항 자체가 없는 실정이다. 이런 실정에서 교회내 여성의 현실을 실증적으로 정확하게 파악하기에는 무리가 있다. 그러나 아래에서 제시한 강남순, 노치준, 이원규의 연구들은 이런 실정 속에서도 한국교회의 여성 현실을 파악하는 데 도움이 된다. 한미준·한국갤럽, 『한국교회 미래 리포트』(서울: 두란노, 2005); 한신대학교 학술원 신학연구

소,『한국 개신교와 한국 근현대의 사회·문화적 변동』(서울: 한신대학교 학술원 신학연구소, 2003).

28) 강남순, "한국의 교회는 평등공동체인가? -한국교회여성들의 의식과 교회 내에서의 위치," 『'95통일희년교회여성협의회 보고서: 새날을 낳으리라』, '95통일희년교회여성협의회 홍보출판위원회 편 (서울: '95통일희년교회여성협의회, 1996), 331.

29) 노치준,『한국 개신교사회학』(서울: 한울, 1998), 159.

30) 이원규,『기독교의 위기와 희망: 종교사회학적 관점』(서울: 대한기독교서회, 2003), 228.

31) 노치준,『한국 개신교사회학』, 158.

32) 안상님, "성차별과 여성신학의 과제(Ⅰ)," 『기독교사상』, 1989년 11월, 142.

33) Ibid., 144-5.

34) 강남순, "한국의 교회는 평등공동체인가? -한국교회여성들의 의식과 교회 내에서의 위치," 328-9.

35) 基督敎新聞 취재팀 편,『한국교회의 虛와 實(Ⅰ)』(서울: 쿰란출판사, 1992), 122-3.

36) 안상님, "성차별과 여성신학의 과제(Ⅰ)," 138, 140, 144.

37) 이원규,『기독교의 위기와 희망』, 229.

38) 노치준,『한국 개신교사회학』, 162-70.

39) 한영춘,『현대조직론』, 全訂版 (서울: 법문사, 1987), 204, 199.

40) 노치준,『한국 개신교사회학』, 155.

41) 윤후정, 신인령,『법여성학 - 평등권과 여성』, 14.

42) 김도균, "공정으로서의 정의관에서 본 남녀평등 - '잠정적 우대조치' 개념의 분석'," 『법철학 연구』, 5권 2호 (2002): 233.

43) 김영미, 박현미, "할당제의 합헌성에 관한연구-평등권에 비추어본 여성일정비율할당제,"『한국여성개발원 연구보고서』(1997년 5월): 7.

44) Ibid., 1.

45) 김선욱, 김명숙, "여성일정비율 할당제 도입에 관한 연구,"『한국여성개발원 연구보고서』(1994년 1월): 150-51.

46) 이 문제와 관련하여서는 이 책의 다른 논문들, 예를 들면 우택주의 "구약의 여성관" 과 장동수의 "신약의 여성관" 등이 도움이 될 것이다.

47) Glen H. Stassen, *Just peacemaking* (Louisville, Ky.: Westminster/John Knox Press, 1992), 53-88.

48) Donald B. Kraybill, *The Upside-Down Kingdom*, rev. ed (Scottdale, Pa.: Herald Press, 1990), 214-21.

49) 김도균, "공정으로서의 정의관에서 본 남녀평등--잠정적 우대조치 개념의 분석," 258.

50) Stephen Charles Mott, *Biblical Ethics and Social Change* (New York: Oxford University Press, 1982), 59-81.

참고자료

基督敎新聞 취재팀 편.『한국교회의 虛와 實(Ⅰ)』. 서울: 쿰란출판사, 1992.

김명혁 편.『한국복음주의협의회 성명서 모음집』. 서울: 기독교문서선교회, 1998.

김엘림. "여성의 인권과 차별문제."『21세기의 인권 (Ⅱ)』. 한국인권재단 편, 643-74. 서울: 한길사, 2000.

노치준.『한국 개신교사회학』. 서울: 한울, 1998.

양성평등과 한국법체계 연구모임. "법적 평등의 실질적 성취를 위한 실천 전략." 조형 엮음, 297-314.『양성평등과 한국법 체계』. 서울: 이화여자대학교 출판부, 1996.

윤후정, 신인령.『법여성학-평등권과 여성』. 개정 증보판. 서울: 이화여자대학교 출판부, 1991

이덕주, 조이제 엮음.『한국 그리스도인들의 신앙고백』. 서울: 한들, 1997.

이원규.『기독교의 위기와 희망: 종교사회학적 관점』. 서울: 대한기독교서회, 2003.

한국여성개발원.『2003 도표로 보는 여성통계』. 서울: 한국여성개발원, 2003.

한미준 · 한국갤럽.『한국교회 미래 리포트』. 서울: 두란노, 2005.

한신대학교 학술원 신학연구소.『한국 개신교와 한국 근현대의 사회 · 문화적 변동』. 서울: 한신대학교 학술원 신학연구소, 2003.

한영춘.『현대조직론』. 全訂版. 서울: 법문사, 1987.

'95통일희년교회여성협의회 홍보출판위원회 편.『새날을 낳으리라-'95통일희년교회여성협의회 보고서』. 서울: '95통일희년교회여성협의회, 1996.

Carmody, Denise Lardner.『여성과 종교』. 강돈구 역. 서울: 서광사, 1992.

Stott, John.『현대 사회 문제와 그리스도인의 책임』, 정옥배 역. 서울: IVP, 2005.

Kraybill, Donald B. *The Upside-Down Kingdom*. rev. ed. Scottdale, Pa.: Herald Press, 1990.

Mott, Stephen Charles. *Biblical Ethics and Social Change*. New York: Oxford University Press, 1982.

Stassen, Glen H. *Just peacemaking*. Louisville. Ky.: Westminster/John Knox Press, 1992.

강남순. "한국의 교회는 평등공동체인가?-한국교회 여성들의 의식과 교회 내에서의 위치."『'95통일희년교회여성협의회 보고서: 새날을 낳으리라』, '95통일희년교회여성협의회 홍보출판위원회 편, 322-85. 서울: '95통일희년교회여성협의회, 1996.

김도균. "공정으로서의 정의관에서 본 남녀평등- '잠정적 우대조치' 개념의 분석."『법철학연구』, 5권 2호(2002): 233-60.

김선욱. "아시아지역 노동자와 여성의 인권보장: 아시아지역 남녀불평등의 개선문제."『사회과학연구』, 4권(1995): 337-63.

김선욱, 김명숙. "여성일정비율 할당제 도입에 관한 연구."『한국여성개발원 연구보고서』, 1994년 1월, 145-90.

김영미, 박현미. "할당제의 합헌성에 관한 연구-평등권에 비추어본 여성일정비율할당제,"『한국여성개발원 연구보고서』, 1997년 5월, 1-45.

박충구. "성차별 문화와 한국교회(1)."『기독교사상』, 1995년 2월, 148-65.

_____. "성차별 문화와 한국교회(2)."『기독교사항』, 1995년 3월, 141-52.

석인선. "여성 인권 페미니즘 법학: 헌법상 양성평등과 할당제."『법과 사회』. 16권 (1999): 91-108.

안상님. "성차별과 여성신학의 과제(Ⅰ)." 『기독교사상』, 1989년 11월, 134-55.

교회갱신협의회. "성명서." [온라인 자료]. http://www.churchr.org. 2005년 11월 23일 접속

UNDP. "Human Development Report 2004" [온라인 자료]. http://www.root.or.kr /root/ hdr.2004-1. 2005년 11월 23일 접속.

여교역자에 대한 한국교회의 인식 및 정책

김 용 국 조교수 | 역사신학

I. 서 언

한국교회에서 여교역자들이 중요한 역할을 하고 있다는 사실을 부정할 사람은 거의 없다. 최근 들어서 한국교회는 여교역자들을 보다 더 중시하여, 그들의 지위와 역할을 목사안수와 같은 제도적인 방법으로 현실화하고자 하는 추세가 많아지고 있다. 예를 들면 대한예수교장로회 통합측은 1994년 제79회 총회에서 여자 목사안수를 인정하기로 결정하였고, 우리 교단인 기독교한국침례회는 2005년 제94회 총회에서 여성안수에 관한 의제가 상정되어 투표한 결과 약 40퍼센트의 지지를 획득하여 부결되었지만 예상보다 높은 찬성률을 나타냈다. 사실 여성의 목회적 지위를 어떻게 보아야 하는지에 관한 주제는 한국교회가 오랜 기간 고민하였던 문제였다. 본 논문은 여교역자들에 대한 한국교회의 인식의 변천과정 및 여교역자에 대한 정책의 수립과 집행에 관해 연구하되, 특히 여성정책의 핵심인 여성안수에 대해서 중점적으로 살펴보고자 한다.

II. 여교역자의 출현 및 활동

1. 초기 선교사들의 여성정책: 전도와 교육

미국의 개신교 선교사들이 들어온 19세기 후반의 한국은 유교문화와 가치관이 주도하던 때였다. 국가와 사회는 내외법(內外法), 삼종지도(三從之道), 여필종부(女必從夫), 그리고 칠거지악(七去之惡) 등과 같은 법규와 윤리를 내세워 여성을 남성에 종속된 존재가 되도록 만들었다. 특히 내외법은 여성들로 하여금 사회접촉과 외출을 억제시켰고, 외부와 차단하여 가족 이외의 일은 관여할 수 없도록 하였다.[1] 서양 문화에서 성장한 미국 선교사들의 눈에는 이와 같은 한국 여성의 모습은 매우 충격적이었다. 특히 여선교사들은 이러한 상황에서 여성들을 우선적으로 복음화하고 개화시켜야겠다는 생각을 갖게 되었고, 이러한 생각이 반영되어 선교공의회는 "부녀자에게 전도하고 크리스쳔 소녀들을 교육하는데 특별히 힘을 쓴다"는 선교정책을 수립하게 되었다.[2]

한국 여성들 중에서 선교사들로부터 복음을 전해 듣고 침례를 받는 사람들이 생겨나기 시작하였다. 장로교에서는 1887년 가을 호레이스 언더우드로부터 백홍순 전도사의 부인 한씨와 이성하 전도사의 부인 김씨가 세례를 받았고, 감리교는 1887년 10월 16일 정동교회에서 아펜젤러에 의해 최성균 조사의 아내 최씨 부인이 세례를 받았다.[3] 당시의 한국 여성들은 자신의 이름도 없이 누구의 부인이라고 불리었는데 여신자들은 세례명을 받음으로 자신들의 이름을 가질 수 있게 되었다. 전도부인으로 활약했던 김세지는 "노블 목사에게 세례를 받고 셰듸(Sadie)란 일홈을 엇엇다. 나의 일홈은 그의 부인이 지어준 것인대 오래 동안 일홈이 업시 살던 나는 쥬의 은혜를 힘닙어 세례밧던 날로부터 여자된 권리 쥬의 한 가지를 찻게 되엿다"고 하엿고 김셔커스 역시 "나의 셰례밧던 날은 내 일생의 가장 깃븐 날이엿다. 우리 죠션 여자들은 몃 쳔년 동안을 남자에 압박 아래서 성명이 업시 살엇다. … 또 나는 五十여년 동안을 일홈 업시 살다가 이날에야 비로소 '셔커스'란 새 일홈을 엇엇다"라고 고백했다.⁴⁾ 기독교는 조선 후기 여성들에게 정체성과 자존감을 갖게 해 주었던 것이다.

　개신교 선교사들은 한국 여성들을 위한 교육의 중요성도 인식하였다. 여성교육은 특히 감리교 선교사들이 보다 더 적극적이었다. 미 북감리교 여 선교사인 메리 스크랜톤(Mrs. Mary Scranton) 여사는 1886년 5월 정동에 있는 자신의 집에서 여학생 한 명을 상대로 교육을 시작하였는데, 이것이 한국에서의 최초의 근대 여성교육기관인 이화학당의 시작이었다. 이화학당은 기독교 복음전파와 함께 한국 여성들의 근대화에 크게 기여했다. 스크랜톤 여사는 "우리의 목표는 이 여아들로 하여금… 그리스도와 그의 교훈을 통하여 완전무결한 한국인을 만들고자 희망하는 바이다"라며 자신의 교육목적을 제시하였다.⁵⁾

　스크랜톤 여사는 1888년 1월에 이화학당에서 12명의 처녀와 3명의 부인과 함께 한국에서 최초로 주일학교를 시작하였는데, 모임의 형태는 선교사와 한국인들이 함께 모여 주일마다 성경을 공부하는 것이었다. 그 해 가을에는 성경반의 학생수가 35명으로 늘어났으며, 이 모임은 결국 여성교회가 되었다.[6] 여기에서 특이한 것은 남성교인들이 여성들의 신앙교육을 적극적으로 후원하였다는 것이다. 이에 대해 스크랜톤 여사는 다음과 같이 증언했다: "여성 주일학교가 시작된 지 한 달 후에 여성들만의 집회를 시작했습니다. 한국인 남성 교인들이 그처럼 독촉하지 않았던들 여성 집회가 이처럼 빨리 시작되지는 못했을 것입니다. 남성 교인들의 말이 '우리는 지금 교육받고 있는데 우리 아내들도 교리를 배우지 못할 이유가 무엇입니까?' 하였습니다."[7] 이처럼 기독교 복음은 남녀차별을 철폐해야 한다는 개화의식을 사람들에게 심어주었던 것이다. 당시에 필진들 가운데 기독교인들이 많았던 『독립신문』은 1896년 4월 21일 논설에 "세상에 불쌍한 인생은 조선 여편네니 우리가 오늘날 이 불쌍한 여편네들을 위하여 조선 인민에게 말하노라. 여편네가 사나이보다 조금도 낮은 인생이 아닌데 사나이들이 천대하는 것은 … 어찌 야만에서 다름이 있으리요"라는 글을 싣기도 하였다.[8] 선교사들의 여성 선교정책은 점차로 가시화되기 시작하여 1899년 기준으로 서울의 장로교인 237명 중 114명이 여성으로 기독교인 여성인구가 남성들과 비슷하게 되었고 이후로는 여성이 더욱 많아지게 되었다.[9] 또한 1910년까지 기독교계 사립학교는 796개가 있었고, 개신교 학교는 666개였는데 그중 절반 이상이 여학교였다.[10]

2. 전도부인

전도부인들은 한국인 최초의 여교역자들이었다. 전도부인은 감리교의 스크랜톤 여사가 1885년에 한국에 와서 언어의 장벽과 엄격한 내외법으로 인하여 어려움으로 있자 한국 여성을 전도하는데 함께 데리고 다닌 것이 시발점이 되었다. 전도부인이 한국교회에서 보편적으로 활동하기 시작한 때는 장감 여선교사들이 본격적으로 지방 순회전도를 다니게 된 1890년대부터인 것으로 보여진다.[11] 당시의 전도부인들은 대부분 중년과부이거나 남편으로부터 버림받은 여인들이 많았으며, 그들은 여성들과 남자 친척들에게 복음을 전파하고 매서인의 역할을 하였다. 그들의 명칭은 지방에 따라 달랐다. 평양에서는 권사로, 황해도 지방에서는 조사로 불리기도 하였다.[12]

전도부인의 역할은 다양했다. 그들은 권서선교, 전도활동, 주일학교의 관리 및 교육, 심방, 전도, 새신자 훈련, 여성 성경반 운영, 새벽기도 모임인도, 여선교회의 조직 및 운영의 책임을 맡았고 때때로 교회를 순회하면서 사경회를 인도하기도 하였다.[13] 이와 같은 전도부인들의 활약이 밑바탕이 되어 한국교회는 여성조직을 가질 수 있게 되었다. 감리교회는 1900년에 보호여회가 창립되어 구제와 전도의 사업을 하였고, 1910년 이후부터 명칭이 부인전도회, 부인선교회로 바뀌었으며 오늘날의 감리교 여선교회가 되었다. 장로교회는 1898년 평양의 널다리골 교회에서 여전도회가 설립되어 교회건축 및 여전도인의 파송 등의 일을 감당하였다. 장로교 여전도회 지방연합회는 1909년에는 당시에 외국처럼 인식되고 있던 제주도에 여선교사를 파송하기도 하였다.[14] 여선교회들은 일제가 한국을 강점하던 시기에 국채보상운동, 3·1운동 등의 애국독립운동에 적극적으로 참여하였다. 특히 3·1운동과 관련하여 1919년 3월부터 5월 초순 사이에 만세시위에 관련되어 체포된 여성 피의자 135명 중 기독교 여성이 80퍼센트 이상이었다. 당시의 전국적인 여자 단체 조직망은 교회의 여선교회가 거의 유일하였고 기독교 여성들은 애국적 운동에 선구적인 역할을 하였던 것이다. 전도부인들은 여전히 여선교회의 활동에 중요한 역할을 수행하였다.[15] 이처럼 전도부인들은 교회의 설립, 부흥 그리고 운영에 중요한 역할을 하였던 것이다.

3. 여교역자 양성

한국에서 여성에 대한 체계적인 성경공부는 1888년부터 시작된 이화학당의 주일학교였는데, 이 모임은 이후에 전도부인을 배출하는 역할을 하게 되었다. 전도부인에 대한 초기 교육은 주로 성경을 읽고 외우게 하는 일이었다. 훈련기간은 감리교에서는 1년, 장로교에서는 6개월 정도였다. 이것은 전도부인들의 눈부신 활약에도 불구하고 선교사들의 생각 속에는 전도부인을 단순한 전도사업 담당자로 교육하였지, 교권을 가지고 사역하는 전문적인 교역자로 양성하려는 의도가 없었다는 것을 보여준다.[16] 그러나 전도부인들의 역할이 갈수록 중요해지자 그들에게 성경과 신학을 정식으로 가르치는 것이 매우 중요한 일이 되었다. 장로교는 1897년부터 단기성경학원을 개설하여 구약의 교훈, 교회사, 신약성서 주해, 성경공부 방법, 소요리 문답 등을 가르쳤다. 단기성경학원은 1910년에 여자성경학원으로, 1923년에는 장로교 여성고등성경학교로 발전되었다. 감리교는 1905년 성경학원을 세웠고, 1908년부터 남북 감리교 선교부가 합동으로 여교역자를 위한 훈련과 교육을 실시하였다. 교과목은 성경과 신학전반, 그리고 다양한 교양과목으로 구성되었다. 이 학교는 1920년 협성여자신학교가 되었고, 1932년에는 협성신학교와 병합하였다.[17]

4. 여교역자들에 대한 대우

전도부인으로 대별되는 초기 여성 사역자들은 선교사나 남자 목사를 돕는 협조자의 역할을 수행한 초기시대뿐만 아니라 상당한 교육을 받고 전문적인 지식을 습득한 이후에도 독자적인 목회자가 아니라 보조자의 위치를 벗어나지 못했다. 한국교회는 여전히 가부장적인 문화가 팽배했기 때문에 여교역자들이 설교를 하거나 남자를 가르치는 일을 금기시 하였던 것이다.[18] 여교역자들의 활동은 매우 요긴하고 중요했지만, 사역에 비해서 대우는 형편없었다. 감리교의 경우 1922년의 기준으로 본다면 남자 목사의 급료는 70-80원에서 100원 정도였는데, 여전도사들은 20원 내외를 받아서 남자 사역자들의 1/4 혹은 1/5 정도의 사례를 받았다. 결국 남감리교 여전도사들은 신임감독 뽀오와드에게 임금 인상을 요구했고, 이 일은 당시『매일신보』에 게재되어 적지 않은 파문을 일으켰다.[19] 또한 1930년 1월 1일자 5면에『기독신보』는 "여전도인들의 희망과 불평"이라는 제호로 여전도사들이 한국교회의 문제점으로 지적하는 내용들을 보도했다. 그것은 크게 세 가지 정도로 요약할 수 있다. 첫 번째는 교회의 차별적 대우인데, 여교역자들은 남자 목회자에 비해 임금이 적을 뿐만 아니라 사택의 혜택을 전혀 받을 수 없다는 점이다. 두 번째는 남성 중심적인 교회제도인데, 즉 남성들에게만 열린 목사안수와 남성 총대로만 이루어진 총회와 연회는 여교역자들이 전혀 교권에 접근할 수 없도록 원천적으로 차단시켜 버린다는 점이었다. 세 번째는 열악한 사회적 인식이었는데, 여전도사는 독신 여자로 책 주머니를 들고 이집 저집 돌아다니면서 서너 마디 군소리나 하고 월급 받아 겨우 살아가는 사람으로 취급하는 사회적 경

향이 있었던 것이다.[20]

한국교회의 제도가 체계화되던 1930년대의 여교역자의 역할과 지위는 더욱 약화되어 갔다. 전도부인의 자격에 대해 1930년 기독교조선감리회 여선교사회의 결의안은 "전도부인은 6년제의 보통학교와 성경학교나 혹은 그 동등 정도의 학교 졸업자라야 할 것이요, 그는 하나님께 온전히 헌신한 자로서 가정의 책임이 없이 교회일에 전력한 자라야 될 것이다. … 또 마땅히 독신자로서 교회에서 어디든지 임명한 대로 반드시 가야 할 것이다"고 명시하였다.[21] 또 장로교의 1933년의 전도부인 규정 역시 "전도부인은 하나님께 온전히 헌신한 자로서 가정의 책임 없이 교회 일에 전력할 자라야 될 것이다. … 또 마땅히 독신자로 교회에서 어디든지 임명하는 데로 반드시 가야 할 것이다"라고 명시하였다.[22] 남자 목사와 전도사는 결혼하여 가정을 이루고 사역할 수 있다고 한 반면에 여전도사들에게는 독신을 요구하는 것은 여교역자에 대한 한국교회의 차별적 대우라고 말하지 않을 수 없다. 이처럼 한국교회는 남자 목사 중심이었던 것이다.

5. 여교역자의 지위와 대우에 대한 개선요구

한국교회의 여교역자에 대한 차별적 대우는 한국 기독교 초기시대 뿐만 아니라 오늘날까지 계속되고 있는 것으로 볼 수 있으며, 이러한 문제에 대해 여성 신학자들을 중심으로 그 원인과 개선방안들이 끊임없이 제기되어 왔다. 성공회대학교에서 여성신학을 강의하고 있는 최만자는 한국교회에서 여성문화가 하위문화로 자리하게 된 배경으로 유교의 영향과 근본주의 신학을 꼽았다. 그녀는 한국교회는 시간이 가면서 유교문화를 더욱 더 수용하게 되었고, 결과로 교회사역에서 남성 중심주의가 심화되어 여성들이 교회의 다수를 차지하고 있음에도 불구하고 교회의 핵심적인 기능에서 제외되었다고 하였다. 그녀는 또한 한국교회의 근본주의 신학은 가부장주의를 고착화시키고 여성 비하 혹은 여성차별을 성서적으로 정당화하는데 결정적인 역할을 하였다고 지적했다.[23] 한국교회의 근본주의 전통은 한국에 온 초기 선교사들로부터 기인된다. 그들은 근본주의 신학을 가지고 들어온 전형적인 청교도주의자들이었다. 선교사들은 정교분리를 철저하게 실시하였고, 근본주의 신학에 바탕한 교권주의와 권위주의를 한국교회에 심어주었다. 그리고 무엇보다도 성경의 무오와 절대권위 신앙을 한국 그리스도인들의 마음 속 깊이 심어주었던 것이다.[24]

근본주의 신학에 가장 영향을 많이 받은 침례교, 장로교, 성결교 등은 오랜 기간 여자 목사를 인정하지 않았다. 이중 장로교의 입장을 보면, 1994년 이전의 예장 통합측이나 2005년 현재 예장 합동측의 경우에는 여전도사는 임시직이므로 항존직인 목사와 장로로 구성되어 있는 노회 회원으로부터 제외된다. 따라서 극단적으로 여전도사는 자신이 개척한 교회에서 쫓겨나는 일이 발생되어도 정식회원이 아니므로 노회나 총회에서 문제를 제기하고 보호받는데 있어서 상당한 어려움을 가지게 되는것이다. 심지어 여전도사는 목사와 장로로 구성된 지교회의 당회나 목사, 장로, 안수집사, 서리집사 그리고 권사로 구성되는 제직회에서도 제외되는데, 이것은 사실상 여전도사가 항존직의 사역을 하고 있고, 또 실질적으로 교회의 실무 전반을 담당하고 있지만 제도적으로는 주요 결정기관에서 배제되는 불합리한 일이 되는 것

이다.[25]

　감신대 강사로 현대신학을 가르쳤던 강남순은 한국교회 성도의 70퍼센트가 여성들로 구성되어 있는데, 30퍼센트의 성원을 이루고 있는 남성들에 의하여 교회행정과 운영이 주도되고 있는 것은 공정성이 결여된 것이라고 지적하였다. 그는 이러한 결과가 발생된 원인을 1995년의 기준으로 예장(합동), 예장(통합), 기감, 기장, 기성, 구세군, 성공회, 복음교회, 루터교회 등 9개 교단의 877명의 교회 여성들의 설문조사로써 밝혀냈다. 설문 결과 여성들은 신앙을 개인적인 차원으로 보는 시각이 절대 다수를 차지하고 있었다. 즉 여성들은 신앙의 사회적 측면에 대해서는 큰 관심을 기울이지 않고 있었던 것이다.[26] 같은 설문조사에서 강남순은 여성들이 교회의 정책결정기구에 참여하는 것은 위원회(2.3%), 당회(2.1%), 그리고 구역회, 제직회의(6.6%)를 합하여 11퍼센트 수준에 머물러 있음을 밝혀냈다. 그리고 여성들의 저조한 정책결정기구의 참여도의 이유로는 여성들의 참여의식 결여나 여성이 여성의 대표를 선출하지 않아서가 57.6퍼센트로 남성위주의 사회와 유교문화의 영향 때문이라고 보는 18.7퍼센트보다 훨씬 많았다. 또한 여성들이 여성이 "설교와 예배 집행"에 적합하다고 보는 비율이 2.5퍼센트에 불과하여 여성 담임목사를 받아들이는 일에 있어서는 여성 스스로 매우 낮은 의식을 가지고 있다는 것을 밝혀냈다.[27] 이와 같은 설문조사를 근거로 강남순은 교회에서 여성의 참여가 낮은 것을 개선하기 위한 방안을 제시하였다. 첫 번째, 교회 여성들의 신학적 의식과 교회활동에 대한 의식을 보다 더 성숙시켜야 하며, 두 번째, 여성 사역에 대한 (남성) 목회자들의 의식을 개선해야 하고, 교단적 차원에서 신학교육

과 목회에 "여성 고용·참여 할당제"와 같은 제도적 장치를 마련해야 한다고 주장하였다.[28]

장신대 기독교육학 교수인 사미자는 예장 통합측 교회는 여성안수는 인정되었지만 오히려 이전보다 신학대학을 졸업한 여성의 교회 진출이 더 어려워졌으며, 여성장로의 수의 증가 역시 지지부진한 현실을 지적하면서 한국교회가 지도자에 대한 인식을 바꾸어야 한다고 지적하였다. 또한 여성의 지도력 그 자체를 인정하는 것은 선택이 아니라 이미 엄연한 현실로 받아들여야 한다고 주장하였다.[29] 예장 통합측 여자목사로서 성수삼일교회를 담임하고 있는 정태효는 자신의 목회의 모든 부분에서 여성주의적 관점을 적용하여 자연스럽게 평등공동체를 이루어 갔고 지역선교도 성공적으로 감당할 수 있었다고 했다. 그녀는 여성지도력을 위한 제안으로 여성지도력은 남성지도력에 대해 30% 할당제가 되어야 하고 '교회내 성폭력 방지를 위한 지침서와 특별법 제정'을 위한 노력을 해야 한다고 주장했다.[30] 이와 같은 다양한 의견의 공통점은 남녀차별적인 교회의 문제들을 근원적으로 해결하기 위해서는 여교역자의 지위를 완전히 인정해야 되는데 그 핵심이 있다고 보는 점이다. 이것은 여성안수의 문제를 본격적으로 살펴보아야 하는 과제를 제시해 준다.

III. 여성안수 문제

여성안수는 여교역자에 대한 각 교단 정책의 핵심을 구성하는 것으로 한국교회는 이 문제에 관하여 오랜 기간 고민하며 때로는 갈등했다. 이번 장에서는 여성안수에 대한 장감교단의 결정과 입장을 다룰 것이다. 특히 예장 통합측의 여성안수의 타당성에 대한 주장과 예장 합동측의 반대 입장을 자세히 분석하여 여성안수에 대한 찬반의 논거가 무엇인지 살펴보겠다.

1. 감리교

한국에 기독교대한감리회를 창설한 초기 감리교 선교사들은 보수적인 신학의 입장을 견지하고 여성들에게 교권을 부여하지 않았다. 그러던 중 1920-30년대에 이르러서는 새로운 흐름이 생겨났다. 당시에 활발하게 활동했던 여선교사들 중 채핀(Chaffin, 한국명 채부인)과 반 버스커크(Van Burskirk 한국명 반부인)는 1926년부터 1932년까지 『신학세계』에 여성신학적 관점에서 성경을 해석하는 방법을 제시하면서 여성안수를 옹호하기 시작하였다.[31]

결국 1930년 12월 2일 남북 감리교가 합동하여 조선 그리스도교 감리회를 만들 때, '교리와 장정'에 교직자의 자격에 남녀의 구별이 없음을 명시하여 여목사제도를 승인하였다. 이 제도는 미국 감리교의 영향과 재한 선교사들의 애로사항으로 인하여 만들어졌다. 즉 미국 감리교는 20세기초 여성 참정권 운동에 영향을 받아 1926년에 여성장로의 임명을 실시하였는데, 이러한 흐름이 한국에 영향을 끼치게 되었으며, 또한 당시 한국에서 활동하던 여선교사들은 목사안수를 받지 못하여서 연회의 정회원이 되지 못하였기 때문에 여러 불편한 점들과 불만이 있었던 것이다. 이러한 사항을 고려하여 감리교는 여목사 제도를 승인하고, 14명의 감리교 여선교사들을 목사안수하였다.[32] 한국인으로서는 1955에는 전밀라, 명화용 두 여전도사가 감리회의 중부연회에서 목사안수를 받았다.³³⁾ 그런데 1972년 기독교대한감리회는 결혼한 여자목사는 교회에서 담임목사가 될 수 없다는 결정을 내려서 오히려 여자 목사제도에 있어서 퇴보하는 모습을 보여주기도 하였다.³⁴⁾

2. 장로교

1) 초기 장로교 시대

장로교는 출발부터 여성의 교권을 제도적으로 인정하지 않았다. 1907년 독노회를 창설할 때 "목사와 장로는 세례 받은 남자여야 한다"로 규정하여 여성안수를 원천적으로 규제했다. 그러던 중 1930년 미국 연합장로교회가 여성에게 시무장로를 허락한다는 결의를 하게 되자 1932년 경안노회가 총회에게 "어느 성서에 근거하여 이런 결정을 했으며, 동일한 신조를 갖고 있는 우리 교회는 왜 저들과 다르게 해석하느냐"는 질의를 했다. 이에 대해 총회는 "우리와 상관이 없고 우리 조선장로교는 본 정치에 의하여" 여자 장로를 세울 수 없다고 답하여 일단락 지었다.³⁵⁾

그러나 1933년 함남 여전도회 연합회가 여장로 제도를 실현하기 위하여 청원운동을 추진하였고, 노회가 청원을 인정하여 총회의 의제로 다루게 되었다. 하지만 총회는 "여자에게 치리권 허락 청원은 정치 제5장 3조를 개정할 필요가 없음으로 허락할 수 없사오며"라고 결의하여 부결시켰다. 이 사건은 당시에 동아일보가 기사로 다룰 정도로 사회적인 주목을 끌었다.³⁶⁾ 그렇지만 여성안수의 논쟁은 결코 끝나지 않았다. 김춘배 목사는 1934년 8월 제23회 총회가 열리기 직전 기독교신보 977호에 "바울이 여자는 조용하라, 여자의 가르치지 말라는 2천년 전의 일(一) 지방교회의 풍속과 교훈을 만고불변의 진리로 알고 그러는 것은 아닐터인데요?"라고 하며 정치 제5장 3조를 '차별적 헌법'으로 규정하였다. 이에 대해 채정민 목사는 여성안수가 안 되는 근거를 "여자를 무시해서가 아니라 성서에 사도도 남자요, 장로도 남자요, 안수집사도 남자이기 때문이며," "하나님이 인간을 창조하실 때 선후가 다르고 직분이 다르며, 하나는 주장자요, 다른 하나는 보조자"로 창조되었기 때문에 "여자 전도사는 여자집회에서만 설교하고 남녀 합한 예배에서는 아무것도 해서는 안 된다"고 주장하였다.[37] 이처럼 여성안수 문제가 확대되자 장로교 총회는 직제문제에 대한 연구위원회를 조직하여 1년간 연구하여 다음 해 총회에 보고하도록 했다. 1935년 9월 제24회 총회에서 연구위원회는 "사도 바울이 고린도전서와 디모데전서에 여자의 교회 교권을 불허한 말씀은 2천년 전의 한 지방교회의 교훈과 풍습을 의미한 것이 아니라 만고불변의 진리이외다"라고 보고하자 총회는 이러한 해석을 그대로 받아들였다.[38] 이후로는 일제의 교회 탄압으로 인하여 여성안수 문제는 장로교 안에서 별 논란의 대상이 되지 못하였다.

2) 재건파

해방 후 장로교 내에서는 고려신학교파와 총회간의 갈등이 수년간 지속되다가, 1951년 36회 총회는 결국 고려파를 형성하고 있는 경남노회를 총회 산하 노회로 인정하지 않는 결정을 내리게 되었다. 이에 대해서 고려파는 1952년 독자적인 총회를 형성하여 장로교 분열의 시작을 알렸다. 고려파가 정식으로 교단을 형성하기 이전에 고려파 내에 서는 이미 교회재건의 방법을 놓고 "경남노회 안에 들어가서 하자"는 고려파와 "밖에서 불러내자"는 재건파로 분리되었고, 재건파는 최덕지 전도사를 목사로 안수하는 것을 찬성하는 파와 반대하는 파도 나누어져서 또 다시 분열하게 되었다.[39]

최덕지는 경남노회 여전도회 연합회 회장으로 신사참배를 거부하여 투옥된 사람이었다. 그녀는 출옥 후 교회 재건운동에 전념하였고, 자신을 따르는 교회들을 모아서 1948년에 2월에 부산에서 "예수교장로회 재건교회"라는 간판을 내걸고 독립적인 재건교회의 노선을 걷게 되었다. 그녀의 지도력은 매우 탁월하였고, 결국 1951년 4월 3일 총회에서 강상은 목사로부터 목사안수를 받게 되어 한국 최초의 여성목사가 되었다.[40] 안수식 때 강상은 목사가 "여자에게 목사를 주는 것이 아니라 최덕지 선생에게 준다"라고 하자, 최덕지는 여자에게 성직을 줄 수 있는 것이 성경적인지 아닌지를 분명히 해달라고 요청하였다. 총회는 여성안수에 대한 찬반토론 이후 여성도 성경에 따라서 안수 받을 수 있다고 결론짓고, 재건교회 헌법신조 제5조에 여성안수권을 명시하였다. 1955년 3월에는 김영숙, 김갑숙 두 여성이 목사로 안수 받게 되었다.[41] 최덕지는 다음과 같은 설교를 통하여 여성안수의 정당성을 주장하였다: "과연 여자가 목사되는 것이 위법인가? 그럴 리 없다. 교회는 오순절 강림 후 이 땅에 설립되었다. 성령이 역사할 때 남자에게만 내리고 여자에게는 내리지 않았는가? … 성령의 강림으로 모든 장벽이 무너지고 신분과 계급이 철폐되었다."[42] 이와 같은 최덕지의 주장을 재건교회가 인정하였던 것이다.

3) 기장

김재준의 진보적인 신학을 지지하는 조선신학교파가 1953년 예수교장로회로부터 독립하여 세운 한국기독교장로회는 1956년 41차 총회에서 여자장로 제도를 인정하는 찬반을 물은 결과 찬성 261표, 반대 83표로 가결되었다. 이듬해 1957년 강정애, 이혜경, 김말봉 등이 첫 여성장로가 되었다. 그러나 목사의 자격은 여전히 27세 이상의 남자에 한한다고 하여 여성목사를 인정하지 않았다.[43] 여전도사들이 여자장로는 인정하는데 여자목사는 인정하지 않는 것은 불합리하다고 반발하자, 1958년 총회에서는 상정된 여성목사안수 문제를 1년간 연구하기로 하였다. 1959년 총회 역시 결론을 내지 못하고 좀더 연구하기로 결정하였다. 그 후 1968년, 1972년 총회 때에 상정되었지만 투표결과 부결되었다. 결국 1974년 제59차 총회에서 여자목사를 합법화하였고, 1977년 11월에 기장 경기노회에서 오랫동안 여장로로 헌신해 온 양정신을 첫 여자목사로 안수하였다.[44] 한국의 진보신학을 주도하는 기장에서 조차도 여성안수는 오랜 기간 인정하기 어려울 정도로 한국교회는 남성중심의 교회였던 것이다.

4) 예장 통합측

예수교장로회는 1959년에 WCC(World Council of Churches, 세계교회협의회)를 인정하는 통합측과 NAE(National Association of Evangelicals, 복음주의협회)를 지지하는 합동측과 또다시 분열하였다. 통합측은 1961년부터 1981년까지 총회에서 여성안수 청원이 거의 계속되다시피 하였지만 번번이 거부되거나 부결되었다. 1971년 제56회 총회에서 '여장로제

연구위원'들은 찬성측과 반대측의 입장을 모두 총회에 보고하였는데, 반대하는 측의 주장을 살펴보면 아래와 같다:

> 1. 성서 신학적인 문제 - 성서(고전 14:34-35, 딤전 2:12, 3:2)에서 금하고 있으니 불가능하다. 2. 실제 목회적인 문제 - 여자는 감정이 예민해 치우치기 쉬우며 말이 많아서 말썽을 일으키기 쉽다. 3. 생리적 기능적인 면에서 불가능하다. 4. 인권적인 문제 - 성경이 문제이지 인권 같은 것은 문제가 아니다. 5. 시기적인 문제 - 우리나라에서는 아직 시기상조이다. 6. 국제교류의 문제 - 남들이 한다고 우리가 반드시 할 필요는 없다. 외국 교회들이 여장로를 택한 것은 성경대로가 아닌 인도주의로 기울어졌기 때문이다.[45]

결국 1971년 총회는 여성안수를 94표대 194표로 부결시켰다. 그 이후로도 여성안수는 계속 상정되고 부결되기를 반복하였다. 1981년 총회에서는 113표대 244표로 부결, 1984년 총회는 268대 462로 부결되었다. 1989년 74회 총회는 찬성 377표, 반대 375표로 찬표가 2표 많았으나 기권이 10표 있어서 부결되었고, 1990년 75회 총회 때도 381표대 556표으로 부결되었으며, 1991년 76회 총회 때에는 551표대 620표으로 부결되었고, 향후 3년간은 동일한 문제를 헌의할 수 없도록 결정하였다.[46]

그러던 중 통합측은 1994년 제79회 총회에서 여성안수를 허락하기로 결정하여 여성 복사와 장로를 인정하였다. 또한 1999년 제84회 총회에서는 여성안수의 보완으로서 권사도 안수하도록 하였다. 이러한 결정에 따라 장로교 통합측은 항존직을 장로, 집사, 권사로 하고 임

시직은 전도사와 서리집사로 하였다.[47]

　통합측이 교단 총회에서 여성안수를 인정하기 전에 발생되었던 눈여겨 볼 중요한 사건이 있다. 그것은 1992년에 교단 신학교인 장로회신학대학의 연구소인 다원화목회연구원은 학교 교수들과 일부 목회자를 중심으로 여성안수를 찬성하는 글들을 대거 출현시킨 것이다. 이것은 신학교 교수들이 교단의 첨예한 신학적 문제에 관하여 적극적으로 의견을 제시하고, 교단정책에 반영시켰다는 점에서 바람직한 모범을 보여준 사례라고 생각한다. 이 책에 나와 있는 장신대 교수들의 글들은 여성안수를 찬성하는 통합측의 입장을 잘 보여주고 있다. 통합측은 현재 여자목사를 인정하는 대표적인 교단이 되었으므로 이 책에 나와 있는 논문들은 현재 통합측의 입장을 반영해주는 것이라고 해도 무방할 것이다.

　먼저 이 책의 권두언과 추천사들은 전부 여성안수에 대해 긍정적인 입장을 제시하고 있다. 다원화목회연구원장인 오성춘 교수는 "한국교회는 여성이 안수를 받을 자격이 있느냐를 묻기보다는 여성도 집사, 장로, 목사직을 수행할 수 있는 능력이 있는가를 물어야 할 것이다"라고 주장하면서 여성안수를 인정하였고, 1992년도 통합측 총회장인 김윤식 목사와 장신대 총동문회장인 하해룡 목사는 약 70%나 되는 여성을 대표하는 총대가 없이 총회로 모여서 회무를 처리하게 되는 것은 바람직하지 못하다는 입장을 표명하였다. 남선교회전국연합회 총무인 김종우 장로도 교단이 여성안수에 인색했지 않았는지를 반성해야 한다고 주장하였다. 또한 장신대 학장인 맹용길 교수 역시 "예수 그리스도 안에서 남녀 차별이 없어야 하고 일터의 구별이 없어야 한다는 것

은 분명히 성경이 주장하는 바이다"고 말하면서 여성안수에 대해 긍정적인 입장을 내비쳤다.[48]

장신대 역사신학 교수인 김인수는 남성과 여성은 차별 없이 하나님의 형상대로 창조되었고(창 1:27), 예수 그리스도는 각 사람을 위해 고난을 받으셨으며(막 10:45), 그리스도 안에서 남자와 여자의 구별이 없으므로(갈 3:24), 성직을 남성만이 독점해야 할 이유가 없다고 주장하였다. 김인수는 "우리 교단만이 여성안수를 거부하고 남성만으로의 입장을 고집하는 것은 근거가 희박한 아집에 불과하다"고 하면서 여성안수를 인정하자고 주장하였다.[49]

장신대의 구약학 교수인 김중은은 신구약 성경에 여성안수를 직접적으로 다룬 곳이 없으므로 찬반양론이 있을 수 있지만, 성경을 여권주의 입장에서 해석하려고 한다거나 반대로 가부장주의적인 시각으로 해석하려는 것을 모두 경계해야 한다는 점을 먼저 지적하였다. 그는 구약의 하나님은 남성신으로 오해된 경향이 있는데 구약의 하나님은 여성적인 용어로도 표현되었다는 점, 여성이 구약시대에 제사장이 될 수 없었던 것은 남녀의 평등성이 실현되지 못한 사회였다는 것과 더불어 생리나 출산을 부정한 것으로 여기는 구약율법 때문이라는 점, 여성이 돕는 배필로 창조된 것은 결코 남성보다 열등하거나 남성에게 종속된 존재로 창조된 것이 아니라는 점 등을 설명하면서, 구약을 근거로 여성안수를 인정하지 않는 것은 성서적이지 않다고 하였다. 그는 성직의 수임은 소명의 관점에서 다루어야 하며 성직안수는 남녀 모두에게 준 하나님의 은사라고 주장하였다.[50]

장신대 신약학 교수인 박수암은 여성안수에 대하여 신약성서가 보여주는 긍정적인 측면과 부정적인 측면을 다음과 같이 설명하였다. 긍정적인 측면으로는 예수와 관련해서는 예수가 여성의 비하가 심했던 유대사회에서 남녀차별을 철폐하고 여자들을 제자들의 반열에 넣고 부활의 증인으로 삼은 점, 여성보다 낮은 신분에 있던 세리를 12사도권에 넣은 점, 사도행전에서는 오순절에 성령이 남녀 구분 없이 임하였고 남자 못지 않게 여자들도 개종한 점, 바울이 여성들에게 설교한 점, 브리스길라와 아굴라가 아볼로를 가르친 점, 바울 서신에서 남자나 여자나 그리스도 안에서 하나라고 한 점(갈 3:28), 바울이 브리스길라를 자신의 동역자라 부른 점, 유니아를 사도로 간주한 점, 유오디아와 순두게, 뵈뵈 그리고 마리아를 부를 때 복음의 사역자라는 뜻을 지닌 단어를 사용한 점, 여자들이 공기도나 예언하는 것을 허락한 점 등을 제시하였다. 부정적인 측면으로는 예수가 열두 제자, 70문도에 여자들을 일체 포함시키지 않았고, 부활 이전에는 한 번도 여성들에게 증거하라는 명령을 하지 않은 사실, 일곱 집사에 여자가 없었던 점, 여자는 남자 아래 있는 표로 수건을 써야 한다는 점, 여자는 교회에서 잠잠해야 하고 가르치는 일과 남자를 주관할 수 없다고 구절, 바울이 부활 중인 명단에 여자들의 이름을 넣지 않고 있는 점 등을 제시하였다. 결론적으로 박수암은 여성에 대한 긍정적인 측면은 원칙과 원리에 해당되고, 부정적인 측면은 예외적인 것으로 볼 수 있다고 하였다. 즉 여성안수에 대한 신약성서의 견해는 원칙적으로는 긍정적인 것인데, 사회적 문화적 상황으로 인해 가끔 여성의 교역참여가 일시적으로 억제되기도 하였던 것이다.[51]

장신대의 신약학 교수인 김지철은 여성안수는 여성의 문제를 취급하는 성서의 말씀이 보편적 진리인지 문화적인 맥락에서 주어진 것인지를 따지는 것이 핵심이라고 하였다. 그는 남성과 여성은 창조 시 모두 하나님의 형상으로 만들어진 동등한 존재이지만 구약시대는 가부장적인 시대이므로 남자와 여자의 동등성이 깨어졌다. 그러나 그리스도 안에 있으면 남자나 여자 모두 구별이 있을 수 없으므로 성별차이로 인한 교회직제의 차이는 더 이상 성서적이라고 볼 수 없다고 하였다. 그는 창조신학적인 틀과 그리스도를 통한 새 피조물로서의 구속신학적 틀에서 볼 때 여성안수는 정당하다고 주장했다.[52]

장신대 조직신학 교수인 이수영은 "아직도 여성에게 안수하기를 거부하고 있는 것은 부끄러운 일"이라고 하면서 여성안수를 실현하지 못하는 실질적 이유는 "남존여비 사상과 남성우월주의에 깊이 젖어온 전통적 사회인습과 의식구조에서 교회가 깨어나지 못하고 있기 때문"이라고 하였다. 그는 여성안수를 반대하는 논거로 제시되는 고린도전서 14장 34-35절과 디모데전서 2장 11-12절은 지역교회에 발생한 혼란스러운 문제들을 해결하기 위한 목회적 동기와 관점에서 쓰여진 것이므로 여성안수를 거부할 수 있는 성경적 근거가 될 수 없다고 주장했다.[53] 장신대 기독교윤리학 교수인 김철영도 여성이라는 이유만으로 교회의 영적 은사를 제한시키는 것은 윤리적으로 정당하다고 볼 수 없다고 하였다.[54]

장신대 기독교교육학 교수인 임창복은 초대교회에서 사도, 선지자, 교사들은 전체적 교회 교역에 속하는 직분이고, 감독 및 장로와 집사는 지역교회에 속하는 직분인데, 초대교회시절에 넓은 의미의 사도는 예수 그리스도의 증인 역할을 하는 자들로서 열두 제자를 넘어서며,

이들 중에는 분명히 여자 사도가 있었다고 하였다. 또한 여자 선지자들도 초대교회에 있었는데, 그들의 임무는 말씀을 선포하는 것이었다고 하였다. 그는 또한 바울은 여성 선지자의 예언기도를 공적 예배에서 인정했으며, 지역교회 직분에서도 디도서 2:3-4에 나오는 늙은 여성은 사실상 여성장로로, 그리고 로마서 16:1-2에서 뵈뵈는 여성 감독으로 볼 수 있다고 하였다. 따라서 오늘 한국의 여교역자들이 항존직의 위치에서 사역하고자 하는 것은 초대교회의 사역을 계속 이어가고자 하는 것으로 볼 수 있다고 주장하였다.[55]

장신대 선교학 교수인 서정운은 여성 선교사의 수가 남성 선교사보다 많은데, 복음전도의 사역을 똑같이 감당하면서도 안수 받은 목사가 아니라서 이등사역자로 취급되며, 특히 세례, 성찬식 집례, 사역자 안수 등의 기능을 수행하는데 제약을 받고 있는 실정을 지적하였다. 그는 한국교회는 여성안수를 허용하지 않음으로 인하여 여성 자원을 충분히 사용하지 못하고 있는 문제점을 인식해야 한다고 하였다.[56]

연동교회의 담임인 이성희 목사는 여성안수의 거부는 여성의 봉사적 은사를 부정하는 것이 된다고 하였다. 그는 여성들도 똑같이 신학의 과정을 공부했고, 소명을 받았으며, 이미 안수자로서의 업무를 담당하고 있는데, 그들의 역할을 인정하고 현실화해야 한다고 주장했다. 즉 여교역자는 축도와 성례집전만을 제외하고는 목회자로서의 업무를 다하고 있으며, 또한 안수라는 것이 축도와 성례집전의 권리가 아니라 소명의 확인이라고 할 때, 여성안수는 허락되어야 한다고 주장했다.[57]

5) 예장 합동측

대한예수교장로회 합동측은 고신측과 마찬가지로 장로교 교단이 분열되기 이전인 1933년 22회 총회에서 여성안수가 부결된 이후로 여자 목사나 장로에 대해서 총회 차원에서 논의도 되지 않고 있는 실정이다.[58] 2004년도 합동측 헌법에는 교회의 항존 직원은 장로와 집사이며 임시 직원은 전도사, 전도인, 권사, 남녀 서리집사로, 그리고 준직원은 강도사와 목사 후보생으로 구분하고 있다.[59] 따라서 여성안수를 인정하고 있지 않는 합동측의 입장에서 보면 여교역자는 교회법상 늘 임시직으로만 있게 된다. 합동측 법학자인 박병진에 의하면 여전도사는 교리권 내지 교훈권 방조는 가능하지만 치리권 방조란 아예 남전도사에게만 국한된 직무이기 때문에 담임 목회자의 방조자로서 여전도사는 한계가 있다고 볼 수 있다. 박병진은 또한 조직교회인 경우 당회가 제직회 회원권의 허락여부를 결정하므로 전도사는 제직 회원권도 못 얻을 수 있다고 하였다.[60]

합동측은 통합측과 달리 남전도사만이 미조직 교회에서는 당회장의 허락으로 제직회 임시 회장이 될 수 있다고 하였다. 통합측에서도 전도사에게 위의 역할을 부여하지만 남자 전도사라는 구절을 넣지 않아서 여전도사도 가능한 것으로 되어 있다.[61] 이처럼 합동측 여전도사들은 실제 사역은 종신직의 일을 하지만 법규상으로는 임시직으로 되어 있어서, 실제 사역의 현장에서 애로사항들이 생겨나게 된다. 이러한 문제에 대해서 합동측 내에서도 여자 목사안수를 인정하지 않더라도 잘못된 부분에 대해서 개선해야 한다는 주장들이 나오고 있는 실정이다. 즉 남성 교역자 중심의 보상체계 문제, 교인들이나 남성 교역자

심지어 여성 교역자들에게도 팽배해 있는 가부장적인 의식, 종신직 사역자에게 임시직 법리 적용의 부당함의 문제, 여 교역자에 대한 낮은 임금 등은 개선해야 할 문제들로 지적되었다.[62]

여성안수의 거부로 인한 현실적인 어려움들이 있음에도 불구하고 예장 합동측은 여전히 여성목사와 장로를 인정하지 않고 있다. 어떠한 이유로 인하여 이러한 노선을 굳건하게 유지하고 있을까? 다음 몇 사람의 목회자와 신학자들의 글은 이 질문에 대한 답을 제공해준다. 먼저 총신대학원(M.Div.)과 에딘버그대학(Th.M.)에서 공부했고 현재 한국 개혁주의 설교원의 대표이자 서울 삼양교회 담임목사인 서창원은 김세윤 교수가 『하나님이 만드신 女性』(두란노, 2004)에서 제기한 여성안수 찬성에 대하여 반박하는 글에서 남성과 여성은 평등하지만 역할과 기능이 다르기 때문에 결코 동등하지 않은데, 이것은 타락 이전부터 존재했던 창조의 질서이며 신구약 성경에서 일관되게 나타나는 사실이라고 주장했다. 즉 창세기 2-3장과 고린도전서 14장 34-35절, 그리고 디모데전서 2장 11-12절 등은 남성은 리더십을 발휘하고 여성은 남성에게 순복하는 것을 가르쳐주고 있다고 하였다.[63] 서창원은 여성의 목사안수는 성경적인 근거가 전혀 없다고 하였다. 즉 신약성경에는 여성들이 장로직이나 감독직을 가질 수 있다고 말한 부분이 하나도 없으며, 오히려 반대로 여성안수를 인정하지 않는 명시적인 구절들(딤전 3:2; 딛 1:6)은 있다고 하였다. 그는 여성에게 안수를 금지하는 것을 굴종으로 해석해서는 안 되는데, 왜냐하면 그것은 "우열의 문제가 아니라 질서의 구분을 나타내는 권위의 문제이기 때문"이라고 주장하였다.[64]

총신대학교 역사신학 교수이며 총장이었던 김의환은 여성 안수를 자유주의 신학의 산물로 보았다. 그는 한국교회는 성경의 권위를 높이고 성경대로 믿는 정통신학을 따랐기 때문에 여성안수에 대해 부정적인 태도를 취하게 되었다고 하면서, "오늘날 자유주의 신학의 득세로 인하여 '새로운 성경해석'이란 미명 아래 오늘의 상황에 비추어 성경해석을 시도하여 여성안수를 점차 허용하여 가고 있다. 성경이 분명히 명시하는 금기도 시대에 비추어 허용할 수 있다는 주장은 분명 성경의 권위에 대한 도전이다. 성경의 가르침보다 현실 상황을 더 중시하는 경향 때문이다"라고 주장했다.[65] 서창원 목사 역시 여성안수를 인정하자고 주장하는 것은 자유주의 신학과 세속 여권주의 운동의 영향을 받아서 교회가 요동치는 것이라고 하였다. 서창원은 19세기말 개신교회가 역사 비평과 사본 비평을 수용하기 시작하면서 가장 먼저 교회가 한 일은 여성안수의 허용 문제였다고 지적하였다. 그는 일부 학자들이 고린도전서 14장 같은 성서의 특정 부분은 후대에 삽입되었다는 식으로 주장하여 여성안수를 주장하는 것은 성경을 영감 받은 정확무오한 말씀으로 보지 않는 불경죄를 저지르는 것이라고 주장하였다.[66] 김의환은 문제의 핵심은 여성안수를 허락하느냐 아니하느냐의 문제가 아니라 성경의 권위를 어떻게 받아들이느냐로 집약된다고 하면서, "여성의 성직 개방은 성경의 가르침과 권위에 대한 정면 도전이 아닐 수 없다"고 분명히 못 박았다.[67]

총신대학교 교의신학 교수인 박아론도 여성의 목사안수 주장은 여권주의와 여성해방신학에 영향을 받은 산물이라고 하면서, 이들의 문제점은 성경을 성경의 가르침대로 해석하지 않고 여성해방의 관점에서, 즉 여권확장주의적인 원리들과 이데올로기로써 해석하는 것이라고 하였다.[68] 박아론은 여권주의자들이 여성들에 대한 부정적인 가르침과 발언들은 바울이 직접 쓴 것이 아니라 바울의 제자들이 후대에 첨가한 것으로 그것들은 시대적·문화적 상황에 한정된 가르침이며 결코 보편적인 가르침이 될 수 없다고 주장하는데, 이러한 생각은 성서의 영감설과 신적 권위성을 인정치 않고 성서를 자신들의 편의대로 재해석하는 것이라고 주장하였다. 그는 "여권주의자의 성경재해석에는 여권의 옹호와 여성의 우수성의 증명을 의도하는 조작적인 해석학의 작태가 연출되어 우리를 당혹케 하고 크게 실망에 빠뜨리고 있다는 말을 우리는 꼭 힘주어 말하지 않을 수 없는 안타까운 심정이다"라고 하였다.[69]

박아론은 여성의 목사안수에 대한 전통개혁신학의 입장은 한마디로 반대라고 하면서, 그 이유는 여성이 남성보다 열등하다거나 평등하지 못해서가 아니라, 하나님의 창조에 기인하는 여성과 남성에게 존재하는 신체 구조적 차이에서 비롯되는 "남성과 여성의 삶에 있어서의 역할과 위치에 불가교체성을 믿기 때문에 우리가 여성이 교회에서 지도자적인 위치에 오르는 것을 반대하는 것이다"라고 하였다. 그는 장로장립과 목사안수는 권리의 측면으로 보아서는 안 되며 하나님의 은사로 보아야 한다고 주장하였다.[70] 박아론은 또한 교회 안에서의 여자들의 종속의 원리는 신구약 성경 전체에 나와 있다고 하였다. 즉 구약시대에는 남자들만이 족장, 왕, 선지자, 사사들이 될 수 있었고, 신약에서의 사도, 전도자, 선교사들은 모두 남자들만으로 구성되어 있다는 것이다. 그는 여성의 목사안수를 명백하게 금지하고 있는 성경구절로 디모데전서 2장 11-14절, 고린도전서 11장 3-16절; 14장 34, 35절 등을 제시하였다. 결론적으로 박아론은 여성의 목사안수를 찬성하는 사람들은 모두 다 여권주의자라고 말할 수밖에 없는데, 왜냐하면 여권주의자가 아니고서야 성경의 명백한 가르침을 거역할 수 없을 것이기 때문이라는 것이다.[71]

김의환과 서창원은 여성안수 문제에 대해 성경은 어떠한 가르침을 주고 있는지 확인해 보아야 하는 점을 강조하였다. 먼저 김의환은 구약시대에 여성들은 선지자로 사사로 중요한 몫을 감당하였고, 신약에서의 여성들의 사역은 구약시대보다 훨씬 개방적이고 진취적이며 바울은 여성들이 공중기도와 예언하는 것을 인정하였다고 하였다. 그는 이처럼 여성 사역은 신구약에서 공히 인정되지만, 그것은 엄연히 남성들의 사역에 대한 보조 사역이었음을 강조하였다. 김의환은 디모데전서 2장 12-14절, 디도서 2장 3-4절, 그리고 디모데전서 5장 17절 등의 구절들은 여성들이 다스리고 가르치는 장로직과 목사직을 담당하는 것을 인정하지 않은 명백한 구절들이라고 하였다. 그는 바울이 여자의 가르침을 금한 이유는 당시가 가부장적인 사회이기 때문이 아니라 창조의 순위에 있어서 남자가 먼저이고 여자는 남자를 돕는 자로 지어졌기 때문이라고 말한 점을 강조하면서 여성안수의 금지는 일시적인 문화적 현상이 아니라 영구적인 하나님의 뜻으로 보아야 한다고 주장하였다.[72] 김의환은 여성들은 목사와 장로로서 가르치고 다스리는 직분을 제외한 거의 모든 교회 사역에 참여할 수 있다고 하면서, 주일학교 교사, 심방, 부흥강사 등을 여성들이 할 수 있는 사역으로 제시하였다.[73]

서창원은 남자의 권위를 인정하는 것은 성경적 원리이므로 가부장주의로 곡해해서는 안 된다고 주장하였다. 그는 창세기 2장 23절에 보면 남자는 하나님이 이름을 지어주셨지만 여자의 이름은 아담이 지었는데, 이것은 여자에 대한 "아담의 머리 즉 권위를 행사할 수 있는 부분을 시사"한다고 하였다. 또한 하와가 범죄하여 세상에 죄가 들어왔다고 말하지 않고 아담의 죄로 인하여 인류가 죄 가운데 출생하게 되었다고 성경이 증언하는 것은 남자의 머리됨을 가리키는 것이고, 사도 바울은 구약의 가르침에 근거하여 남자가 여자의 머리라고 천명하였다고 주장했다.[74] 그는 아담과 하와가 범죄한 후에 하나님이 하와에게 "너는 남편을 사모하고 남편은 너를 다스릴 것이니라"(창 3:16)고 명령한 것은 하와가 남편의 권위를 뺏으려는 그릇된 욕망을 지니고 있었던 것을 올바로 다시 잡은 것이며, 그리스도의 구속사건 역시 무너진 창조질서를 새롭게 회복시킨 것으로 볼 수 있다고 하였다.[75] 서창원은 또한 하나님께서 여자를 남자의 돕는 배필로 창조하신 것은 남자나 여자에 비해 혹은 여자가 남자보다 더 우월하다는 의미가 아니며, 그것은 "남자가 주도하는 일에 여자가 참여하여 그 일의 목적을 온전하게 성취하도록 해야 한다"는 의미이므로 남자의 "가부장적 위치와 기능은 문화의 유산이나 당시의 문화적 표현을 빌려 묘사한 것이 아니라, 하나님의 창조질서임을 알 수 있다"고 주장하였다.[76] 이상의 주장들에서 볼 수 있는 바와 같이 합동측이 여성안수를 받아들일 수 없는 가장 핵심적인 이유는 바로 성경의 영감과 권위에 대한 그들의 신앙때문이다.

IV. 결론

여교역자들은 한국교회의 초기시대에서부터 현재까지 교회의 설립, 운영, 그리고 성장에 있어서 필수적인 역할을 담당해 왔다. 그들의 기도, 헌신, 그리고 구령을 향한 불타는 노력은 오늘날의 한국교회를 만든 원동력이었다. 하지만 이와 같은 눈부신 활약에도 불구하고 여교역자들은 오랜 기간 합당한 지위를 인정받지 못하였고, 낮은 대우를 감내해야 했다. 그리고 여전히 많은 교단에서 여성의 목사안수를 인정하지 않음으로 여교역자들이 목회자로서 완전한 사역을 행하지 못하고 있는 것이 현실이다. 여교역자들로 하여금 온전한 목회적 사명을 감당하도록 제도적으로 보장해 주는 것이 과연 하나님의 뜻에 어긋나는 것일까? 소명 받고 적법하게 준비된 사람들을 제도로 묶어서 역할을 약화시키는 것은 신약성경에 나와 있는 예수님의 사역과 정신에 부합되는 것인가? 여성목사 안수를 인정하지 않는 것이 보수적인 신앙을 지키는 길인가? 필자는 이러한 질문에 대해서 우리 교단도 보다 더 진지한 고민을 해야 할 때라고 믿으며, 여교역자들의 지위와 역할을 제도적으로 인정해 주어야 한다고 생각한다.

주(註)

1) 조미애, "한국 교회의 여성 이해에 대한 연구" (신학석사논문, 합동신학대학원, 2002), 29-30.

2) 민순홍, "한국교회에서의 여성의 역할" (신학석사논문, 감리교신학대학 신학대학원, 1988), 37.

3) 김은정, "한국교회사에 나타난 여성 지도력 고찰," (신학석사논문, 장로회신학대학교 대학원, 2000), 11-12.

4) 조선혜, "초기 한국교회 여성의 신앙과 활동,"『기독교사상』, 1999년 10월, 57에서 재인용.

5) 양미강, "일제하 한국 기독교 여성운동에 관한 연구" (석사학위 논문, 한신대학 신학대학원, 1988), 47-48.

6) 박용규,『한국기독교회사 1 (1784-1910)』(서울: 생명의말씀사, 2004), 522; 조미애, "한국 교회의 여성 이해에 대한 연구," 36.

7) 김은정, "한국교회사에 나타난 여성 지도력 고찰," 15에서 재인용.

8) 민순홍, "한국교회에서의 여성의 역할," 36.

9) 김은정, "한국교회사에 나타난 여성 지도력 고찰," 18-19.

10) 조미애, "한국 교회의 여성 이해에 대한 연구," 34.

11) 정정숙, "韓國敎會에서의 女敎役者의 역할에 관한 硏究,"『신학지남』, 64 (1997): 24; 김은정, "한국교회사에 나타난 여성 지도력 고찰," 21.

12) 김은정, "한국교회사에 나타난 여성 지도력 고찰," 22, 전도부인 이라는 이름이 갈수록 부정적인 명칭으로 바뀌었고, 급기야 전도부인들 스스로도 자신들의 인격을 무시하는 이름이라고 생각하게 되었다. 결국 1932년에 장로교 각 노회에서는 여전도사라는 이름을 주어 시취 후 노회의 인정을 받게 하였다(Ibid., 71).

13) 조선혜, "초기 한국교회 여성의 신앙과 활동," 58; 임창복, "한국교회 여교역자의 향

존직의 위치 및 역할 가능성에 관한 연구," 143-4.

14) 조선혜, "초기 한국교회 여성의 신앙과 활동," 60-1.

15) Ibid., 63-4.

16) 임창복, "초대교회 교역의 관점에서 본 한국교회 여교역자의 항존직의 위치 및 역할 가능성에 관한 연구,"『교역과 여성안수』, 장로회신학대학교 다원화목회연구원 (서울: 장로회신학대학출판부, 1992), 141; 김은정, "한국교회사에 나타난 여성 지도력 고찰," 52-3.

17) 정정숙, "韓國敎會에서의 女敎役者의 역할에 관한 硏究," 26-28; 김은정, "한국교회사에 나타난 여성 지도력 고찰," 53-62.

18) 조미애, "한국 교회의 여성 이해에 대한 연구," 37.

19) 정정숙, "韓國敎會에서의 女敎役者의 역할에 관한 硏究" 28-29; 조윤희, "한국 교회에 있어서 여성안수에 관한 역사적 고찰," (석사학위논문, 한신대학교 신학대학원, 1994), 37.

20) 김은정, "한국교회사에 나타난 여성 지도력 고찰," 66-67.

21) 임창복, "한국교회 여교역자의 항존직의 위치 및 역할 가능성에 관한 연구," 142.

22) 조윤희, "한국 교회에 있어서 여성안수에 관한 역사적 고찰," 36.

23) 최만자, "21세기 주체문화로서의 한국교회 여성문화를 위하여,"『기독교사상』, 1999년 10월호, 29-34.

24) 조윤희, "한국 교회에 있어서 여성안수에 관한 역사적 고찰," 17-23.

25) 임창복, "한국교회 여교역자의 항존직의 위치 및 역할 가능성에 관한 연구," 147-48.

26) 강남순, "한국교회는 평등공동체인가,"『기독교사상』, 1996년 4월호, 143-51.

27) Ibid., 152-6.

28) Ibid., 158-60.

29) 사미자, "여성 지도력의 본질," 장로회신학대학교 기독교교육연구원,『교회교육』, 2002년 9월, 4-9.

30) 정태효, "영성지도력의 사례," 장로회신학대학교 기독교교육연구원,『교회교육』, 2002년 9월, 19-24.

31) 조윤희, "한국 교회에 있어서 여성안수에 관한 역사적 고찰," 39.

32) 김은정, "한국교회사에 나타난 여성 지도력 고찰," 63-64.

33) 조윤희, "한국 교회에 있어서 여성안수에 관한 역사적 고찰," 70.

34) 민순홍, "한국교회에서의 여성의 역할," 15.

35) 김인수, "여성과 여성안수의 이해에 대한 교회사적 고찰,"『교역과 여성안수』, 장로회신학대학교 다원화목회연구원 (서울: 장로회신학대학출판부, 1992), 35.

36) 조윤희, "한국 교회에 있어서 여성안수에 관한 역사적 고찰," 44.

37) Ibid., 47-48.

38) 김인수, "여성과 여성안수의 이해에 대한 교회사적 고찰," 35-37; 조윤희, "한국 교회에 있어서 여성안수에 관한 역사적 고찰," 48-9.

39) 박용규,『한국기독교회사 2 (1910-1960)』(서울: 생명의말씀사, 2004), 958-65; 조윤희, "한국 교회에 있어서 여성안수에 관한 역사적 고찰," 55.

40) 조윤희, "한국 교회에 있어서 여성안수에 관한 역사적 고찰," 61-2.

41) Ibid., 62-3.

42) Ibid., 63.

43) Ibid., 65-6.

44) 조윤희, "한국 교회에 있어서 여성안수에 관한 역사적 고찰," 66-69; 조미애, "한국 교회의 여성 이해에 대한 연구," 44, 51.

45) 조윤희, "한국 교회에 있어서 여성안수에 관한 역사적 고찰," 72.

46) 김인수, "여성과 여성안수의 이해에 대한 교회사적 고찰, 37-42.

47) 대한예수교장로회(통합),『헌법』(서울: 한국장로교출판사, 2004), 3-4, 193.

48) 장로회신학대학 다원화목회연구원,『교역과 여성안수』(서울: 장로회신학대학출판부, 1992), 4-13.

49) 김인수, "여성과 여성안수의 이해에 대한 교회사적 고찰," 17, 43.

50) 김중은, "구약의 관점에서 본 여성안수 문제,"『교역과 여성안수』, 장로회신학대학교 다원화목회연구원 (서울: 장로회신학대학출판부, 1992), 44-57.

51) 박수암, "여성안수에 대한 신약성서의 견해,"『교역과 여성안수』, 장로회신학대학교 다원화목회연구원 (서울: 장로회신학대학출판부, 1992), 58-78.

52) 김지철, "여성지도력을 위한 성서해석학적 고찰,"『교역과 여성안수』, 장로회신학대학교 다원화목회연구원 (서울: 장로회신학대학출판부, 1992), 79-96.

53) 이수영, "여성안수 반대론의 논거에 대한 반론적 고찰,"『교역과 여성안수』, 장로회신학대학교 다원화목회연구원 (서울: 장로회신학대학출판부, 1992), 97-103.

54) 김철영, "여성안수와 사회 윤리적 의미,"『교역과 여성안수』, 장로회신학대학교 다원화목회연구원 (서울: 장로회신학대학출판부, 1992), 135.

55) 임창복, "한국교회 여교역자의 항존직의 위치 및 역할 가능성에 관한 연구," 156-76.

56) 서정운, "여성안수와 선교사역,"『교역과 여성안수』, 장로회신학대학교 다원화목회연구원 (서울: 장로회신학대학출판부, 1992), 197-99.

57) 이성희, "목회현장에서 보는 여성안수,"『교역과 여성안수』, 장로회신학대학교 다원화목회연구원 (서울: 장로회신학대학출판부, 1992), 220-32.

58) 조미애, "한국 교회의 여성 이해에 대한 연구," 52.

59) 대한예수교장로회(합동),『헌법』(서울: 대한예수교장로회총회출판부, 2004), 152-54.

60) 정정숙, "韓國敎會에서의 女敎役者의 역할에 관한 硏究," 31-32.

61) 대한예수교장로회(합동),『헌법』, 152; 대한예수교장로회(통합),『헌법』, 201.

62) 정정숙, "韓國敎會에서의 女敎役者의 역할에 관한 硏究," 32-34; 49. 정정숙, "기독교 여성교육의 다변화와 전문화현상 연구,"『신학지남』, 68 (2001): 332-35.

63) 서창원, "여성안수 허용 문제에 대한 이의 제기,"『목회와 신학』, 2004년 10월, 202-5.

64) Ibid., 204-7.

65) 김의환, "교회 내 여성 사역의 제한성과 중요성,"『신학지남』, 64 (1997): 19-20.

66) 서창원, "여성안수 허용 문제에 대한 이의 제기," 205-6; idem, "여성안수에 대한 김세운 교수의 반박에 대한 재반박,"『목회와 신학』, 2004년 12월, 203.

67) 김의환, "교회 내 여성 사역의 제한성과 중요성," 11.

68) 박아론, "여성의 목사안수에 관한 여권주의자들의 주장과 우리의 견해,"『신학지남』, 63 (1996): 17-18.

69) 박아론, "여성의 목사안수에 관한 여권주의자들의 주장과 우리의 견해," 39.

70) Ibid., 40-41.

71) Ibid., 44-48.

72) 김의환, "교회 내 여성 사역의 제한성과 중요성," 12-16.

73) Ibid., 16-19.

74) 서창원, "여성안수에 대한 김세윤 교수의 반박에 대한 재반박," 196.

75) Ibid., 196-97.

76) Ibid., 200-1.

참고자료

김애영. 『여성신학의 주제탐구』. 서울: 한신대학교 출판부, 2003.

대한예수교장로회(통합). 『헌법』. 서울: 한국장로교출판사, 2004.

대한예수교장로회(합동). 『헌법』. 서울: 대한예수교장로회총회출판부, 2004.

박용규. 『한국기독교회사 1 (1784-1910)』. 서울: 생명의말씀사, 2004.

_____. 『한국기독교회사 2 (1910-1960)』. 서울: 생명의말씀사, 2004.

이화여자대학교 여성신학연구소 엮음. 『한국여성과 교회론』. 서울: 대한기독교서회, 1998.

천영숙. 『여성목회론』. 서울: 한국신학연구소, 1996.

한국여성신학회 엮음. 『교회와 여성신학』. 여성신학사상 제3집. 서울: 대한기독교서회, 1997.

강남순. "한국교회는 평등공동체인가." 『기독교사상』, 1996년 4월, 143-61.

강사문. "구약의 제사장직(priesthood)에 관한 소고." 『교육교회』, 1992년 9월, 5-27.

김세윤. "서청원 목사의 '여성안수 허용 문제에 대한 이의 제기'에 답함." 『목회와 신학』, 2004년 11월, 186-99.

김애영. "여성안수와 참된 공동체." 『한국여성신학』, 57 (2004년 여름): 58-73.

김윤옥. "여성 안수에 대한 성서신학적 고찰." 『신앙세계』, 1988년 9월, 30-33.

김은정. "한국교회사에 나타난 여성 지도력 고찰." 석사학위논문, 장로회신학대학교 대학원, 2000.

김의환. "교회 내 여성 사역의 제한성과 중요성,"『신학지남』, 64 (1997): 10-20.

김인수. "여성과 여성안수의 이해에 대한 교회사적 고찰."『교역과 여성안수』, 장로회신학대학교 다원화목회연구원 (서울: 장로회신학대학출판부, 1992), 17-43.

김중은. "구약의 관점에서 본 여성안수 문제."『교역과 여성안수』, 장로회신학대학교 다원화목회연구원 (서울: 장로회신학대학출판부, 1992), 44-57.

김지철. "여성지도력을 위한 성서해석학적 고찰."『교역과 여성안수』, 장로회신학대학교 다원화목회연구원 (서울: 장로회신학대학출판부, 1992), 79-96.

김철영. "여성안수와 사회 윤리적 의미."『교역과 여성안수』, 장로회신학대학교 다원화목회연구원 (서울: 장로회신학대학출판부, 1992), 107-136.

김화자. "여교역자 입장에서 본 여성안수의 현실진단."『교회교육』, 1992년 8월, 5-23.

김효숙. "여성지도력 개발을 위한 기독교 교육적 접근."『교회교육』, 2002년 9월, 10-16.

민순홍. "한국교회에서의 여성의 역할," 석사학위논문, 감리교신학대학 신학대학원, 1988.

박민선. "대한예수교장로회(통합)의 여성안수에 대한 고찰." 석사학위논문, 장로회신학대학 신학대학원, 1997.

박수암. "여성안수에 대한 신약성서의 견해,"『교역과 여성안수』, 장로회신학대학교 다원화목회연구원 (서울: 장로회신학대학출판부, 1992), 58-78.

박아론. "여성의 목사안수에 관한 여권주의자들의 주장과 우리의 견해."『신학지남』, 63 (1996): 11-49.

박혜원. "김세윤 교수의『하나님이 만드신 女性』을 통해 본 한국 교회를 위한 여성이해."『목회와 신학』, 2004년 9월, 200-3.

박화자. "여전도회 입장에서 본 예장(통합)의 여성문제."『교회교육』, 1992년 8

월, 24-33.

백종국. "그리스도 안에서 여성의 자유함."『복음과 상황』, 1999년 11월, 32-39.

사미자. "여성 지도력의 본질." 장로회신학대학교 기독교교육연구원『교회교육』, 2002년 9월, 4-9.

서정운. "여성안수와 선교사역."『교역과 여성안수』, 장로회신학대학교 다원화목회연구원 (서울: 장로회신학대학출판부, 1992), 196-99.

서창원. "여성안수 허용 문제에 대한 이의 제기."『목회와 신학』, 2004년 10월, 202-7.

서창원. "여성안수에 대한 김세윤 교수의 반박에 대한 재반박."『목회와 신학』, 2004년 12월, 194-207.

선순화. "한국여성 목회자의 현황과 교회에서의 위치."『신앙세계』, 1988년 9월, 38-42.

이성희. "목회현장에서 보는 여성안수."『교역과 여성안수』, 장로회신학대학교 다원화목회연구원 (서울: 장로회신학대학출판부, 1992), 220-32.

이수영. "여성안수 반대론의 논거에 대한 반론적 고찰."『교역과 여성안수』, 장로회신학대학교 다원화목회연구원 (서울: 장로회신학대학출판부, 1992), 97-106.

양미강. "일제하 한국 기독교 여성운동에 관한 연구." 석사학위논문, 한신대학 신학대학원, 1988.

임창복. "초대교회 교역의 관점에서 본 한국교회 여교역자의 항존직의 위치 및 역할 가능성에 관한 연구."『교역과 여성안수』, 장로회신학대학교 다원화목회연구원 (서울: 장로회신학대학출판부, 1992), 137-77.

장동수. "여성 논쟁 본문의 사본학적 탐구."『목회와 신학』, 2004년 9월, 204-7.

정동섭. "교회내에서의 여성의 역할."『복음과 실천』, 13 (1990): 253-82.

정정숙. "기독교 여성교육의 다변화와 전문화현상 연구."『신학지남』, 68 (2001): 305-36.

_____. "韓國敎會에서의 女敎役者의 역할에 관한 硏究."『신학지남』, 64 (1997): 21-50.

정태효. "영성지도력의 사례. " 장로회신학대학교 기독교교육연구원.『교회교육』, 2002년 9월, 17-24.

조미애. "한국 교회의 여성 이해에 대한 연구." 석사학위논문, 합동신학대학원, 2002.

조선혜. "초기 한국교회 여성의 신앙과 활동."『기독교사상』, 1999년 10월, 55-67.

조윤희. "한국 교회에 있어서 여성안수에 관한 역사적 고찰." 석사학위논문, 한신대학교 신학대학원, 1994.

최경희. "女性의 聖職差別 극복에 관한 연구." 석사학위논문, 한신대학교 신학대학원, 1993.

최만자. "21세기 주체문화로서의 한국교회 여성문화를 위하여."『기독교사상』, 1999년 10월호, 24-43.

_____. "한국교회 여성안수의 역사."『신앙세계』, 1988년 9월, 34-7.

_____. "한국여성신학-그 신학 새로하기의 어제와 오늘."『한국기독교신학논총』, 22집 (2001): 293-324.

한국 침례교와 여성리더십:
여성목사 안수 문제를 중심으로

김 용 복 부교수 | 조직신학

I. 들어가는 글

1. 연구 목적

한국교회 구성원의 약 70%를 차지하는 여성들이 한국교회에 끼친 영향은 긍정적이든 부정적이든 결코 간과할 수 없다. 그럼에도 한국교회는 여전히 여성을 남성과 대등한 동역자로 인정하지 않는다는 비판을 받고 있다. 한국교회는 이 비판의 소리에 귀를 기울여야 한다. 왜냐하면 한국교회에서 여성의 경험이라는 것은 한국교회 안에서 여성의 자기 의미를 성찰하는 것이고, 여성의 경험을 통해 "과거로부터 누적된 결과에 따른 그 자체의 내적 구조"를 확인할 수 있기 때문이다.[1]

침례교단은 아직 여성목사 안수를 인정하지 않는다. 미국 남침례교단도 여전히 여성에게 목사안수를 공식적으로는 허용하지 않는다. 오히려 1984년 여성목사를 반대하는 결의안이 캔사스 총회에서 통과되었고,[2] 2000년에 개정된 "침례교인의 신앙과 메시지"(The Baptist Faith and Message)에서는 이런 반대 입장이 신앙고백으로 좀더 분명하게 선언되었다.[3] 또 최근까지 계속되는 보수주의자들과 온건주의자들의 투쟁에서도 보수주의자들은 성서의 무오성 교리를 고수하면서 여성의 목회사역을 제한하는 입장을 견지하고 있고, 온건주의자들은 오히려 그 반대의 성향을 나타내고 있다. 그렇다면 과연 한국 침례교는 앞으로 여성목사 안수 문제에 대해 어떤 입장을 세워야 하는가? 이 문제는 한국 침례교단의 미래를 위해서 매우 중요한 사안이 될 것이다.

이 연구는 한국 침례교단이 여성목사 안수 문제를 어떻게 풀어나가야 할지 그 방향을 제시하기 위해 진행되었다. 이를 위해 연구자는 먼저 교회 내 여성에 대한 한국 침례교인들의 일반적인 인식도와 여성목사 안수에 대한 견해를 조사하고, 여성사역과 여성목사 안수에 관한 바람직한 성서적 입장을 정립하려고 한다.

2. 연구대상과 방법

이 연구는 주로 설문조사를 통해 드러난 한국 침례교인들의 의식과 한국침례교회의 현황을 분석하고, 여러 관련 문헌들을 참고해 여성목사 안수에 대한 신학적, 성서적 입장을 정리한 것이다. 한국교회와 여성 관계를 전반적으로 다루기 위해서는 다양한 교단의 성도들을 상대로 연구가 이루어져야 하지만, 이 연구는 침례교단의 여성리더십을 제고하는 목적으로 쓰인 것이기 때문에 그 연구범위를 침례교회로 제한했다. 연구방법은 설문조사와 문헌연구를 병행했다. 설문조사의 대상은 한국 침례교의 현역 목회자들과 신학생, 그리고 여성 성도들이다. 이번 조사에 응답한 설문응답자의 구성비율과 인적 특성은 <표 1>과 같다.

〈표 1〉 응답자의 인적 특성

구 분		빈도(명)	비율(%)
성별	남	132	55.2
	녀	95	39.7
	무응답	12	5.0
	계	239	100.0
연령	30대 이하	89	37.2
	40대	91	38.1
	50대 이상	50	20.9
	무응답	9	3.7
	계	239	100.0
신앙연수	9년 이하	20	8.4
	10-19년	45	18.8
	20-39년	110	46.0
	40년 이상	57	23.8
	무응답	7	2.9
	계	239	100.0
최종학력	중, 고졸	33	13.8
	대학교 졸	92	38.5
	대학원 졸	90	37.7
	기타	18	7.5
	무응답	6	2.5
	계	239	100.0
교회 위치	서울특별시 및 광역시	119	49.8
	시	89	37.2
	읍, 면, 섬	27	11.3
	무응답	4	1.7
	계	239	100.0
청장년 교인수	49명 이하	57	23.8
	50-99명	33	13.8
	100-199명	22	9.2
	200-399명	41	17.2
	400명 이상	59	24.7
	무응답	27	11.3
	계	239	100.0
직분	목사(담임, 부목 및 협동)	91	38.1
	담임전도사	22	9.2
	신학생	40	16.7
	직분자(집사, 권사...)	72	30.1
	비직분자	9	3.8
	무응답	5	2.1
	계	239	100.0

조사기간은 2005년 11월 7일에서부터 11월 17일까지다. 목회자의 경우, 지역별로 무작위로 1-2개의 지방회 소속 목회자들을 연구대상으로 선정했고, 여성도들 역시 같은 방법으로 지역을 배분했으며, 신학생들은 침례신학대학교 신학대학원 학생들을 대상으로 설문조사했다. 수집된 유효한 설문지 239부는 "사회과학을 위한 통계패키지"(SPSSWIN) 10.0 version을 이용해 분석했다. 분석방법으로는 빈도분석을 먼저 했고, 통계결과가 응답자의 특성변수(성별, 직분, 학력, 교회 위치 등)에 따라 특별한 차이를 보일 경우에는 교차분석의 결과를 제시했다.

설문조사의 주제문항은 모두 세 부분으로 구성했다. 첫째 부분은 침례교의 여성지도자에 대한 기본 인식도(5문항), 두 번째는 교회 안의 성차별 실태에 관한 문제(3문항), 세 번째는 여성안수에 관한 문제(11문항) 등이다.

II. 침례교의 여성 지도자와 성차별에 대한 기본 인식

교회에서 여성에게 커다란 관심과 기대를 갖는 것은 당연한 일이다. 특히 한국교회에서 여성이 감당하는 몫은 그 가치를 산술적으로 계산하기 어려울 정도라 해도 지나치지 않다. 그런데 여성의 역할이 크고 귀하다 하더라도 교회에서 여성을 지도자로 세우는 일은 별개의 문제다. 한국교회에서 지금까지 여성의 일은 남성의 보조적인 일을 맡는 것으로 대부분 제한되었던 것 같다. 그래서 여성이 교회의 지도자로 부각되는 일은 생각보다 쉽지 않은 일이다.

1. 교회 내 여성도의 중요성

여성은 하나님의 형상으로 창조되었다. 그리고 하나님은 남성과 여성에게 동일한 책임을 부여하셨다(창 1:26-31). 이 말은 남성과 여성이 본질상 동등하게 창조되었으며, 동일한 책임과 의무를 수행할 수 있는 역량을 함께 가지고 있다는 것을 뜻한다. 본래 남성과 여성 모두에게 지배권이 주어졌고, 아내는 남편과 더불어 세상을 다스리게 되어 있었다.

그런데 오늘날 교회 안에서 여성들은 어떤 대우를 받고 있으며 어떻게 사역하고 있을까? 먼저 한국 침례교인들에게 질문했다: "귀하는 침례교회의 사역에서 여성 성도들이 차지하는 중요도에 대해서 어떻게 생각하십니까?" 응답자 239명을 분석한 결과, "매우 중요하다" 166명(69.5%), "어느 정도 중요하다" 65명(27.2%), "별로 중요하지 않다" 5명(2.1%), "전혀 중요하지 않다" 1명(0.4%), 무응답 2명(0.8%)으로 나타났다. 여성도가 교회 사역에서 중요하다고 응답한 사람(231명, 96.7%)은 그렇지 않은 사람에 비해 압도적으로 많았다(<표 2> 참조).

<표 2> 교회 내 여성도의 중요도

단위: N(%)

항 목	매우 중요하다	어느 정도 중요하다	별로 중요하지 않다	전혀 중요하지 않다	무응답	합계
침례교회의 사역에서 여성 성도들이 차지하는 역할	166(69.5)	65(27.2)	5(2.1)	1(0.4)	2(0.8)	239(100.0)

설문을 교차분석한 결과에 따르면, 여성도의 중요성을 인식하는 일에는 남성이나 여성이나 큰 차이가 없고, 목회자나 여성도나 신학생이

나, 학력의 차이에 상관없이 거의 비슷한 수치로 매우 높게 나타났다.[4] 이런 결과는 교회 안에서 거의 모든 사람들이 여성도의 중요성을 인정한다는 것을 의미한다.

2. 교회 내 여성도의 사역

그런데 여성의 중요도만큼, 여성들의 사역이 활발하게 이루어지고 있을까? 여성들이 침례교회 안에서 주로 어떤 사역을 하는지부터 알아보았다. "귀하는 현재 침례교회에서 여성 성도들이 주로 사역하는 영역이 무엇이라고 생각합니까?"라는 질문을 했다. 우선순위를 부여해 계산한 결과, 전체 응답자 239명 가운데 1순위는 "봉사하는 일"(종합점수 813, 평균점수 3.40)이었고, 2순위는 "전도하는 일"(종합점수 645, 평균점수 2.70), 3순위는 "심방 및 상담하는 일"(종합점수 568, 평균점수 2.38), 4순위는 "가르치는 일"(종합점수 487, 평균점수 2.04), 5순위는 "재정관리하는 일"(종합점수 244, 평균점수 1.02)로 나타났다(<표 3> 참조).

〈표 3〉 여성사역 분야 순위 분석

단위: N(%)

분야	1순위	2순위	3순위	4순위	5순위	무응답	종합(평균)*
봉사하는 일	127(53.1)	23(9.6)	17(7.1)	16(6.7)	3(1.3)	53(22.2)	813(3.40)
가르치는 일	12(5.0)	30(12.6)	43(18.0)	82(34.3)	14(5.9)	58(24.3)	487(2.04)
재정관리하는 일	2(0.8)	6(2.5)	14(5.9)	14(5.9)	140(58.6)	63(26.4)	244(1.02)
심방 및 상담하는 일	12(5.0)	55(23.0)	67(28.0)	39(16.3)	9(3.8)	57(23.8)	568(2.38)
전도하는 일	33(13.8)	72(30.1)	42(17.6)	28(11.7)	10(4.2)	54(22.6)	645(2.70)

*종합점수는 순위별로 가중치를 계산한 것이고(예/ 1순위×5점, 2순위×4점, 3순위×3점, 4순위×2점, 5순위×1점), 평균점수는 종합점수를 전체 응답자 수로 나눈 것이다.

설문조사 결과에 따르면, 한국교회에서 여성들은 봉사하는 일과 전도하는 일에 많이 참여하는 반면, 가르치는 일이나 재정관리하는 일에는 적게 참여하는 것으로 드러났다. 이는 아직도 여성들은 전문적인 사역보다는 비전문적인 사역에 더 많이 활용된다는 것을 보여주는 것이라 할 수 있다. 이런 결과는 한국교회에서 여성의 사역범위가 제한적이라는 목소리가 이유 있음을 뒷받침해 준다.

또한 심방 및 상담하는 일이 3순위에 머물러 있다는 것은 아직까지 교회에서 심방, 상담 사역이 대부분 목회자에게 맡겨진 일이기 때문인 것으로 보인다. 이런 현상은 교회에서 여성들을 상담하고 심방하는 일은 남성보다 여성이 더 적합한 일임에도 그 일이 여전히 남성 목회자에 의해 독점되는 것은 아닌가 하는 우려를 낳게 한다. 한 조사결과에 따르면, 목회자의 도덕적 타락의 90%는 여성을 상담하는 데서 시작된다고 한다.[5] 여성을 상담하고 인도하는 사역에 여성이 나서는 것은 대단히 효과적이라는 사실을 기억할 필요가 있다.

3. 여성지도자 세우기

여성사역을 활발히 하기 위해서는 여성지도자를 양성하는 것이 무엇보다 필요하다. 그런데 한국교회는 얼마나 여성들을 지도자로 세우기 위해 노력할까? 침례교회 구성원들에게 다음과 같이 질문했다. "귀하는 한국침례교회가 여성 지도자를 세우는 일에 얼마나 적극적이라 생각하십니까?" 설문조사에 응답한 사람 239명 가운데 "매우 적극적이다"로 답한 사람은 22명(9.2%), "대체로 적극적이다"는 69명(28.9%), "대체로 소극적이다"는 100명(41.8%), "매우 소극적이다"는 47명

(19.7%), 무응답 1명(0.4%)으로 조사됐다. 전체 빈도분석에서는 여성지도자를 세우기 위해 "적극적이다"(38.1%)가 "소극적이다"(61.5%)에 비해 매우 낮은 것으로 나타났다(<표 4> 참조). 이는 침례교회들이 여성의 중요성을 인식하기는 하면서도, 실제로 여성지도자를 세우는 일에는 소홀하거나 부정적이라는 것을 의미한다.

<표 4> 여성지도자 세우기 인식도

단위: N(%)

항 목	매우 적극적이다	대체로 적극적이다	대체로 소극적이다	매우 소극적이다	무응답	합 계
침례교회가 여성지도자를 세우는 일	22(9.2)	69(28.9)	100(41.8)	47(19.7)	1(0.4)	239(100.0)

이를 교차분석해서 살펴보면, 교회가 여성지도자 세우는 일은 남성(38.6%)이 여성(36.8%)보다, 읍면 거주자(51.9%)가 도시 거주자(36.0%)보다 더 적극적이라 응답했다. 직분별로 보면, 담임목사(48.2%), 직분 여성도(41.6%), 담임전도사(31.8%), 신학생(20.0%), 부목사와 협동목사(16.7%), 비직분 여성도(11.1%) 순으로 나왔다. 이는 교회에서 여성지도자를 세우는 일에 남성보다 여성이, 담임목사보다 부목사, 담임전도사, 신학생이, 직분 여성도보다 비직분 여성도가 더 불만족하고 있음을 보여주는 것이다.

4. 여성목회와 여성목사 안수

여성지도자를 세우는 일에서 가장 민감한 사안은 역시 여성목회와 여성목사 안수 문제다. 과연 침례교회 목회자와 성도들은 여성목회를 얼마나 인정하고 있을까? 전체 응답자 239명 가운데 177명(74.1%)은 여성목회를 인정한다고 답했고, 53명(22.2%)은 인정하지 않는다고 답했다(무응답 9명, 3.8%). 찬성 비율을 보면, 여성(80.0%)이 남성(71.2%)보다, 도시 거주자(78.7%)가 읍면 거주자(57.7%)보다, 담임전도사(86.4%)나 신학생(82.5%)이 담임목사(63.7%)보다 높았다.

그리고 여성목회를 인정한다면 어떤 형태를 찬성하는가를 알아보았다. 복수응답이 가능한 상황에서 여성목회를 찬성하는 응답자 177명 가운데 "전도사 시취"는 62명(35.1%), "목사안수"는 73명(41.2%), "담임목회"는 59명(33.3%), "기관목회"는 57명(32.2%), "특수목회"는 54명(30.5%)이 찬성하는 것으로 나타났다(<표 5> 참조). 대체로 분포도가 비슷하지만, 그 가운데 목사안수가 다소 높았다.[6] 여성목사 안수를 찬성한다고 답한 비율은 전체 응답자 239명으로 환산하면 30.5%에 해당한다. 이는 아직 침례교인들의 70% 정도는 여성목사 안수를 찬성하지 않는다는 것을 의미한다.

<표 5> 여성목회 허용 형태

단위: N(%)

항목	전도사 시취	목사안수	담임목회	기관목회	특수목회	합계
여성목회 형태	62(35.1)	73(41.2)	59(33.3)	57(32.2)	54(30.5)	177(100.0)

III. 교회 내 성차별 실태와 문제점

1990년에 나온 데이빗 바레트(David Barrett)의 『기독교백과사전』에 따르면, 8,400만 명의 여성이 강제수술로 성불구가 되었고, 세계의 가난한 사람 가운데 70%, 세계의 병자와 불구자 가운데 75%가 여성이다. 매년 200만 명의 여성이 강간을 당하고, 2억의 여성이 구타를 당하는데, 그 수는 1년에 1,500만 명씩 늘어나고 있다. 또한 세계적으로 95만 명의 안수 받은 성직자 가운데 여성은 5만 명, 즉 5%에 불과하다.[7] 이처럼 여성은 사회에서나 교회에서나 남성보다 더 많이 고난을 당하고 불평등을 경험한다. 한 연구보고서는 한국의 여교역자들이 당하는 고난도 "출신배경, 불충분한 교육수준과 아울러 교회의 성차별적인 직제구조"와 "한국의 문화, 경제, 정치적 여건" 등과 관련 있다고 보고한다.[8]

1. 교회 내 여성차별 인식도

과연 실제로 한국교회 안에서 여성들은 성차별을 경험하고 있는지 알아보았다: "귀하는 여성 성도들이기 때문에 교회에서 차별을 받아본 일이 있거나 목격한 적이 있습니까?" 응답자 239명 가운데 "자주 있다"는 29명(12.1%), "약간 있다"는 85명(35.6%), "별로 없다"는 83명(34.7%), "전혀 없다"는 25명(10.5%), "무응답" 17명(7.1%)으로 나타났다(<표 6> 참조). 분석결과, 성차별을 경험했다는 쪽(47.7%)이 그렇지 않다는 쪽(45.2%)보다 다소 높은 비율을 보여주었다.

<표 6> 여성 차별 인식도

단위: N(%)

항목	자주 있다	약간 있다	별로 없다	전혀 없다	무응답	합계
여성 차별 경험	29(12.1)	85(35.6)	83(34.7)	25(10.5)	17(7.1)	239(100.0)

그런데 이를 교차분석해서 살펴보면, 남성(46.2%)과 여성(48.6%) 사이에 성 차별 경험은 크게 다르지 않지만, 읍면(38.5%)보다 도시(56.5%)에서 성차별을 더 경험한다고 답했다. 직분별로 보면, 성차별 경험은 여성도(43.2%), 담임목사(44.7%), 담임전도사(54.6%), 신학생(57.5%) 순으로 점점 높게 나타났다. 신학생이나 목회자들보다 여성도들이 성차별을 덜 경험한다는 수치는 다소 의외의 결과다. 어쩌면 그만큼 여성 자신에 대한 기대치가 낮기 때문일까? 아니면 그것도 일종의 선입견에서 오는 것일까?

2. 여성 설교에 대한 반응

한국교회에서 여성이 설교하는 일은 그리 쉽지 않다. 설교단을 여성에게 개방하지 않는 한국교회의 보수적 풍토는 대개 일상화된 현상 가운데 하나다. 기독교 역사를 보더라도, 대체로 여성 설교는 금지사항이었다. 사실 영국침례교회가 영국 국교회와 장로교회로부터 비난을 받았던 이유 가운데 하나도 여성들이 설교하는 것을 용납했기 때문이다.[9]

오늘날 한국침례교회는 어떠한가? "귀하는 교회에서 여성 성도들이 구역이나 목장에서 설교하는 일에 대해서 어떤 견해를 가지고 계십니까?"라는 질문을 했다. 분석결과, 응답자 239명 가운데 "매우 긍정적이다"라고 답한 사람은 101명(42.3%)에 달했고, "대체로 긍정적이다"는 117명(49.0%), "대체로 부정적이다"가 17명(7.10%), "매우 부정적이다"는 1명(0.4%), 무응답 3명(1.3%)로 드러났다(<표 7> 참조). 이 설문결과는 여성이 주일예배의 설교를 하기는 어려워도, 구역이나 목장에서 설교를 하는 것은 큰 문제가 되지 않는다는 것을 보여준다. 전체 응답자 가운데 무려 218명(91.3%)이 여성의 설교에 대해 긍정적인 태도를 가지고 있었다. 긍정적 반응 결과를 다시 교차분석해 보면, 남성(88.7%)보다는 여성(93.7%)이, 담임목사(88.2%)보다는 담임전도사(100%)와 신학생(199%)이 더 많이 찬성 의견을 보여주었다.

<표 7> 여성 설교에 대한 반응

단위: N(%)

항 목	매우 긍정적이다	대체로 긍정적이다	대체로 부정적이다	매우 부정적이다	무응답	합 계
여성 설교	101(42.3)	117(49.0)	17(7.1)	1(0.4)	3(1.3)	239(100.0)

3. 성별 능력 차이 문제

리더십의 형태에서 볼 때, 남성보다 여성들은 대체로 공동 리더십과 팀 결정 방식을 더 선호하는 편이다. 일반적으로 남성과 여성의 리더십에는 다음과 같은 차이가 있다고 한다. "여성은 관계, 과정, 관계망, 정보 공유를 강조한다. 남성은 성취를 강조하고, 다른 일와[과] 유사성을 살피며, 정보를 나누는 데 어려움을 갖고 있으며 경쟁 중심이다. 남성은 비전을 강조한다. 여성은 자신을 발견하고 다른 사람들이 자신의 목소리를 낼 수 있도록 도우면서 목소리를 강조한다."[10] 4년간 파트타임 목회를 하고 있는 32세 여성은 이렇게 말한다: "남성들은 아무래도 좀더 위계를 따지지요…. 독재자가 따로 있나요…. 나는 사람들이 다같이 찬성하는 쪽으로 가요. 사람들이 동의하지 않는다면 안 하지요."[11] 대체로 여성이 더 민주적인 리더십을 발휘한다는 얘기다.

과연 침례교인들은 남성과 여성의 능력 차이에 대해 어떻게 생각하고 있을까? "귀하는 교회 사역에 있어서 전반적으로 볼 때 여성과 남성의 능력 차이가 있다고 생각하십니까?"라는 질문에 대해, 응답자 239명 가운데 "남성이 아주 우월하다"는 7명(2.9%), "남성이 약간 우월하다"는 50명(20.9%), "여성이 조금 우월하다"는 14명(5.9%), "여성이 아주 우월하다"는 3명(1.3%), "남성과 여성의 차이는 없다"는 156명(65.3%), 무응답 9명(3.8%)로 나타났다(<표 8> 참조).

<표 8> 성별 능력 차이

단위: N(%)

항목	남성 아주 우월	남성 약간 우월	여성 조금 우월	여성 아주 우월	차이없음	무응답	합계
성별 능력 차이	7(2.9)	50(20.9)	14(5.9)	3(1.3)	156(65.3)	9(3.8)	239(100.0)

남성과 여성의 차이가 없다고 답한 비율을 교차분석해 보면, 남성(71.2%)이 오히려 여성(60.0)보다, 담임목사(72.9%)가 신학생(67.5%)이나 직분 여성도(55.6%)보다, 학력이 높을수록(중고졸 33.3%, 대졸 67.4%, 대학원졸 74.4%) 능력의 차이를 인정하지 않는다는 응답 비율이 높았다.

IV. 여성안수에 대한 인식과 신학적 문제

한국교회의 여성들이 인권의 기본적인 요소를 누리지 못하는 가장 중요한 원인은 "교회의 가부장제적 지배의 억압을 중층적"으로 받고 있으며, 이런 억압적 상황은 여성안수 논쟁에서 비롯되었다는 지적을 받는다. 과거 한국교회에서 여성안수가 거부되자 교회 여성의 기본인권이 박탈되었다는 인식이 확산되었고, 이는 사회에서 소외된 인권상황과 연대하게 된다. 그리고 1970년대 초부터 한국교회가 직면한 인권 문제들에 교회 여성들은 원폭피해자 문제나 빈민선교지원과 같은 다양한 인권운동에 참여하게 된다.[12]

1. 여성안수와 교육

여기서 우리는 한국교회에서 여성안수에 관한 이해가 부족하다는 점에 주목할 필요가 있다. 우선 여성안수에 대해 교회에서 배울 기회가 제한되어 있다는 것도 그 원인 가운데 하나다. 침례교인들에게 "귀하는 교회에서 여성안수에 대해 가르치거나 배운 적이 있습니까?"라는 질문을 했다. 응답자 239명 가운데 7명(2.9%)은 "자주 있다"고 답했고, 나머지 45명(18.8%)은 "약간 있다," 86명(36.0%)은 "별로 없다," 101명(42.3%)은 "전혀 없다"로 응답했다(<표 9> 참조). 응답자 가운데 187명(78.3%)이 여성안수에 대해 가르치거나 배운 일이 별로 없거나 전혀 없다고 답했다.[13]

자신의 목소리를 낼 수 있도록 도우면서 목소리를 강조한다."[10] 4년간 파트타임 목회를 하고 있는 32세 여성은 이렇게 말한다: "남성들은 아무래도 좀더 위계를 따지지요…. 독재자가 따로 있나요…. 나는 사람들이 다같이 찬성하는 쪽으로 가요. 사람들이 동의하지 않는다면 안 하지요."[11] 대체로 여성이 더 민주적인 리더십을 발휘한다는 얘기다.

과연 침례교인들은 남성과 여성의 능력 차이에 대해 어떻게 생각하고 있을까? "귀하는 교회 사역에 있어서 전반적으로 볼 때 여성과 남성의 능력 차이가 있다고 생각하십니까?"라는 질문에 대해, 응답자 239명 가운데 "남성이 아주 우월하다"는 7명(2.9%), "남성이 약간 우월하다"는 50명(20.9%), "여성이 조금 우월하다"는 14명(5.9%), "여성이 아주 우월하다"는 3명(1.3%), "남성과 여성의 차이는 없다"는 156명(65.3%), 무응답 9명(3.8%)로 나타났다(<표 8> 참조).

<표 8> 성별 능력 차이

단위: N(%)

항목	남성 아주 우월	남성 약간 우월	여성 조금 우월	여성 아주 우월	차이없음	무응답	합계
성별 능력 차이	7(2.9)	50(20.9)	14(5.9)	3(1.3)	156(65.3)	9(3.8)	239(100.0)

남성과 여성의 차이가 없다고 답한 비율을 교차분석해 보면, 남성(71.2%)이 오히려 여성(60.0)보다, 담임목사(72.9%)가 신학생(67.5%)이나 직분 여성도(55.6%)보다, 학력이 높을수록(중고졸 33.3%, 대졸 67.4%, 대학원졸 74.4%) 능력의 차이를 인정하지 않는다는 응답 비율이 높았다.

IV. 여성안수에 대한 인식과 신학적 문제

한국교회의 여성들이 인권의 기본적인 요소를 누리지 못하는 가장 중요한 원인은 "교회의 가부장제적 지배의 억압을 중층적"으로 받고 있으며, 이런 억압적 상황은 여성안수 논쟁에서 비롯되었다는 지적을 받는다. 과거 한국교회에서 여성안수가 거부되자 교회 여성의 기본인권이 박탈되었다는 인식이 확산되었고, 이는 사회에서 소외된 인권상황과 연대하게 된다. 그리고 1970년대 초부터 한국교회가 직면한 인권 문제들에 교회 여성들은 원폭피해자 문제나 빈민선교지원과 같은 다양한 인권운동에 참여하게 된다.[12]

1. 여성안수와 교육

여기서 우리는 한국교회에서 여성안수에 관한 이해가 부족하다는 점에 주목할 필요가 있다. 우선 여성안수에 대해 교회에서 배울 기회가 제한되어 있다는 것도 그 원인 가운데 하나다. 침례교인들에게 "귀하는 교회에서 여성안수에 대해 가르치거나 배운 적이 있습니까?"라는 질문을 했다. 응답자 239명 가운데 7명(2.9%)은 "자주 있다"고 답했고, 나머지 45명(18.8%)은 "약간 있다," 86명(36.0%)은 "별로 없다," 101명(42.3%)은 "전혀 없다"로 응답했다(<표 9> 참조). 응답자 가운데 187명(78.3%)이 여성안수에 대해 가르치거나 배운 일이 별로 없거나 전혀 없다고 답했다.[13]

<표 9> 여성안수 교육 경험

단위: N(%)

항목	자주 있다	약간 있다	별로 없다	전혀 없다	합계
여성안수에 대한 교육 경험	7(2.9)	45(18.8)	86(36.0)	101(42.3)	239(100.0)

이를 그룹별로 교차분석하면, 배운 경험이 없다 쪽으로 답한 비율은 여성(86.3%)이 남성(72.2%)보다, 도시 거주자(78.4%)가 읍면 거주자(69.3%)보다, 신학생(82.5%)과 여성도(88.2%)가 담임목사(70.6%)와 부목사(50%)보다, 학력이 낮을수록(고졸 84.8%, 대졸 82.6%, 대학원졸 72.2%) 높게 나왔다. 특기할 점은 신학생들조차도 82.5%가 여성안수 문제에 대해 교육을 받은 적이 없다고 응답했다는 것이다.

사실 여성이라는 이유로 차별을 경험하는 것은 교회에서만이 아니다. 교회의 지도자를 키우는 신학교에서조차 여성차별은 예외가 아닌 것 같다. 물론 모든 신학교가 그런 것은 아니지만, 한 여성 사역자가 고백한 신학교에서의 세 가지 충격적인 사건은 아직도 보수적이고 남성 중심적인 신학교의 분위기를 잘 말해준다. 첫 번째는 한 신학대학원의 원우회 회칙개정안 준비를 위한 서명 과정에서 누군가가 회람시킨 서명용지에 "여자들은 집으로 돌아가라. 여자들 때문에 남자들의 입학에 그만큼 불이익이 생겼다. – 여성입학반대추진위원회" 사건, 두 번째는 수강신청서 인적 사항을 적는 곳에 여학생들은 "노회명: 여자"라고 분류해 놓은 사건, 세 번째는 1998년 종교개혁 481주년 기념예배에서 모 지방 신학대 학장이 간증을 하려는 일본인 여자 성도를 단상 아래로 내려 보냈던 사건.[14]

그런가 하면 아직 여성안수를 인정하지 않는 교단 신학교에서 여성에 대한 교육목표는 어디에 두어야 하는지도 의문이다. 남학생들에게는 목사가 될 것을 요구하면서, 여학생에게는 사모가 되라고 서슴없이 말하는 교수들에 대해 여학생들이 느끼는 좌절감을 토로한 여성사역자도 있다.[15] 여성신학자 손승희는 1994년 "21세기 한국신학의 과제"에서 신학교육 부문에서 여성에 대한 차별은 늘 존재해 왔던 문제였다고 주장하면서, 해방 이후 신학대학이 주로 남성 목사와 여성 전도사를 양육하는 것이 실제적인 목표가 되어 왔고, 여성 교수의 부족으로 여성교육의 왜곡 등이 일어났다고 비판한다.[16]

2. 여성안수와 성서적 근거

한국 침례교인들은 여성안수에 성서적 근거가 있다고 생각할까? 응답자 239명 가운데 "충분히 있다"는 48명(20.1%), "어느 정도 있다"는 83명(34.7%), "별로 없다"는 74명(31.0%), "전혀 없다"는 21명(8.8%), 무응답은 13명(5.4%)으로 드러났다(<표 10> 참조). 성서적 근거가 있다고 답한 사람(54.8%)이 그렇지 못하다고 답한 사람(39.8%)보다 높은 비율을 보였다.

<표 10> 여성안수의 성서적 근거

단위: N(%)

항목	충분히 있다	어느 정도 있다	별로 없다	전혀 없다	무응답	합계
여성안수의 성서적 근거	48(20.1)	83(34.7)	74(31.0)	21(8.8)	13(5.4)	239(100.0)

이를 다시 교차분석해 보면, 성서적 근거가 "있다" 쪽으로 답한 비율은 여성(56.8%)이 남성(43.2%)보다, 도시 거주자(59.3%)가 읍면 거주자

(46.1%)보다, 담임전도사(63.6%)나 신학생(65.0%)이 담임목사(47.0%)보다 높게 나타났다. 전체 응답자 가운데 담임목사 그룹이 성서적 근거를 가장 적게 인정한다는 분석결과는 특기할 만한 현상이다.

3. 침례교 정신과 여성안수

침례교인들에게 침례교 정신과 여성안수의 문제를 연관해서 물어보았다. "귀하는 침례교의 정신과 여성안수 문제가 상관이 있다고 생각하십니까?"라는 질문에, "매우 밀접한 관계있다"고 답한 사람은 전체 응답자 239명 가운데 42명(17.6%), "어느 정도 관계있다"는 86명(36.0%), "별로 관계없다"는 83명(34.7%), "전혀 관계없다"는 21명(8.8%), 무응답 7명(2.9%)로 나타났다(<표 11> 참조). 응답자들이 침례교 정신을 어떤 것으로 생각했는지는 확인할 수 없지만, 설문결과, 침례교 정신과 여성안수 사이에 상관관계가 있다고 대답한 사람(53.6%)이 그렇지 않다고 답한 사람(43.5%)보다 조금 많다는 것을 알 수 있다. 그리고 상관관계가 있다고 말한 응답자는 성별, 직분, 학력 등에 의해 큰 차이가 나지 않는 것으로 나타났다.

<표 11> 침례교 정신과 여성안수 상관성

단위: N(%)

항목	매우 밀접한 관계있다	어느 정도 관계있다	별로 관계없다	전혀 관계없다	무응답	합계
침례교정신과 여성안수 상관성	42(17.6)	86(36.0)	83(34.7)	21(8.8)	7(2.9)	239(100.0)

그렇다면 침례교 정신과 여성안수 문제가 관계있다고 답한 사람은 침례교의 어떤 정신이 그러하다고 생각했을까? 응답자 135명 가운데 "개교회주의"라 답한 사람은 24명(17.8%), "회중정치"는 29명(21.5%), "신앙의 자유정신"은 34명(25.2%), "성경 제일주의"는 30명(22.2%), "직분제도"는 18명(13.3%)로 나왔다.

또한 상관관계가 있다고 답한 사람 가운데 여성안수를 "매우 긍정적"으로 본 사람은 응답자 31명 가운데 1명(3.2%), "대체로 긍정적이다"는 2명(6.5%), "대체로 부정적이다"는 14명(45.2%), "매우 부정적이다"는 14명(45.2%)로 나타났다. 이 문항에 대해 응답한 사람이 31명(13.0%)에 불과하다는 것 자체가 그만큼 여성목사 안수에 대해서는 아직 부정적인 성향을 반영한 것이라 볼 수 있지만, 침례교 정신과 여성안수를 연결시켜 조합했기 때문에 다른 결과와 큰 차이를 보인 것으로 추측된다(아무런 조건 없이 여성안수의 성서적 근거가 있다고 답한 비율은 전체 54.8%를 나타낸 바 있다).

4. 여성목사 수용 여부

이런 상황에서 여성목사를 담임목사나 부목사로 세운다면 교인들이 어떤 반응을 보일 것으로 예상하는지 물었다. 응답자 239명 가운데 "적극적으로 환영할 것이다"는 10명(4.2%), "반대하지는 않을 것이다"는 102명(42.7%), "약간 반대할 것이다"는 92명(38.5%), "적극적으로 반대할 것이다"는 33명(13.8%), 무응답 2명(0.8%)인 것으로 조사됐다(<표 12> 참조). 이는 긍정적 입장(46.9%)이 부정적 입장(52.3%)보다 다소 적은 수치였다. 반대하지 않거나 적극 찬성하겠다는 응답은 남성(43.9%)보다 여성(50.5%)이, 읍면 거주자(38.5%)보다 도시 거주자(49.4%)가 다소 높고, 직분에서는 담임전도사가 63.6%로 목사(43.5%)나 신학생(45.0%)보다 월등히 높았다.[17]

<표 12> 여성목사 수용 여부

단위: N(%)

항목	적극적으로 환영할 것	반대하지는 않을 것	약간 반대할 것	적극적으로 반대할 것	무응답	합계
여성목사 수용 여부	10(4.2)	102(42.7)	92(38.5)	33(13.8)	2(0.8)	239(100.0)

5. 여성목사 안수의 찬성 이유

여성목사의 성서적 근거가 있다고 대답한 사람들이 전체 응답자 가운데 54.8%에 해당한다는 결과를 확인한 바 있는데, 실제로 응답자들은 어떤 이유로 여성 목사안수를 찬성하는지 추가로 알아보았다. 응답자 239명 가운데 "시대의 추세다"는 34명(14.2%), "성경적이다"는 21명(8.8%), "교회성장에 도움된다"는 52명(21.8%), "여권신장에 도움된다"는 35명(14.6%), "기타"와 "무응답"은 각각 46명(19.2%), 51명(21.3%)로 나타났다(<표 13> 참조). 특기할 사항은 성서적이기 때문에 찬성한다는 응답자는 8.8%에 불과했고, 그보다 다른 이유가 여성목사를 찬성하는 원인으로 작용했다는 점이다. 그리고 그 이유 가운데 가장 높은 비율을 차지한 것은 "교회성장에 도움된다"(21.8%)였다. 이는 여성목사의 안수 문제에 더 큰 영향을 미치는 것은 원론적인 문제(성서적 근거)보다는 현실적인 문제(교회성장)라는 것을 반영한 것이라 생각한다. 그런데 응답자들은 여성목사가 자신의 교회에 세워진다 하더라도 교

회성장에 도움이 될 것이라는 반응을 보여, 여성목사 안수의 필요성이 더 부각되고 있다.[18]

<표 13> 여성목사 안수의 찬성이유

단위: N(%)

항목	시대의 추세다	성경적이다	교회성장에 도움	여권신장에 도움	기타	무응답	합계
여성목사 안수 찬성 이유	34(14.2)	21(8.8)	52(21.8)	35(14.6)	46(19.2)	51(21.3)	239(100.0)

한편, 여성목사 안수가 교회성장에 도움이 된다고 응답한 비율은 남성(16.7%)보다 여성(29.5%)이 높았는데, 남성들은 오히려 여권신장에 도움이 된다고 답한 사람이 남성 응답자 가운데 18.2%로 가장 많았다. 특히 목사는 교회성장에 도움이 된다고 답한 사람이 15.3%에 불과하지만(무응답과 기타 의견이 47.1%), 담임전도사는 45.5%가 교회성장에 도움이 된다고 답했다. 신학생들은 10.0%만 교회성장에 도움이 된다고 답했고, 신학생의 22.5%는 각각 "여권신장에 도움이 된다," "시대의 추세다"에 표를 주었다.

6. 여성목사의 기대 분야

이번에는 좀더 구체적으로 응답자 자신의 교회에 여성을 담임목사나 부목사로 안수해 세운다면 교회성장에 미치는 영향이 어떠할 것인지를 질문했다. 그 결과, 174명(72.8%)은 긍정적으로, 58명(24.3%)은 부정적으로 반응했다(<표 14> 참조). 이를 세분하면, 긍정적으로 답한 그룹은 여성(82.1%)이 남성(67.5%)보다, 도시 거주자(75.6%)가 읍면 거주자(57.7%)보다, 여성도(83.4%)와 신학생(82.5%)이 담임목사(60.0%)보다 높은 비율을 보였다.[19]

<표 14> 여성목사의 교회성장 도움 여부

단위: N(%)

항목	크게 도움이 될 것	어느 정도 도움이 될것	별로 도움이 안될 것	전혀 도움이 안될 것	무응답	합계
여성목사의 교회성장 도움여부	41(17.2)	133(55.6)	47(19.7)	11(4.6)	7(2.9)	239(100.0)

그렇다면 여성목사가 자신이 소속한 교회에서 교회성장에 도움이 될 것이라 생각하는 응답자들은 어떤 영역에서 그런 효과를 기대하고 있는가? 응답자 239명 가운데 "설교"라고 답한 사람은 15명(6.3%), "사회봉사"는 20명(8.4%), "교회행정"은 103명(43.1%), "심방 및 상담"은 5명(2.1%), "전도"는 11명(4.6%), "기타"와 "무응답"은 각각 12명(5.0%), 73명(30.5%)에 해당한다(<표 15> 참조). 교회행정이 압도적으로 높은 비율을 보였다.

<표 15> 여성목사의 기대 분야

단위: N(%)

항목	설교	사회봉사	교회행정	심방 및 상담	전도	기타 및 무응답	합계
여성목사의 기대 분야	15(6.3)	20(8.4)	103(43.1)	5(2.1)	11(4.6)	85(35.5)	239(100.0)

7. 여성목사 이미지에 끼친 부정적 영향

여성목사 안수를 찬성하든 반대하든, 응답자들이 여성안수를 허용하지 않는 현재 한국침례교회의 풍토에 영향을 준 것이 무엇이라 생각하는지 알아보았다. 우선순위에 따라 조사한 결과를 보면, 1순위에 가장 많은 점수를 준 것은 "한국사회의 유교전통"(44.8%)이지만, 종합순위로 환산하면 1순위는 "남성목회자의 기득권"이 되고, 2순위는 "한국 사회의 유교전통"과 "미국 남침례교의 영향"이 동일한 비율로 나왔으며, 가장 적게 영향을 끼친 부분은 "남성 성도들의 불만"으로 나타났다.(<표 16> 참조).

<표 16> 여성목사 이미지에 끼친 부정적 영향

단위: N(%)

원인	1순위	2순위	3순위	종합(평균점수)*
한국사회의 유교전통	107(44.8)	38(15.9)	22(9.2)	249(1.0)
남성 목회자의 기득권	40(16.7)	92(38.5)	32(13.4)	320(1.3)
여성지도자의 자질	13(5.4)	12(5.0)	31(13.0)	130(0.5)
신학교육의 폐쇄성	10(4.2)	22(9.2)	32(13.4)	154(0.6)
남성 성도들의 불만	1(0.4)	18(7.5)	44(18.4)	91(0.4)
미국 남침례교의 영향	24(10.0)	13(5.4)	27(11.3)	249(1.0)

*종합점수는 순위별로 가중치를 계산한 것이고(예/ 1순위×3점, 2순위×2점, 3순위×1점), 평균점수는 종합점수를 전체 응답자 수로 나눈 것이다.

여성안수에 부정적 영향을 준 것으로 미국 남침례교의 영향이 2순위로 올라왔다는 것은 특기할 만하다. 사실 미국 침례교는 북침례교와 남침례교 사이에 여성사역에 대한 견해 차이가 있다. 북부의 자유의지 침례교회, 제7일 침례교회, 스웨덴 침례교회, 독일 침례교회, 독일 침례형제교회에서는 여성이 설교를 하는 것이 가능하지만, 남부의 침례교회는 여성의 공적 역할을 성가대 찬양, 공적인 간증으로 엄격히 제한된다.[20] 1977년에 조사한 미국 남침례교의 국내선교부(Home Mission Board) 보고에 따르면, 대부분 남침례교인들은 여성을 담임목사로 안수하는 것을 반대하고 있지만, 75%는 여성들이 교육목사나 청소년목사, 혹은 사회에서 목회하기 위한 목사안수에는 찬성하고 있는 것으로 나타났다.[21] 물론 여성 안수를 적극 반대하는 교회나 주총회도 있었다. 어떤 지방회는 여성에게 안수를 준 교회를 징계하거나 지방회에서 탈퇴시키기도 했다.[22] 하지만 분명한 사실은 1964년 남침례교에서 최초의 여성목사가 나온 이후, 1990년대까지 약 1,000명의 여성들이 목사안수를 받았다는 것이다. 이는 남침례교 전체 목회자의 4%에 해당하는 숫자다.[23] 그럼에도 여성안수 문제에 부정적으로 영향을 끼친 원인으로 많은 응답자들이 남침례교의 영향을 지목한 것은 아마도 미국 남침례교가 공식적으로는 여성목사 안수를 허용하지 않았고, 또 최근 점차 보수화하는 경향을 보이는 미국 남침례교로부터 받은 인상으로 인해 "침례교는 여성안수를 하지 않는다"는 인상을 받았기 때문인 것으로 보인다.

8. 여성안수 반대 이유

마지막 질문은 "귀하가 만일 여성목사 안수를 반대하신다면 가장 큰 이유는 무엇입니까?"였다. 응답자 239명 가운데 "아직 때가 되지 않았다"는 41명(17.2%), "비성경적이다"는 5명(2.1%), "교회에 별 유익이 없다"는 11명(4.6%), "남성들의 위치가 약화된다"는 27명(11.3%), "리더십이 남성보다 부족하다"는 33명(13.8%), "무응답"은 122명(51.0%)로 나타났다(<표 17> 참조). 가장 많은 응답을 보인 것은 무응답(51.0%)이지만, 그 다음은 전체 응답자 239명 가운데 41명(17.2%)이 "아직 때가 되지 않았다"에 답했다.

<표 17> 여성안수 반대 이유

단위: N(%)

항목	아직 때가 되지 않았음	비성경적	교회에 별 유익이 없음	남성들의 위치가 약화됨	리더십이 남성보다 부족함	무응답	합계
반대 이유	41(17.2)	5(2.1)	11(4.6)	27(11.3)	33(13.8)	122(51.0)	239(100.0)

교차분석 결과, 남성들은 "남성들의 위치가 약화된다"에 가장 많은 답을 했고(16.7%), 여성들은 "아직 때가 되지 않았다"에 가장 많은 답을 했다(27.4%). 또 담임목사는 "남성들의 위치가 약화된다"에 가장 많이 응답했고(21.2%), 담임전도사는 "리더십이 남성보다 부족하다"(13.6%)에, 신학생은 "때가 아직 되지 않았다"(20.6%)에 가장 많은 표를 주었다. 이를 학력별로 보면, 고졸과 대졸은 "아직 때가 되지 않았다"에 각각 39.4%, 17.4%를, 대학원졸은 "리더십이 남성보다 부족하다"에 17.8%로 가장 많이 응답했다.

IV. 여성안수에 대한 반성과 대책

지금까지 한국 침례교인들을 대상으로 교회 내 여성 리더십의 문제를 설문조사를 통해 살펴보았다. 설문응답을 분석한 결과를 통해 볼 때, 여성 리더십과 관련해 한국 침례교인들의 성향은 다음과 같이 정리된다:

(1) 여성사역은 전문직(교육, 재정관리, 심방)보다 비전문직(봉사, 전도)에서 더 활발히 이루어지고 있다.
(2) 교회가 여성지도자를 세우는 일에 소극적이라는 응답을 보인 사람이 60%를 넘었다(61.5%).
(3) 여성목회를 인정한다는 응답은 그렇지 않다는 응답보다 3배 이상 높았다(74.1% 〉 22.2%).
(4) 하지만 목사안수를 찬성한다는 응답은 30.5%에 그쳤다.
(5) 성차별 경험은 경험했다 쪽이 그렇지 않다는 쪽보다 다소 많았다 (47.7% 〉 45.2%).
(6) 여성설교에 긍정적 반응을 보인 비율은 91.3%로 매우 높았다.
(7) 남녀 성별 능력 차이에서는 65.3%가 차이 없다고 답했다.
(8) 여성안수에 대한 교육은 78.3%가 받은 경험이 없다고 응답했다.
(9) 여성안수의 성서적 근거가 있다고 응답한 쪽이 그렇지 않다는 쪽보다 많았다(54.8% 〉 39.8%).
(10) 침례교 정신과 여성안수의 상관관계는 있다고 응답한 사람이 조금 많았다(53.6% 〉 43.5%).
(11) 자신의 교회에 여성목사를 받아들이는 문제에는 반대여론이 찬성여론보다 높을 것이라고 응답했다(52.3% 〉 48.9%).
(12) 여성목사를 찬성하는 이유로는 교회성장에 도움이 된다는 응답이

가장 많았고(21.8%), 자신의 교회성장에 도움이 될 것이라는 긍정적 응답이 부정적 응답보다 3배 정도 높았다(72.8% 〉 24.3%).
(13) 여성안수에 부정적 영향을 끼친 원인에서 종합 1위는 "남성목회자의 기득권"으로 나타났다.
(14) 여성목사 안수를 반대하는 가장 큰 이유는 "아직 때가 되지 않았다"로 나왔다.

이상의 설문분석을 통해 볼 때, 현재까지는 여성안수 문제에 대해 부정적 반응이 다소 우세한 것으로 나타났지만, 그 부정적 현상은 성서적 근거가 부족하거나 없어서라기보다, 현실적으로 한국교회의 폐쇄적 분위기를 극복하지 못했기 때문인 것으로 보인다. 교인들은 여성목사를 세울 경우, 교회성장에 도움이 될 것으로 기대하고 있다. 다만 이를 방해하는 가장 큰 원인은 남성목회자의 기득권이라는 인식을 가지고 있는 것으로 나타났다. 여성목사의 안수를 반대하는 이유가 설문 결과에 나타난 대로 "때"의 문제라면, 그 "때"는 과연 언제 올 것인가? 그 때를 앞당기기 위해서는 한국 침례교인들이 한국교회가 지니고 있는 구조적 문제점을 인식하고, 여성안수에 대한 신학적, 성서적 확신을 가질 필요가 있다.

1. 여성의 목소리

우리는 우선 여성의 입장이 신학에 정당하게 반영되어야 한다는 목소리에 귀를 기울일 필요가 있다. 여성신학자들은 전통적인 기독교신학이 남성중심의 기독교 공동체에서 형성된 것이기 때문에, 그만큼 남성중심의 신학구조로 되어 있다고 주장한다. 그런 점에서 여성신학은 자신의 과제를 여성의 시각에서 과거의 전통을 비판하고, 여성의 잃어버린 역사를 회복하며, 기독교의 범주와 교리를 수정하는 데 있다.[24] 그렇다고 "여성신학의 주장"을 무비판적으로 모두 수용하자는 말은 아니다. 기독교신학의 통전성을 위해 결여되어 있는 신학의 여성성을 살리는 노력이 필요하다는 것이다.[25] 특히 여성신학은 한국교회의 가부장적 전통이 한국교회의 초기 형성과정에서 선교사를 통해 들어온 서구 기독교의 전통적 가부장적 이데올로기와 한국사회의 유교적 가부장 문화가 결합하면서 생긴 것이며, 이런 가부장적 구조를 지속시키는 것은 한국신학의 보수성이라고 비판한다.[26]

이런 관점에서 볼 때, 교회 내 여성차별이 정당화되는 근거를 제공하는 중요한 요인 가운데 하나는 남성 중심적 성서 해석에서 나온다는 것을 알 수 있다. 이런 성서해석은 배타적인 축자영감설에 입각한 근본주의 신앙으로 기인한 점이 많다. 그리고 이런 성서해석에 대한 시각은 곧 교리로 재탄생한다. 그래서 여성적 관점에서 성서를 새롭게 읽는 것은 그만큼 한국교회에서는 파격적이 아닐 수 없다.[27] 하지만 한국교회는 성서를 읽는 다양한 수단을 경험하고, 적절히 수용할 필요가 있다. 침례교인들은 무엇보다도 성서해석의 자유에 대한 자긍심을 가지고 있는 사람들임을 기억해야 한다.

2. 여성안수 반대근거 구절에 대한 재고

표면적으로 성서를 읽는 사람들은 여성안수가 비성서적이라 확신하지만, 그것은 성서를 지나치게 문자적으로 해석한 결과다.[28] 몇 가지 성서적 예를 들어보자. 성서에서 여성안수를 반대하는 근거로 제시되는 대표적인 구절은 고린도전서 14장 34-35절이다.[29] 특히 이 구절에서 "잠잠하라"고 번역된 헬라어 단어는 "입을 다물라," "방해하지 말라" 등을 의미하며, "여자"는 "아내"를 가리킨다. 왜냐하면 35절에서 "남편"이 언급되기 때문이다. "부끄러운"으로 번역된 단어는 "덕이 되지 않는"이란 뜻이다.[30] 따라서 이 구절은 여성에게 무조건 말을 하지 말고 잠잠하라는 뜻이 아니라, 남편이 있는 아내가 질문을 함으로써 공적으로 말씀을 전하는 설교자를 방해하지 말라는 것으로 해석해야 한다.[31] 왜냐하면 그 당시 예배는 대부분 가정에서 이루어졌고, 아내가 예배 시간에 말씀을 이해하지 못해 큰 소리로 질문해서 예배를 방해하는 경향이 있었기 때문이다. 그러니까 "잠잠하라"는 명령은 "질문을 해서 예배를 방해하면"이라는 조건이 붙어 있는 것이다. 그래서 바울은 "만일 무엇을 배우려거든 집에서 자기 남편에게 물을찌니"라고 권면했던 것이다.

여성안수를 반대하는 근거구절로 사용되는 또 하나의 본문은 디모데전서 2장 12-14절이다.[32] 여기서 "종용히"로 번역된 헬라어는 "고요함," "침착함," "동의함" 등으로 쓰이는 단어다. 이 단어가 본래 의도하는 뜻은 배우는 사람의 자세를 말한다. 또한 "주관하다"로 번역된 헬라어는 1세기경 몇 가지 다른 뜻으로 사용되었던 것으로 보인다. 그 가운데 가장 설득력 있는 주장은 이 단어를 "창시자"로 해석하는 것이다. 당시 이단 영지주의에서는 하와를 첫 처녀, 즉 남편이 없는 만물의 창시자라고 가르쳤다. 따라서 이 구절은 하와가 창시자라고 주장하는 영지주의 이단을 공격하게 위해 나온 것이라고 할 수 있다. 이런 방식으로 해석하면, 본문은 다음과 같이 번역될 수 있다: "나는 여성이 남성의 창시자라고 가르치거나 선포하는 것을 허락하지 않는다. 아담이 먼저 그리고 하와가 그 다음에 만들어졌다."33)

하지만 어떤 사람은 이 구절이 교회에서 여성이 잠잠해야 한다는 것을 말하는 것이 아니라, 공중기도에서 여성이 질서 있고 단정하게 참여하라는 권고로 이해해야 한다고 주장한다. 다시 말해 바울은 남성들이 "거룩한 손을 들어 기도하기를 원하노라" 했던 것처럼, "또 이와 같이 여자들도 아담한 옷을 입고 기도하기를 원하노라" 하고 말했던 것이다.34) 사실 초대교회에서 여성이 공적 예배에서 기도하고 예언(설교)하는 것은 자연스런 현상이었다. 그렇지 않다면, 바울이 고린도전서 11장에서 교회에 한 충고는 무의미한 것이 되고 만다.35) 특히 "무릇 여자로서 머리에 쓴 것을 벗고 기도나 예언을 하는 자"라는 구절에서 여성은 교회에서 예언을 하지 말라는 의미를 찾을 수 없다. 이는 예언을 하되 올바른 방법으로 하라는 권고인 것이다. 이 구절에서 바울이 결코 여성들은 교회에서 가르치거나 권위를 가질 수 없다고 주장한 것으로 추정해 말해서는 안 된다.36)

또한 구약의 창조이야기에서 돕는 배필로 여성을 창조했다는 대목이 여성안수를 반대하는 근거로 이용되기도 한다. 그러나 "돕는 배필"로 여성이 창조되었다는 말(창 2:18)은 결코 여성이 남성보다 열등한 존재라는 것을 의미하지 않는다. 도리어 성서에 나오는 "돕는"이라는 단어는 구약에서 19회 사용되었는데, 어떤 경우에도 아랫사람이 윗사람을 돕는다는 의미로 사용된 적이 없다. 4회는 동등한 사람끼리 돕는다는 뜻으로, 나머지 15회는 하나님이 사람을 돕는다는 의미로 사용되었다.37) 따라서 창세기의 창조이야기를 통해 남성의 우월성을 주장하고

자 하는 시도는 의미가 없다.

신약에서도 예수 그리스도에 의해 남성이나 여성이 모두 차별 없이 구속을 받았고, 그리스도 예수 안에서 하나가 되었다고 선언한다(벧전 1:18-19; 갈 3:28). 그리스도 안에는 결코 불평등이 없다. 인종차별도, 신분 차별도, 성 차별도 존재할 수 없다. 또한 성 차별 없이 성령께서 내주하시고(고전 6:19), 성 차별 없이 영적 은사를 주신다(고전 12:7).

3. 성서의 여성지도자 사례

여성이 모범적으로 생활하며 하나님께 영광을 돌리거나, 하나님의 특별한 사역을 성공적으로 잘 감당한 사례는 성서에 적지 않게 나온다. 그 가운데 구약에서 미리암, 드보라, 훌다는 탁월한 지도자 혹은 예언자로 활동한 여성들이다.[38] 신약에서는 그보다 더 많은 여성들의 활약상을 읽을 수 있다. 특별히 예수께서는 여성이 남성과 동등하게 대우받아야 한다고 주장했으며, 실제로 여성들을 하나님의 계획을 실천하는 중요한 동역자로 취급하셨다.[39]

초대교회의 모임은 주로 가정에서 이루어졌기 때문에 루디아와 브리스길라와 같은 여성들의 역할이 중요했음이 틀림없다. 빌립의 네 딸들은 하나님의 말씀을 대언하는 예언자였다(행 21:8-9). 뵈뵈는 스데반과 같은 집사(diakonos)로 불렸다.[40] 스데반이나 뵈뵈나 그들은 모두 목양의 기능을 수행했다.[41] 사실 사도행전에서 단편적으로 언급되는 초대교회 여성들의 활동을 주의 깊게 살펴보면, 여성들은 "그리스도의 부활을 증언하는 사도로, 예언자로, 교사로 활동"했음을 알 수 있다(눅 1:36-38; 행 21:9; 롬 16:7 참조).[42] 또한 "여성들에 의해 최초로 교회가 세워졌으며, 여성들이 그 교회의 지도자적 사역자로 활동하며 복음선포에 앞장 선 사실"도 확인할 수 있다. 게다가 여성들은 예배 때에 "기도나 예언을 하는 여자"로 표현되어 있음을 주목할 필요가 있다. 머리에 모자를 쓰고 벗는 것은 당시의 관습이라 하더라도, 분명한 것은 여성이 공공 예배에서 기도하며 하나님의 말씀을 대언(예언)했다는 사실이다.[43] "주 안에는 남자 없이 여자만 있지 않고 여자 없이 남자만 있지 아니하니라"(고전 11:11)는 성서 말씀처럼, 본질적으로 남성과 여성의 차등은 교회 안에서 존재할 수 없다.

여성이 교회지도자로 활동한 또 하나의 중요한 성서적 근거로는 로마서 16장 7절에 나오는 "유니아"를 들 수 있다. 바울은 유니아와 안드로니고를 사도들 중에 유명한 사람이라고 말했다. 그런데 초기 교부들과 신학자들 가운데 존 크리소스톰, 알렉산드리아의 오리겐, 제롬(342-420), 버르첼리의 해토(924-961), 데오필랙(1050-1108), 피터 애이브라아드(1079-1142)는 유니아를 여성으로 간주했다. 그리고 스원들러는 13세기 이전에는 어떤 주석가도 유니아를 남성이라고 생각한 사람이 없었다고 주장한다. 유니아를 남성이라고 보는 시각은 비교적 현대에 와서 생긴 것이라는 뜻이다.[44]

교회사에서도 보면, 여성들을 가르쳐 침례를 준비시키는 여성 집사가 있었고, "목회자"로 불리는 그리스도인 여성 때문에 옥에 갇힌 사건들이 로마 역사에 기록되어 있다.[45] 5세기의 한 문서(*Testamentum Domini Nostri Jesu Christi*)에 따르면, "여성 사제"(female priest)들이 있었고, 교회 공동체에 헌신하고 봉사하는 하나의 직분으로서 인정된 과부들이 있었는데, 이들은 예배당 앞자리에 앉아 있을 만큼 비중이 있었던 존재였다.⁴⁶⁾ 게다가 초기의 초대교회는 "다양한 영의 은사를 받은 남녀 사도들의 말씀 선포와 봉사활동에 의해 자신들의 소유를 나누는 사랑과 평등의 공동체를 실현시켜 나갔다."⁴⁷⁾

침례교 신학자 고든(A. J. Gordon)은 성서적 교회에서 여성의 사역에 대해 다음과 같은 결론을 내린다: "여성이 교회에서 공적인 기도를 하거나 예언하는 것을 금하는 성경 말씀은 없으며, 오히려 말씀은 여성의 공적 기도를 권고하는 것 같고(딤전 2:9), 예언으로 말하자면 그들은 세 가지 보증을 확보했는데, 즉 성령의 약속(행 2:17), 초대교회의 관습(행 21:9), 그리고 사도의 임무(고전 11:4)이다."⁴⁸⁾

4. 현실적 대안: 우리의 선택

대체로 여성안수에 대해 목회현장에서 현실적으로 반응하는 태도는 세 가지다. 첫 번째는 "극단적 반대론"이다. 어떤 목사는 "여자는 남자의 갈비뼈에서 복제된 '클론' 인간"이라고 말하고, "교회 안에서 대두된 여성신학운동은 역사적 배경을 살펴보면 세속적인 여성해방운동에 그 뿌리를 두고 있다는 것이 정론"이라고 상기시킨다. 그리고 여성안수를 반대하는 것은 "성경 제일주의 신앙을 고집하는 것"이라고 주장하면서, "여성은 사제가 될 수 없다…. 여성이 사제가 된 것은 이방신교에서 뿐이다"라고 단호하게 배격한다.⁴⁹⁾

사실 한국교회는 이런 분위기가 지배적인 풍토 속에서 성장했다. 따라서 여성은 처음부터 목회직으로부터 배제될 수밖에 없었다. 한국교회가 출범한 이래 최초의 여성목사는 1951년에야 비로소 가능할 수 있었다는 것은 얼마나 한국교회가 여성에게 배타적이었는가를 여실히 보여주는 증거라 할 수 있다.[50] 기독교장로회의 경우, 1957년 처음으로 여목사제도를 총회에 건의했다. 이들이 수정하려고 했던 장로교 헌법은 제4장 19조의 목사자격 항목에서 "사람"이라는 단어 속에 남자와 여자가 포함되어 있음을 확인하려는 작업이었다.[51] 그로부터 39년, 드디어 1974년 9월 총회에서 이 안건은 통과되었다. 예장통합 측에서는 아예 처음부터 "목사와 장로는 세례받은 남자"로만 자격을 한정했고, 1933년부터 여장로 청원이 시작되었으나 그것이 받아들여진 것은 1994년 총회에서였다.[52] 기독교한국침례회는 2004년 처음으로 여성목사안수를 총회에 건의했다가 부결되었다.[53] 기독교한국침례회 지방회 시취규약 제1장 목사 자격 및 시취 제1조 2항에 보면, "만 30세 이상된 가정을 가진 남자"로 자격조건이 제한되어 있다. 여성은 원천적으로 목사가 될 수 없다고 규정한 것이다.

두 번째는 "제한적 안수론"이다. 이 입장을 가진 사람들은 성서의 "남성 수장권"을 인정하면서 교구목사나 감독직은 적합하지 않고 팀목회의 보조적 사역을 위해 여성안수를 실시하는 제한적 여성안수를 제안한다. 이 경우 현실적으로 여성목사는 교육목사나 음악목사로 시무하게 되지만, 여전히 부부목사는 인정하지 않는다.[54] 하지만 이런 입장은 고급 여성인력을 활용한다는 의미는 있을지 모르지만, 여전히 남성 우월주의에서 벗어나지 못한 형태일 뿐 아니라 교회의 직분을 계급적으로 구분하는 비성서적 직분제에 기초한 것이다.

세 번째는 "전면적 찬성론"이다. 이 입장은 대개 진보적이거나 여성신학적 관점을 가지고 있는 사람들에 의해 지지된다. 하지만 여성안수 찬성론은 신학적 성향에 관계없이 점차 널리 수용되는 추세라 볼 수 있다. 찬성론자들은 남성과 여성이 동등한 개체이며, 하나님의 일을 하는 데 여성이라는 이유만으로 어떠한 제약도 받아서는 안 된다고 주장한다. 이 문제는 관점에 따라 크게 차이가 나기도 하지만, 여성안수를 법적으로 허용하지 않는 한국교회는 여성을 차별하는 교회로 규정받을 수 있다는 비판을 피하기는 어려울 것 같다.

또한 한국교회가 여성안수를 허용하지 않는다는 것은 한국교회의 문제점으로 지적받는 교권주의의 병폐를 극복하려는 의지가 결여되어 있는 것은 아닌가 하는 의구심마저 낳게 한다. 한국교회의 교권화 현상에 대한 다음과 같은 비판에 우리는 주목하지 않을 수 없다:

> 개신교회 목사가 점차 "제사장화"하려는 것, 교회를 "성전"으로, 새벽기도회를 "새벽제단"으로, 헌금을 "제물"로, "목사의 축복과 저주권," "강단의 성역화" 그리고 직분의 계층화되어가는 과정은 본래 성서적이고 개신교적인 교회의 증언적이고, 봉사적인 모습으로부터 점차 "기독교 왕국화"되어 가는 위기 현상을 풍자한 것이다.[55]

물론 여성목사를 인정한다고 해서 이런 교권화의 문제가 저절로 해결되는 것은 아니다. 교회의 교권화는 성별을 가리지 않는다. 그래서 우리는 한 여성신학자가 여성 목회자상 정립의 필요성을 언급하면서 지적한 다음과 같은 말에도 귀를 기울인다: "치마만 입었지 목사가 되었다고 해서 남자 목사도 안하는 권위주의적 축도양식이나 음성조작 같은 것을 하고 있는 여목사들을 보면 사실 여성안수문제에 회의를 느낍니다. 왜 여성안수가 필요한지? 같은 권리를 가진다는 차원을 극복해야 되지 않습니까?"[56]

V. 나오는 글

여성안수를 주장하는 이면에는 "여성의 인권옹호의 차원뿐 아니라 교회의 변혁의 차원, 즉 교회로 하여금 모든 인간이 평등하게 참여하고 기쁨과 슬픔을 함께 나누는 공동체로 만들어가기 위"한 목적이 있다.[57] 목회의 문제는 단순히 남녀의 문제가 아니다. "남성 중심의 목회"니 혹은 "여성 중심의 목회"니 하며, 목회유형을 둘로 나누는 것으로 근본적인 문제해결이 되기 어렵다. 이런 점에서 여성에 대한 지나친 강조는 오히려 그것 자체가 배타적이 되고, 그토록 비판했던 "남성적 사고의 이원주의와 보편주의에 스스로가 빠지는 부메랑적 위기에 직면"한다는 반성을 귀담아 들을 필요가 있다.[58] 교회 안에서 여성의 지위 향상 내지는 남녀평등의 구조 실현은 이론적인 문제를 넘어선다. 현장에서 직접 실천에 옮겨져야 할 구체적인 삶의 문제다. 이것은 몇몇 개인이 달성할 수 있는 문제도 아니다. 단순히 교단의 정책으로 결정되어야 할 문제도 아니다. 무엇보다도 교회 현장에서 여성들이 제 목소리를 낼 수 있어야 하며, 그런 목소리를 내기 위해 문제를 올바로 인식할 수 있는 비판 정신이 갖추어져야 한다. 넓게는 이 여성의 지위 향상 문제도 평신도운동의 일환으로 전개될 수밖에 없다. 왜냐하면 잠자는 여성을 깨우는 일은 곧 평신도를 깨우는 일이기도 하기 때문이다.

그렇다면 한국침례교회가 본질적으로 남성 중심적인 구조를 탈피하고 이상적인 교회상을 세우기 위해서 해야 할 일은 무엇일까? 침례교 여성 신학자 몰리 마샬(Molly Marshall)은 여성지도자를 세우기 위해 네 가지 단계적인 제안을 한다: 첫째 단계, 예배 인도(worship leadership)

에 여성들을 많이 참여시킨다. 둘째 단계, 여성에 대해 잘못 해석된 성서본문들을 재검토한다. 셋째 단계, 여성들을 집사들의 사역이나 위원회와 교사모임의 구성에 포함시킨다. 넷째 단계, 여성들이 목회전문직에 참여할 수 있는 기회를 제공한다.[59] 단계적으로 한국침례교회는 여성들에게 주체적으로 교회 일에 동참할 수 있는 기회를 마련해 주어야 한다. 아니 어떤 점에서는 여성들이 적극적으로 자신의 정당한 몫을 찾아야 한다. 더 이상 여성들은 수동적인 신앙의 수급자로 머물러 있어서도 안 된다.

침례교인은 남녀 불문하고 누구라도 그리스도의 주권 아래 완전한 자유가 있다. 성서해석의 자유가 있고, 하나님 앞에서 자존적 존재다. 따라서 여성안수에 대해 찬성하든지 반대할 수 있는 자유도 있다. 그러나 만일 성서가 목사로서 여성의 사역을 금지하지 않고 오히려 허용한다면, 성서의 권위를 무엇보다 중요시하는 침례교인들은 관습의 벽을 허물고 여성목사 안수를 받아들이는 것이 마땅하다. 그리고 궁극적으로 한국침례교회는 대결구도가 아니라 남성과 여성의 상호보완적인 목회를 모색하는 것이 필요하다. 이는 남성과 여성의 동등한 권리 인정과 효율적인 역할 분담을 통해 서로 상생하는 교회상(敎會像)을 세워나가는 길이다.

주(註)

1) 선순화, "여성의 경험에 대한 여성신학적 고찰: 한국 여교역자의 예수 그리스도 경험의 보편성과 특수성을 중심으로," 『한국여성의 경험』, 한국여성신학회 편 (서울: 대한기독교서회, 1994), 11.

2) Rob James, Gary Leazer and James Shoopman, 『미국 남침례교 현대사: 근본주의자들의 남침례교단 장악 약사』, 정양숙 옮김 (대전: 침례신학대학교출판부, 2001), 16.

3) "Baptist Faith and Message"(2000), VI. The Church, "While both men and women are gifted for service in the church, the office of pastor is limited to men as qualified by Scripture." [온라인 자료] http://sbc.net/bfm/bfmcomparison.asp, 2005년 11월 27일 접속.

4) 예컨대, 중요하다고 응답한 남성의 비율은 97.0%, 여성은 97.9%, 담임목사는 96.4%, 신학생은 100%인데 반해, 부목사 그룹은 75%로 나왔다.

5) Vickie Kraft, 『여성을 멘토링하는 여성: 성경적인 여성 사역을 시작하고, 지속하며, 확장하는 방법』, 이현경 옮김 (서울: 두란노, 2000), 43.

6) 1977년 남침례교 국내선교부의 클레이 프라이스(Clay L. Price)의 설문조사에 따르면, 목사를 포함한 침례교 성도들 389명 가운데 15%만이 여성이 목회를 하기 위해 안수를 받는 것에 찬성했고, 24%는 기관목회를 위한 안수에 찬성했다. 그 대신 목회가 아닌 종교교육이나 청소년 사역, 사회봉사를 위한 목사안수에는 76-80%의 찬성이 나왔다. 또 응답자 가운데 18%만 여성 목사안수가 성서적 근거가 있다고 답했고, 개인적으로 여성이 자신의 담임목사가 되는 것을 찬성한 사람은 단 두 사람뿐이었다. 여성 집사안수를 찬성한 사람은 응답자 가운데 34%에 해당한다. Leon McBeth, 『침례교 여성사』, 정양숙 역 (대전: 침례신학대학출판부, 1992), 239-42.

7) Cindy Jacobs, 『여자여, 내가 너를 불러 세웠노라: 여성안수, 어떻게 볼 것인가?』, 이숙희 역 (서울: 죠이선교회출판부, 1999), 32; 여성들의 경험을 이해하기 위해서는 아시아 여성들의 생존과 자유를 위한 아픔과 고뇌와 투쟁을 신학화하기 위해 편집한 책, 『하나님의 형상대로: 아시아의 여성신학 I』을 참조하면 좋다. 아시아 여성신학 자료센터 엮음 (서울: 대한기독교서회, 1995).

8) 선순화, "여성의 경험에 대한 여성신학적 고찰," 18-9.

9) 그래서 장로교 목사 토마스 에드워드(Thomas Edwards)는 영국에서 침례교의 성장을 "영적인 타락의 온상지"로 묘사했다고 한다. 당시 교회에서 여성에게 설교를 허용하는 것은 "설교와 예배에서 민주주의와 간결성으로 향한 도전이었을 뿐 아니라 국교회 제도에 대한 거부를 나타내는 단호하고 명백한 한 방편"이었던 것이다. 그러나 영국침례교회는 1800년대에 가서는 여성의 활동이 줄어들었고, 1800년대 중반에 이르러 집사직분을 폐기하는 교회도 생겼다. 그 후 20세기까지 영국 침례교 여성들을 집사와 설교자로서 자신들의 지도자적 역할을 주장하려 하지 않았다(McBeth,『침례교여성사』, 37, 39, 46).

10) Sally Helgesen, *The Female Advantage: Women's Ways of Leadership* (New York: Doubleday, 1990), 5-40. Pamela Holliman, "여성과 멘토링,"『목회의 새로운 패러다임: 여성들을 위한 목회사역』, Christe Cozad Neuger 엮음, 정석환 옮김 (서울: 한들출판사, 2002), 242에서 재인용.

11) Judith Orr, "교회와 행정,"『목회의 새로운 패러다임』, 192.

12) 김윤옥, "'한국교회 여성의 경험'에 대한 여성신학적 논고,"『한국여성의 경험』, 69, 71.

13) "여성안수"라 함은 목사와 집사의 안수를 모두 의미하는 것이지만, 한국교회에서는 일반적으로 목사안수로 인식한다. 이 논문에서도 목사안수에 초점을 맞추었다.

14) 황영자, "하나님께서는 왜 이 딸을 부르셨을까?"『여성사역자의 소명』, 이영희 외 11인, 교회와 목회 시리즈 38 (서울: 기독신문사, 2003), 236-40.

15) 서재순, "아제르바이잔을 향한 걸음,"『여성사역자의 소명』, 260.

16) 최만자, "한국여성신학-그 신학 새로하기의 어제와 오늘,"『한국기독교신학논총』, 22집 (2001), 315. 김애영은 이런 현상이 "교회의 절대 다수를 차지하고 있는 그리고 신학도들 중 거의 50%에 육박하고 있는 여성들을 전혀 고려하지 않은 성적 색맹(학명der-blind) 상태"라고 비판한다. 1994년 "전국신학대학협의회" 자료에 따르면 신학대학 교수 500명 가운데 남자 교수는 404명(80.8%), 여자 교수는 96명(19.2%)으로 집계됐다. 여자 교수 가운데 신학을 가르치는 교수는 33명(6.6%)에 불과하다. 이는 "신학전문직에서의 여성들의 주변화"를 의미한다. 김애영, "한국교회의 갱신을 촉구하는 여성신학,"『여성신학과 한국교회』, 한국기독교신학논총 14 (천안: 한국신학연구소, 1997), 277-96.

17) 참고로, 1996년 광주 전남지역 장로교 성도들을 대상으로 조사한 결과에 따르면, 예

수교 장로회 통합 측에서 여성목사를 허용한 것에 대해 응답한 성도들 322명 가운데 "매우 찬성" 27.3%, "찬성" 23.0%, "보통" 24.6%, "반대" 12.3%, "매우 반대" 12.8%로 나타났다. 이는 찬성측이 50.3%, 반대측이 25.1%로, 전체적으로 이 지역 장로교 성도들 과반수 이상이 여성목사 안수를 지지하고 있음을 보여주었다. 노치준, "교회제도와 여성: 한국교회 조직의 특성을 중심으로," 『교회와 여성신학』, 여성신학사상 제3집, 한국여성신학회 엮음 (서울: 대한기독교서회, 1997), 182-3.

18) 이 항목을 응답자의 소속 교회에 적용한 결과, "크게 도움이 될 것이다"는 41명 (17.2%), "어느 정도 도움이 될 것이다"는 133명(55.6%), "별로 도움이 되지 않을 것이다"는 47명(19.7%), "전혀 도움이 되지 않을 것이다"는 11명(4.6%), 무응답 7명 (2.9%)로 확인됐다.

19) 참고로, 1996년 광주 전라지역 장로교 성도들을 대상으로 설문조사한 결과에 따르면, 여성목사를 자신의 담임목사로 초빙하는 것에 대해, "매우 찬성" 18.1%, "찬성" 13.8%, "보통" 23.9%, "반대" 26.7%, "매우 반대" 17.6%로 나왔다. 찬성(31.9%)보다 반대(44.3%)가 높은 비율로 나타났다. 연령별로 보면 20대 이하는 찬성쪽이 많았고, 30대 이후는 반대쪽이 현저하게 높게 나타났다. 또 남성은 찬성측이 27.2%, 반대쪽이 46.3%로 반대가 많은 데 비해, 여성은 찬성측이 43.6%, 반대쪽이 32.6%로 찬성이 많았다. 이 설문조사에서 나타난 일반적인 현상은 여성목사나 여성장로를 허용하는 것 자체에는 찬성 쪽이 많았지만, 담임목사로 여성을 초빙하는 것에 대해서는 반대하는 쪽이 많이 나왔다는 사실이다. 그러나 여성목사를 부목사로 초빙하는 것에 대해서는 담임목사의 경우보다 훨씬 더 수용적으로 나타났다(노치준, "교회제도와 여성," 186-9).

20) Jacobs, 『여자여, 내가 너를 불러 세웠노라』, 331.

21) "Women Ordination Favored for Non-Pastoral Roles," *The Maryland Baptist*, November 17, 1977, 3. McBeth, 『침례교 여성사』, 30 참조.

22) McBeth, 『침례교 여성사』, 188.

23) Molly T. Marshall, "Women's Status in Ministry Equals That of Men," *Defining Baptist Convictions: Guidelines for the Twenty-First Century*, ed. Charles W. Deweese (Franklin: Providence House Publishers, 1996), 203.

24) Anne E. Carr, *Transforming Grace: Christian Tradition and Women's Experience* (San Francisco: Harper & Row, 1988), 7-9.

25) 1984년 창립된 한국여성신학회의 창립 목적도 이런 관점에서 이해되고 있다: "한국여성신학 전체에서 볼 때 여성신학회의 과제는 '성'을 요인으로 전통 신학에 대한

비판과 신학 새로하기를 하면서 여성신학을 학문적으로 이론화시키는 것이 두었다…. 여성신학이 그 동안 신학에서 배제되고 왜곡되었던 여성의 경험을 새로 신학함의 중요한 규범으로 내세우면서 전통신학이 얼마나 여성의 경험을 차단, 왜곡시켰는가를 밝히고 여성의 경험으로 새로운 관점을 가지고 신학할 때 발견되는 새로운 진리를 밝혀내고자 하였다"(최만자, "한국여성신학-그 신학 새로하기의 어제와 오늘," 294).

26) 손승희, "여성신학과 한국교회," 『여성신학과 한국교회』, 35-40.

27) 여성신학적 관점에서 성서를 새롭게 해석할 수 있도록 방법론을 제시한 책으로는 E. S. Fiorenza, 『크리스챤 기원의 여성신학적 재건』(*In Memory of Her*), 김애영 옮김 (서울: 종로서적, 1986); P. Trible, 『성서에 나타난 여성의 희생: 성서의 여성신학적 재조명』(Texts of Terror), 최만자 옮김 (서울: 전망사, 1989); 한국여신학자협의회 엮음, 『새롭게 읽는 성서의 여성들』(서울: 대한기독교서회, 1994); 최만자, 박경미, 『새하늘, 새땅, 새여성』(서울: 생활성서사, 1993); 이경숙, 『구약성서의 여성들』(서울: 대한기독교서회, 1994); 최영실, 『신약성서의 여성들』(서울: 대한기독교서회, 1995) 등을 참조할 것.

28) 혹은 여성목사 안수에 대한 반대는 대개 편견에서 비롯된다. 특히 문화적 편견으로 성서를 오역한 대표적인 구절은 시편 68편 11절이다. 개역성서는 이 구절을 "주께서 말씀을 주시니 소식을 공포하는 여자가 큰 무리라"고 번역했다. 그러나 King James Version과 New King James Version은 "여자"라는 단어를 "사람"으로 바꾸었다.

29) "모든 성도의 교회에서 함과 같이 여자는 교회에서 잠잠하라. 저희의 말하는 것을 허락함이 없나니 율법에 이른 것같이 오직 복종할 것이요 만일 무엇을 배우려거든 집에서 자기 남편에게 물을지니 여자가 교회에서 말하는 것은 부끄러운 것임이라"(고전 14:34-35).

30) Jacobs, 『여자여, 내가 너를 불러 세웠노라』, 275.

31) Rebecca Merill Groothuis, *Good News for Women* (Grand Rapids: Baker Book House, 1997), 203; Jacobs, 『여자여, 내가 너를 불러 세웠노라』, 275에서 참조.

32) "여자의 가르치는 것과 남자를 주관하는 것을 허락지 아니하노니 오직 종용할지니라 이는 아담이 먼저 지음을 받고 이와가 그 후며 아담이 꾀임을 보지 아니하고 여자가 꾀임을 보아 죄에 빠졌음이니라"(딤전 2:12-14).

33) Jacobs, 『여자여, 내가 너를 불러 세웠노라』, 280-8.

34) A. J. Gordon, "여성의 사역," 『여자여, 내가 너를 불러 세웠노라』, 부록 1, 345.

35) "무릇 남자로서 머리에 무엇을 쓰고 기도나 예언을 하는 자는 그 머리를 욕되게 하는 것이요 무릇 여자로서 머리에 쓴 것을 벗고 기도나 예언을 하는 자는 그 머리를 욕되게 하는 것이니 이는 머리 민 것과 다름이 없음이니라"(고전 11:4-5).

36) Philip B. Payne, "Libertarian Women in Ephesus: A Response to Douglas J. Moo's article, I Timothy 2:1-15: Meaning and Significance," *Trinity Journal* 2 (Fall 1981): 169-7; Robert K. Johnston, "Biblical Authority & Interpretation: the Test Case of Women's Role in the Church & Home Updated," *Women, Authority & the Bible*, ed. Alvera Mickelsen (Downers Grove: Intervarsity Press, 1986), 33에서 참조.

37) Kraft, 『여성을 멘토링하는 여성』, 22-3.

38) 모세의 누이 미리암은 하나님의 말을 대언하는 선지자요 지도자로 인정을 받았다 (출 15:20-21; 미 6:4). 드보라는 이스라엘의 재판관인 동시에 예언자였다(삿 4-5장). 예레미야와 스바냐가 있었음에도 하나니은 여선지 훌다를 사용하셨다(왕하 22:11-20).

39) Philip Siddons, *Speaking Out for Women: A Biblical View* (Valley Forge: Judson Press, 1980), 49, 56-7.

40) 침례교 신학자 고든(A. J. Gordon)은 "여성의 사역"이란 논문에서 뵈뵈 집사에 대해 다음과 같이 주장한다: "여기서 일꾼으로 번역된 같은 단어 디아코노스가 바울과 아볼로를 지칭할 때는 사역자이며(고전 3:5), 교회에서 일하는 다른 남성을 말할 때는 집사이다(딤전 3:10, 12-13). 뵈뵈가 단지 여자라고 해서 차별을 하는 이유는 무엇인가? … 뵈뵈의 일을 설명하는 단어 *diakonos*의 어미가 남성형이라는 점이 흥미롭다. 그러나 뵈뵈는 분명히 여성이다. 성경에 나오는 교회의 '직임'에 비록 그 일을 여성이 하게 되어도 남성형 어미를 붙였던 경우가 있는 것 같다"(Jacobs, 『여자여, 내가 너를 불러 세웠노라』, 218-9).

41) Jacobs, 『여자여, 내가 너를 불러 세웠노라』, 235-7; 찰스 트롬블리(Charles Trombley)는 디모데전서 3장 4, 5, 12절과 5장 17절에서 "다스리라"(peritoneum)는 동사형에 대해 다음과 같이 설명한다: "이것은 가족의 필요를 채워주는 것을 포함한 가정을 잘 '다스리라'고 명령하면서 바울이 장로와 집사의 자격에 관하여 말할 때 사용한 것이다. 그것이 남성에게 무슨 의미를 갖고 있든 간에, 여성에게도 같은 의미를 갖고 있어야 한다. 이들 장로들과 집사들이 가속(家屬)을 위하여 무슨 일을 했든, 뵈뵈는 교회와 바울을 위하여 그런 일을 한 것이었다. 그 직위는 동일한 것이었다." Charles Trombley, *Who said Women Can't Teach?* (South Plainsfield: Bridge Publications, 1985), 194-5; Jacobs, 『여자여, 내가 너를 불러 세웠노라』, 219에서 재인용. 어떤 신학자는 뵈뵈가 오늘날 목사와 같은 역할을 했다고 보기도 한다. E. S. Fiorenza, 『크리스찬 기원

의 여성신학적 재건」, 김애영 역 (서울: 종로서적, 1986), 226-7 참조.

42) 초기 기독교 전통에서 여성들의 긍정적 역할에 대해서는 Leonard Swidler, *Biblical Affirmations of Women* (Philadelphia: Westminster Press, 1979), 161-338 참조. 스와이들러는 같은 책 후반부에서 교부들이 여성들을 어떻게 부정적으로 취급했는지 역사적 근거들을 제시하며 자세하게 언급한다(339-51).

43) Kraft, 「여성을 멘토링하는 여성」, 25-32.

44) Jacobs, 「여자여, 내가 너를 불러 세웠노라」, 222-3.

45) 트라잔(Trajan, 98-117)의 통치 당시 작은 플라니(Pliny the Younger)는 "여집사(ministrae)로 부름 받은 두 여종"에 대해 보고한 바 있다. Dale Moody, *The Word of Truth* (Grand Rapids: William B. Eerdmans, 1981), 456.

46) Swidler, *Biblical Affirmations of Women*, 306-7.

47) 최영실, "신약성서에 나타난 교회의 이해: 여성신학적 관점에서," 『교회와 여성신학』, 50, 52-3.

48) Gordon, "여성의 사역," 349.

49) 민명구, "왜, 여성안수인가?" 『활천』, 1999년 8월, 65-9.

50) 재건교회가 1951년 최초로 여성안수를 시작한 이래, 기독교대한감리회는 1955년, 기독교장로회는 1977년에 여성목사를 배출했다.

51) 김윤옥, "'한국교회 여성의 경험'에 대한 여성신학적 논고," 72-3.

52) 김애영, "한국교회의 갱신을 촉구하는 여성신학," 292-3.

53) 기독교한국침례회 제94차 총회(2004년)에서 지방회 시취규약개정안에서 목사 시취 대상을 "남, 여"로 하자는 제안이 받아들여지지 않음으로 해서(602명 가운데 262명 찬성으로 부결) 첫 번째 상정한 여성목사 안수제도는 거부되었다. 기독교한국침례회총회, 『기독교한국침례회 제95차 정기총회 의사자료』 (서울: 기독교한국침례회, 2005), 40-1.

54) 송기식, "여성안수에 대한 신학적 현실적 대안," 『활천』, 1999년 9월, 74-5.

55) 한국기독교학회 편, 『전환기에 선 한국교회와 신학』, 신앙과 신학, 제3집 (서울: 양서각, 1988), 26.

56) 좌담회, "학회 연구지를 내면서," 『한국 여성의 경험』, 239.

57) 정숙자, "교회와 코이노니아," 『교회와 코이노니아』, 한국기독교학회 편, 한국기독교신학논총 10 (서울: 대한기독교서회, 1993), 320-1. 여성운동가들이 미국을 중심으로 시작한 이런 새로운 교회운동을 "여성교회"(Women-Church), 또는 "원형교회"(Church in the Round)라고 부른다(Rosemary R. Ruether, *Women-Church: Theology & Practice*; Letty Russell, *Church in the Round: Feminist Interpretation of the Church* 참조).

58) 이은선, "여성신학에서의 '여성의 경험'에 관한 해석학적 이해," 『한국여성의 경험』, 29-30.

59) Marshall, "Women's Status in Ministry," 204-5.

참고자료

기독교한국침례회총회. 『기독교한국침례회 제95차 정기총회 의사자료』. 서울: 기독교한국침례회, 2005.

민명구. "왜, 여성안수인가?" 『활천』, 1999년 8월, 65-9.

송기식. "여성안수에 대한 신학적 현실적 대안." 『활천』, 1999년 9월, 72-5.

아시아 여성신학 자료센터 엮음. 『하나님의 형상대로: 아시아의 여성신학 I』. 서울: 대한기독교서회, 1995.

이경숙. 『구약성서의 여성들』. 서울: 대한기독교서회, 1994.

이영희 외 11인. 『여성사역자의 소명』. 교회와 목회 시리즈 38. 서울: 기독신문사, 2003.

최만자. "한국여성신학-그 신학 새로하기의 어제와 오늘." 『한국기독교신학논총』, 22집 (2001): 293-324.

최만자, 박경미. 『새하늘, 새땅, 새여성』. 서울: 생활성서사, 1993.

최영실. 『신약성서의 여성들』. 서울: 대한기독교서회, 1995.

한국기독교학회 편. 『교회와 코이노니아』. 한국기독교신학논총 10. 서울: 대한기독교서회, 1993.

_____. 『여성신학과 한국교회』. 한국기독교신학논총 14. 천안: 한국신학연구소, 1997.

한국기독교학회 편. 『전환기에 선 한국교회와 신학』. 신앙과 신학, 제3집. 서

울: 양서각, 1988.

한국여성신학회 엮음. 『교회와 여성신학』. 여성신학사상, 제3집. 서울: 대한기독교서회, 1997.

한국여성신학회 편. 『한국여성의 경험』. 서울: 대한기독교서회, 1994.

한국여신학자협의회 엮음. 『새롭게 읽는 성서의 여성들』. 서울: 대한기독교서회, 1994.

Carr, Anne E. *Transforming Grace: Christian Tradition and Women's Experience.* San Francisco: Harper & Row, 1988.

Deweese, Charles W. *Defining Baptist Convictions: Guidelines for the Twenty-First Century.* Franklin: Providence House Publishers, 1996.

Fiorenza, E. S. 『크리스챤 기원의 여성신학적 재건』. 김애영 옮김. 서울: 종로서적, 1986.

Jacobs, Cindy. 『여자여, 내가 너를 불러 세웠노라: 여성안수, 어떻게 볼 것인가?』. 이숙희 역. 서울: 죠이선교회출판부, 1999.

James, Rob, Gary Leazer and James Shoopman. 『미국 남침례교 현대사: 근본주의자들의 남침례교단 장악 약사』. 정양숙 옮김. 대전: 침례신학대학교출판부, 2001.

Kraft, Vickie. 『여성을 멘토링하는 여성: 성경적인 여성 사역을 시작하고, 지속하며, 확장하는 방법』. 이현경 옮김. 서울: 두란노, 2000.

Lumpkin, William L. *Baptist Confessions of Faith.* Revised edition. Valley Forge: Judson Press, 1969.

McBeth, L. 『침례교 여성사』. 정양숙 역. 대전: 침례신학대학출판부, 1992.

Mickelsen, Alvera, ed. *Women, Authority & the Bible.* Downers Grove: Intervarsity Press, 1986.

Moody, Dale. *The Word of Truth.* Grand Rapids: William B. Eerdmans, 1981.

Neuger, Christe Cozad 엮음.『목회의 새로운 패러다임: 여성들을 위한 목회사역』. 정석환 옮김. 서울: 한들출판사, 2002.

Siddons, Philip. *Speaking Out for Women: A Biblical View*. Valley Forge: Judson Press, 1980.

Swidler, Leonard. *Biblical Affirmations of Women*. Philadelphia: Westminster Press, 1979.

Trible, P.『성서에 나타난 여성의 희생: 성서의 여성신학적 재조명』. 최만자 옮김. 서울: 전망사, 1989.

"Baptist Faith and Message"(2000). [온라인 자료] http://sbc.net/bfm/bfmcomparison.asp. 2005년 11월 27일 접속.

한국교회 여성사역자[1]의 역할과 그 전망

양 병 모 전임강사 | 상담심리학

1. 들어가는 말

리더십 연구에서 여성에 대한 관심을 갖게 된 것은 1970년대 이후부터이다. 1970년대 이후 급격한 도시화와 산업화로 인해 개인의 정체성, 결혼과 가족 관계, 육아, 직장 등의 모든 영역에서 성역할의 기준에 변화가 초래되었다. 점증하는 기술적 정교함과 합리성, 서비스의 중요성 그리고 후기 산업사회의 개인주의는 그 이전의 농경사회와는 달리 남성과 여성 모두에게 가능성을 폭넓게 제공하게 되었다. 이로 인해 삶의 여러 가지 영역, 즉 개인의 정체성, 결혼과 타인과의 관계, 육아, 가족, 직장, 사회 각 기관에서의 정의 등에서 이전까지 전통적으로 받아들여졌던 성역할들이 사회적 경제적 정치적 종교적인 영역에 관련되어 근본적인 의문을 자아내게 되었다.[2]

자연과학과 사회과학의 연구는 조심스럽게 특정한 영역의 남녀 차이를 인정하고 있다. 하지만 이러한 남녀 간의 차이가 남녀 간의 차별과 혼돈되어서는 안 된다. 창조와 인간 사회의 특성 중의 하나인 다양성은 하나님의 창조적 사랑의 풍성함의 표현이다. 이러한 다양성으로 남녀는 서로 상호보완적인 일을 한다. 이를 통해 남녀 사역자는 사람들을 돌보는 일에 효과적으로 봉사할 수 있다. 한국교회의 목회자 삼분의 일은 여성들이며 이러한 여성사역자들은 영적인 필요가 있는 곳은 어디든지 자신들을 드려서 교회들을 변화시켜 나가고 있다.[3]

이러한 사역에서의 효율성에도 불구하고 여성사역자들은 일반적으로 여전히 강단에서의 설교사역이나 지역교회에서의 책임 있는 고위직을 담당하는데 제한받고 있다. 여성목회자들은 남성목회자들이 담임하기를 꺼려하는 작은 교회나 담임목회자를 보조하는 보조목회자의 역할, 즉 심방이나 교육 분야를 담당하는 일을 맡고 있다. 여성안수문제 역시 일반 여론조사에서는 50퍼센트 넘게 여성안수를 지지하고 있으나 개신교 교단별로 그 입장을 다르게 취하고 있다.[4] 이처럼 여성사역자에 대한 필요가 크게 대두되고 있지만 오늘날 여성목회자에 대한 인식의 전환이 극적으로 변화되지는 않고 여성과 남성의 차이가 사역에서는 여전히 차별로 작용하고 있다.

여성 사역자는 새로운 개념이 아니다. 교회 역사를 통하여 여성들은 자신들에게 주어진 사역의 기회를 통하여 활발하게 목회사역을 감당해 왔다. 하지만 성역할에 대한 사회적 인식의 변화가 진행되는 시점에서 성역할의 차이와 이러한 성역할의 다른 점의 잘못된 적용을 돌아보고 다양성을 추구하여 효과적인 목회사역의 방향을 찾아보아야 한다.[5] 한국적 목회상황에서 여성목회자의 리더십을 다시금 생각해야 할 이유는 이러한 사회문화적 변화로 말미암아 사회에서 여성의 역할이 변화되었고, 이에 따라 교회 내에서의 여성의 역할 역시 변화되고 있기 때문이다. 이러한 사회적 변화와 여성역할에 대한 기존인식의 변화를 바탕으로 한 교회 내 여성사역자의 역할에 대한 연구는 여성 사역자의 정체성의 이슈를 비롯하여 다양한 학문적 영역의 연구를 필요로 한다. 하지만 본 연구가 지닌 지면상의 한계와 주제의 제한성으로 인해 간략하게 여성사역자 역할의 흐름을 역사적으로 살펴본 후 한국교회 여성사역자 역할의 현주소와 문제점과 그 전망, 그리고 제안에 중점을 두고 본 연구를 진행하고자 한다.

II. 여성사역자 역할의 변천

1. 교회 역사 속에서의 여성사역자 역할

복음서를 통해 본 예수 그리스도의 가르침과 사역은 당시 유대인들의 태도와는 달랐다. 예수는 당시의 남성 중심적 유대 전통에 구애받지 않고 새로운 태도로 사역을 했다. 예수는 여성의 인간적인 존엄성과 권리에 깊은 관심을 가졌고 여성들을 희생물로 만드는 사회제도를 거부하였다. 또한 여성의 역할을 제한하는 유대주의적 관습에 도전하였으며 여성의 가치나 여성의 증언을 남성과 동등하게 대하였다.[6]

초대교회 시대부터 교회는 목회사역의 여러 분야에서 여성 사역자들의 참여를 허용해 왔으나, 제도적 뒷받침이 없었으며 전문화된 목회도 없었다. 직접적인 영적 능력을 받은 사람은 성을 초월하여 자신들이 받은 카리스마적인 은사를 사용할 수 있었다. 따라서 초기 공동체의 지도력은 교회공동체 구성원들인, 남성과 여성들이 함께 나누는 책임이었고 직책과 기능 사이에 명백한 구별이 없는 평등한 공동체였다고 볼 수 있다.[7]

이러한 초기 기독교 공동체는 1세기 말부터 시작하여 점점 제도화의 과정을 밟기 시작하면서 설교나 교회 예전 영역에서의 여성 참여를 부분적으로 제한하게 되었다. 특히 감독제를 중심한 가부장적 교권확립이 진행됨에 따라 여성사역자 역할의 제한이 강화되어 왔다. 이러한 여성의 역할을 둘러싼 논쟁은 주로 설교나 예전과 직접적으로 연관된 안수에 관한 건이었다. 대부분의 교회에서 안수는 회중 안에서의 권위를 지닌 직위를 지니는 특정 개인들을 선택하는 방법으로 이해된다. 이것은 그들로 하여금 설교하고 예식을 집례하고 회중에게서 발생하는 일들을 돌보는 일에 있어서 자격을 부여한다.[8]

4세기부터는 안수가 사역에서 평신도들의 기능과 가치를 제거하고 특정 부류의 사람들에게만 사역을 허용하는 것으로 받아들여졌다. 구약에서 여성제사장에 대한 선례가 없었기 때문에 기독교회 내에서 여성들을 그러한 위치에 지명하지 않았다. 교회의 주요 예식의 기능들은 오직 안수 받은 사제들에 의해서만 행해졌으며 따라서 여성들은 예식을 인도하는 위치에서 제외되었다.[9]

종교개혁자들의 여성에 대한 좀더 평등한 태도는 여성들의 사역에 대한 가능성을 열어놓았음에도 불구하고 여성들은 여전히 공적으로 가르치지 못하거나 교회에서 지도자로서의 위치를 갖지 못했다.[10] 하지만 다른 급진종교개혁 집단들 특히 17세기 침례교도들과 퀘이커 교도들은 여성사역자들에게 특별한 기회들을 주었다.[11]

종교개혁 이래로 다수의 복음주의 개신교도들은 여성들이 사역자가 되는 것을 꺼려 왔다. 신약성서가 모든 시대와 모든 장소에 적용될 수 있는 기독교 공동체 구성에 대한 명백한 구조를 제시하지 못하고 있음에도 불구하고 복음주의에 속한 어떤 이들은 자신들의 여성사역자에 대한 이러한 견해가 성서적이라고 생각하고 있다.[12] 그리스도는 성서적인 완전함의 상징을 우리에게 제시함과 아울러 하나님과 인간들로부터 사랑받는 지혜와 형상을 소유함으로써 결함 없는 신체적, 정신적 건강을 보여주었다(눅 2:52). 종말론적 공동체로서의 교회는 남녀 간의 조화 있는 관계가 그 특징이 되어야 한다. 그래서 충분히 자격을 갖춘 여성은 남성과 같이 성직과 교회 지도자로서 모든 부분에서 받아들여져야 한다. 그리고 그렇게 될 때만 교회는 남성과 여성이, 지배하시며 복종하시는, 도구적이며 표현적이신, 초월적이며 내재하시는 하나님의 형상대로 지음 받았다는 성서적 가르침에 진실할 수 있다.

2. 한국교회 역사 속에서의 여성사역자 역할

초기 한국 기독교에서의 여성사역자 역할에 영향을 미친 두 가지 주요 요소는 유교와 초기 선교사들의 기독교 근본주의였다. 이러한 두 가지 요소에 한국의 전통적인 무속신앙(Shamanism)이 여성사역자 역할에 대한 인식에 영향을 주었다.[13] 일반적으로 볼 때, 한국사회를 지배해온 역사적 지도력 유형은 유교적 영향으로 인해 가부장적이었다. 따라서 문화적으로 초기 한국교회는 여성목회자들이 지도적 위치에서 일하는 것에 대해 목회자로서의 권위를 부여하려하지 않으려는 경향을 지니고 있다. 하지만 이러한 세 가지 요소가 결합된 영향으로 인해 한국교회의 여성사역자에 대한 태도는 양의적(兩意的 ambivalent)이다. 유교와 기독교 근본주의는 한국교회가 남성중심 지도력에 기초한 교회 구조를 형성하는데 큰 영향을 미쳤으나, 다른 한편으로는 교회적 필요와 무속적 영향으로 인해 문화적으로 편안하지 않을 수 있는 여성사역자들을 큰 거부감 없이 잘 받아들인다.[14]

초기 한국 기독교 전파에 어려움을 주었던 이념적 장애는 유교였다. 평등적이며 상호호혜적인 기독교는 위계적이며 신분적이며 가부장적 사회질서를 중시하는 유교사회질서에 위협이 되었다. 하지만 역설적이게도 남녀유별을 강조하는 기존 유교적 관습의 영향 때문에 기독교 전파 초기부터 여성을 위한 전도와 교육 그리고 돌봄의 사역을 위해 "전도부인"(Bible-Women)이라 불리는 여성사역자가 절대적으로 필요하였다.[15]

개화초기 기독교는 교육, 문화, 보건 등 우리 사회 전반에 걸쳐 지대한 영향을 미쳤다. 선교 초기 신도의 대부분이 여성이었다. 신여성은 거의 다 기독교인이었고, 사회발전에 앞장 선 그들을 통해 학교가 세워지고 문화가 발달하며 개화기 전반에 걸쳐서 큰 영향을 미쳤다.[16] 이처럼 초기에 교육과 의료 그리고 교회에서의 여성의 역할 등의 영역에서 개신교가 한국사회에서 여성의 지위향상에 이바지한 것이 간과되어서는 안 되지만, 한국교회는 여전히 여성의 지위에 관하여는 보수적인 견해를 유지하고 있었다. 유교 영향 아래에서의 남성주도권과 연관지어서 초기 보수적 장로교 선교사들의 영향을 강하게 받은 한국교회는 남녀차별을 정당화하는 견해를 가지고 있었다.

일제치하와 해방 그리고 한국전쟁을 겪으면서 한국사회는 급격한 변동을 경험했다. 특히 1970년 이래로 산업화와 도시화로 인해 여성들의 경제활동 기회가 급격히 늘어났으며 이와 더불어 이들 여성들을 사회적으로 돌보기 위한 기독교 여성운동이 활발해졌고 여러 기관들이 생겨났다.[17] 특히 한국교회 성장에 있어서 여성사역자들은 지속적으로 중요한 역할을 감당하였다. 개신교 선교초기부터 전도부인으로 시작된 여성목회자의 역할은 여자전도사직으로 전환되었고, 그 이후 여자전도사직은 시간이 지나면서 여성목사안수를 허락하는 교단의 경우에는 여성목사직으로 그 역할이 전이되고 있다.[18]

1980년대와 90년대를 지나오면서 더욱 고양된 사회의 민주화와 개방성 그리고 참여에 대한 요구들은 교회에도 영향을 미치고 있기에 이러한 민주적이며 참여적인 방향으로의 교회의 변화는 한국교회의 갱생과 변화의 흐름 속에서 여성지도력의 필요와 적합성을 더욱 인식하게 만든다.[19] 하지만 사회문화적으로 폐쇄성과 보수성을 그 특징으로 하는 일반적인 한국교회들은 여전히 이러한 사회적 변화에 제대로 대응하지 못하고 있다.[20] 이러한 한국교회의 폐쇄성과 보수성은 전통적인 유교적 가치 지향성에서도 찾아볼 수 있는데 그 특징 중의 하나가 권위주의라 할 수 있다. 이러한 권위주의는 기독교의 근본주의와 결합하여 한국교회는 성직자와 평신도의 차별, 연령차별에 더하여 남녀차별이 가장 심한 곳이 되고 있다.[21] 그러므로 다음에는 이러한 한국교회 상황의 인식을 전제로 하여 여성사역자 역할과 그 문제점, 그리고 여성사역자 역할의 전망과 제안을 계속하여 살펴본다.

III. 한국교회 여성사역자 역할의 현주소와 문제점

한 사회에서 그 사회구성원의 역할은 그 사회의 시대적 정치적 상황과 문화 등이 상호작용한 결과로 나타난다. 한국교회 안에서의 여성 사역자들의 역할 역시 사회문화적 요인들과 더불어 한국교회에서의 여성 사역자들의 필요와 현실 등이 역할을 결정함에 영향을 미치는 것이 틀림없으나, 목회현장에서 여성 사역자 역할을 결정하는 요인은 이러한 외부적 영향보다는 여성 사역자가 속해 있는 교파와 교단의 내부적 영향이 결정적이라 할 수 있다. 즉 한국교회에서 여성사역자들의 대부분이 특정 교단의 교회들에 소속되어 봉사하고 있기에 여성 사역자들의 역할은 그들이 속한 교단의 신학적 입장에 따라 제한되고 결정되게 된다.

현재 한국교회 여성사역자들의 역할에 있어서 영향을 미치는 개신교 교단들의 두 가지 큰 신학적 입장은 전통적이고도 보수적인 견해와 여성 신학적 관점이 반영된 진보적 견해이다.[22] 여성목회자의 역할을 전통적인 관점에서 이해하는 보수적 교단의 여성사역자들의 역할은 남성사역자들의 보조적 역할로 이해된다. 즉 여성은 가정과 사회, 교회에서 남성의 리더십을 보조하는 역할을 담당해야 하는 입장을 취하고 있다.[23]

대부분의 전통적 견해를 가진 교회에서는 행정과 설교는 남성적 목회사역으로 이해되어 왔고, 상담과 심방은 주로 여성적 목회로 인식되어 왔다. 이러한 설교와 행정 사역이 남성중심의 목회사역영역으로 자리 잡은 데는 개신교 전통으로서의 설교중심의 목회경향뿐 아니라 유교문화가 기독교에 반영되어 있기 때문이다.[24] 이에 비해 돌봄의 사역 (Caring Ministry)으로 구분되는 심방과 개인상담의 영역은 남성목회자들이 목회의 주변사역으로 오해하여 기피하고 여성사역자들의 주된 사역 영역이 되었다. 여성에 대한 "편견과 사회적 선입견"은 교회사역영역이 다른 분야보다 심하다.[25]

현재 대다수의 한국 개신교가 취하고 있는 이러한 보수적 전통적 견해는 한국의 여성목회지도자들이 목적을 성취하는 능력보다는 사람들을 돕는 영역에서 자신들의 영적 지도력을 찾기를 기대하고 있다.[26] 따라서 여성목회자에 대한 명목적 인정에 더불어 실제적인 업무와 역할이 주어져야 한다. 하지만 "여목사는 일반 남성목회자와는 달리 단순한 목회업무를 담당"하는데 그치고 있다.[27] 오늘날 여성목회자들의 현 주소는 여성들에게 목회자가 전통적으로 이용할 만한 지도력이 주어지지 않기에 온전한 책임을 담당할 수 있는 기회를 얻지 못한 채 보조적인 일과 여성적인 일로 간주되는 노약자와 청소년을 돌보는 일로 대부분의 목회생활을 보낸다. 여자목회자들은 남자목회자들과 비교될 수 없을 정도로 더 긴 준실업상태와 저임금으로 고통 받고 있다.[28]

우선 여성사역자의 역할에 대한 가부장적이고 전통적인 견해는 여성목회자를 목회보조자로만 보게 함으로써 여성목회자 자신의 잠재된 능력을 발휘할 기회를 얻지 못하게 될 뿐 아니라, 여성목회자와 남성목회자들 간의 차별적 대우를 정당화시키게 하고, 목회보조자로서의 자기 정체성은 교회 내에서의 더 많은 여성의 참여를 제한하고 여성들의 지도력을 배제하는 결과를 초래하였다.[29] 이러한 전통적 여성사역에 대한 견해는 하나님의 부르심을 받은 수많은 여성들이 그들의 은사를 개발하고 하나님의 나라의 확장을 위해 열심히 노력하는데 장애가 되는 부정적인 영향을 주고 있다.30) 이러한 견해는 자연스럽게 교회 안에서의 여성사역자들의 지도력을 배제하거나 부분적으로 인정하는 결과를 낳았다. 교회에서 남녀가 공히 성공적으로 일할 수 있는 비결은 모든 사역을 은사에 기초하는 것이다. 그래서 은사를 가진 남녀를 필요한 자리에 배치하는 것이다. 성별 배치가 아니라 은사별 배치로 사역을 할 경우 잘 협력된다. 성경은 복음 사역에 있어서 여성의 남성에 대한 복종적인 관계가 아니라 함께 동등한 가운데 사역하여야 한다고 가르치고 있다.31)

이와는 달리 진보적 여성 신학적 관점에서 여성목회자들의 역할을 보는 견해가 있다. 이러한 견해는 지역교회에서의 여성목회자의 역할을 평등공동체와 성차별의 극복을 위한 투쟁자로 이해하는 것이다.32) 한신대학교에서 여성신학을 가르치는 김애영은 현대 개신교회의 목회 활동에 여성들이 포함되게 된 것은 다음의 두 가지 요인에 의한 것이라고 보고 있다: 1) 좀더 발전한 역사 비판적 성서해석에 의한 요인. 이러한 성서연구를 통하여 바울서신이나 목회서신에서 잘못 다루고 있는 여성에 관한 부분을 새롭게 해석하게 된 것; 2) 사회의 남녀평등사상의 흐름.33)

사실 이러한 여성 신학적 견해가 여성사역자들의 역할을 좀더 분명히 하고 한국교회의 가부장적인 남녀 성차별에 대하여 문제를 제기하고 바르게 해결하려한 점은 매우 고무적이다. 하지만 일부 여성신학의 급진적 주장들은 전통적 견해를 지닌 지역교회들에서 남성목회자들과 갈등의 원인이 되었다. 이로 인해 여성신학적 접근을 시도하는 여성목회자들은 대부분 민중목회의 영역으로 자신들의 사역을 한정시키는 경향을 띠게 되었다.[34] 이 밖에도 여성사역자들은 자신들의 목회에 있어서의 역할 모델의 부족으로 지도력에 있어서 남성적 목회리더십 스타일을 모방하는 모습을 보이기도 한다. 사실 여성목회자의 리더십의 어려움은 모델이 많지 않은 제한점이 있으며, 여성목회자들이 남성목회자들을 모방함으로써 여성목회자 고유의 창조적인 목회를 하지 못하는 문제점도 있다.[35] 그러므로 다음 장에서는 이러한 여성목회자 고유의 창조적 사역의 영역을 다각도로 찾아보고 그에 필요한 방안들을 제안해 보고자 한다.

IV. 한국교회 여성사역자 역할의 전망과 과제

저명한 미래학자 John Naisbitt은 21세기의 변화영역 10가지의 하나로 여성 리더십의 출현을 꼽으면서, 앞으로 여성들의 사회진출은 더욱 활발해것이며 남성 고유의 영역으로 여겨졌던 부분의 여성 진출이 활발해질 것이라고 전망하고 있다.[36] 미국 성공회의 미래목회 예측의 첫 번째 항목 또한 "교회 내에서 여성의 중요성이 증대하고 남성들이 양육 받을 기회도 많아진다. 이로써 그리스도인의 삶의 공동체(교회)가 더욱 활성화될 수 있다"고 전망하고 있다.[37] 또한 조직의 지배적 운영원리가 대량생산원리에 기초하여 기업을 통제하는 관리모델에서 급변하는 주변의 변화에 즉각 반응하기 위해 사람들의 최선의 것들을 불러일으키는 지도력 모델로 바뀌고 있고, 산업노동자 중심의 사회에서 지식노동자 중심의 사회로 변화하면서 남녀 간의 일터에서의 차이가 줄

어들거나 오히려 어떤 영역에서는 여성들이 좀더 효율적인 경우가 생겨나고 있으므로, 앞으로의 새로운 산업구조는 권위주의적인 인사관리가 아닌 관계적인 인사관리의 특성을 지니고 있으며 남성적이기보다는 여성적이라 할 수 있는 구조로 변화되고 있다고 예측하고 있다.[38]

교회에서의 여성의 역할 증대와 여성 목회자의 증가가 교회에 미칠 영향에 대하여, 이성희 목사는 다음과 같이 예측하고 있다. 첫째, 목회 패러다임의 변화를 꼽고 있다. 즉 목회의 역할이 폭넓고 유연하게 변화할 것이며 여성들의 목회참여는 기존의 목회와는 다른 목회의 형태를 만들 것이다. 둘째는 여성목회자의 의사소통의 특성과 관계적 특성으로 말미암아 "비형식적인 양육"이 더욱 발전하고 강조되는 목회가 될 것이다. 셋째, 여성사역자의 소외된 계층에 대한 관심의 증가로 이러한 소외된 부류의 돌봄에 대한 신학적 관심이 고조될 것이다. 넷째, 여성목회자의 증가는 교회나 교단들이 여성사역자들에게 지도적 위치를 부여해야 할 압력이 된다.[39] 따라서 본 장에서는 이러한 미래의 전망에 대응할 수 있는 목회사역에서의 여성의 역할을 원리적 측면에서 모색하고 제안하고자 한다.

1. 성차에 따른 지도력의 특성

리더십은 역할의 영역이다. 그렇기에 조직에서의 남녀간 역할을 규정하는 하나의 준거가 되고 있는 요소는 남녀 간의 성차에 따른 지도력의 차이 연구이다. 이러한 남녀 성차에 따른 지도력 특성의 연구는 매우 활발하게 진행되어 오고 있으며 그 결과 역시 다양하다. 여성과 남성의 리더십의 유형을 비교한 연구들에 의하면 여성지도자는 남성

지도자에 비하여 더 민주적이고 참여적인 지도력을 발휘하는 반면에, 남성지도자는 여성지도자에 비하여 더 지배적이고 권위적인 지도력을 가지는 특성이 있다.[40] 여성이 남성보다 민주적이며 참여적인 리더십 유형을 행사하는 이유는 여성이 남성보다 타인의 의도와 감정을 이해하는데 있어서 유리한 사회적 행동특성을 갖고 있고, 의사결정과정에서 조직 구성원의 의견을 수렴하고 평가하는데 협동적인 분위기를 만들 수 있기 때문인데, 이러한 여성 리더십의 특징은 민주적 조직 운영이 필요한 사회 안에서 적합하다.[41]

남성의 리더십과 비교할 때 여성의 리더십은 더 관계적이고, 상호연계적이며, 유연하고, 친밀하다.[42] 여성들은 상호작용과 대화를 더 중요시 하는 리더십을 행사하며 이러한 리더십은 다른 사람들의 참여를 유도하고, 그들의 능력과 정보를 공유하며, 다른 사람의 자존감을 높여주고, 다른 사람을 격려하는 리더십을 발휘한다. 이러한 양방향적(兩方向的)이며 상호작용적인 리더십은 고도의 경쟁적이고 다양해지는 사회 속에서 적합한 힘과 유연성을 갖추는 조직을 만드는데 유리하다. 이러한 리더십은 구성원들의 발전을 격려하여 그들의 자기 가치감을 증진시키고 집단의 과제 수행을 중시하면서 동시에 구성원들의 복지와 안녕에 관심을 가지는 관계지향적인 지도력을 동시에 추구하는 통합적인 지도력이라 할 수 있다.[43]

이러한 남녀 간의 지도력에 영향을 미치는 요인으로는 다음과 같은 남녀 간의 성차의 요인이 작용한다: 1) 차별화된 사회화로 인한 의사소통의 기술면에서의 차이; 남성들은 대화 사이에 불쑥불쑥 끼어들고 공격적이고 경쟁적인 대화를 하는 등 대화 양식이 단정적이고 권위적인 반면, 여성들은 대화를 연결하려 하고 수동적인 동의를 하며 개인적 경험으로 입증하려 하는 등의 개인적인 동시에 촉진적인 특징을 보인다. 따라서 여성이 남성에 비해 의사소통 기술이 우세함을 보인다.[44]
2) 리더십 유형에서의 남녀 차이; 여성들은 집단에서 성공적인 대인관계를 형성하고 조화를 유지하려 하는 데 비하여, 남성들은 성공적인 업무 수행과 개인적인 성과에 더 큰 관심을 보인다.[45]

그러므로 여성지도력의 특성을 나타내는 용어인 '상호적 지도력'(Interactive Leadership)은 구성원들의 발전을 격려하여 그들의 자기 가치감을 증진시키고, 집단의 과제수행을 중시하면서도 동시에 구성원들의 복지와 안녕을 중시하는 지도력을 의미한다. 또한 앞으로의 조직 리더십에 대한 요구는 여성적 리더십이 장점을 발휘할 수 있는 조직 구성원 개개인의 민주적 참여를 촉진시키고 권력을 분담하며 리더 자신의 조직 구성원에 대한 통제를 최소화시키는 방향으로의 지속적 변화를 보이기에 교회사역의 효율성의 측면에서 여성사역자들의 역할이 더욱 필요하다.[46]

2. 한국교회 내에서의 여성사역자의 역할 전망
1) 여성적 지도력 패러다임의 필요성이 증가할 것이다

여성 사역자가 증가하고 교회 내에서의 여성사역자의 기능의 필요성이 증대하기 때문에 교회는 사회의 변화에 걸맞게 평등한 사역의 기회를 제공하며 나아가서 여성적 지도력의 패러다임을 인식하고 수용해야 한다. 한국교회 내에서 여성사역자의 역할이 확장되고 향상되기 위해서는 여성사역자들이 자신의 여성으로서의 고유의 지도력 패러다임을 개발하고 적용할 필요가 있다.[47] 여성들이 다른 패러다임으로 지도력을 발휘해야 한다는 생각은 이제까지의 리더십 패러다임에 익숙하여 여성 특유의 지도력 패러다임을 부적절하다거나 위험한 것으로 생각하는 여러 분야의 사람들, 심지어 여성들에게서 마저도 거부되고 있다.

　Naisbitt의 전망대로 21세기의 조직은 관계중심의 경영기법이 필요한 상황이지만, 현실적으로 여성이 경영을 해야 할 상황일 경우 남성경영시스템이 기준이 되며 이러한 남성 중심 경영시스템에서 기대하는 것들이 여성에게도 똑같이 기대된다. 즉, 성공이란 남성처럼 행동하든지 아니면 적어도 남성 경영자에 가까운 행태를 보일 것을 요구받는다. 따라서 어느 분야의 성공이든지 남성위주의 패러다임이 만들어 놓은 기대와 규칙들에 따라서 여성 경영자들이 행동해야 한다. 이렇게 여성 지도자가 여성적 지도력 패러다임에 의하여가 아니라 남성적 지도력 패러다임에 의해 평가받을 경우 정당한 평가가 아니라 연약한 지도력이라든지 아니면 부적절한 지도력이라고 잘못 평가받을 위험이 있다.[48]

　비록 남성적 리더십에 익숙한 체계에서 성공한 여성 리더일지라도, 종종 "너무 공격적이다," "직선적이다," "목표 지향적이다," "너무 튄다" 등의 말을 듣는다. 여성지도자가 남성적 지도력 시스템에 의해 평가받고 인정받지만 자칫 이러한 비난 혹은 견제에 의해 지도력이 제한되거나 어려움을 겪는다. 즉 "당신은 여성이기에 너무 공격적이 되어서는 안 된다"는 이러한 현상은 비단 일반 회사에서 뿐만 아니라 교회에서도 동일하게 발견된다.[49] 하지만 만약 이 지도자가 순응적이며 성취하는 것이 좀 모자랐다면 그녀의 상사는 아마 그녀를 그 일에 효율적이지 않은 지도자로 평가할 것이다. 여성들을 지도자로 세우는 것만 으로는 충분하지 않다. 여성들을 지도자로 세우는 동시에 그 여성 지도자의 여성으로서의 고유의 지도력 패러다임을 인식하고 수용하려는 인식의 전환이 필요하다.[50]

 현대교회에서 창조적이고도 구속적인 하나님의 활동에서의 여성의 위치와 성역할에 대한 사항은 불분명하다.[51] 만약 모든 기독교인들이 목회사역을 감당해야 한다면 어느 특정 성별의 사람이 특정 사역을 해야 한다는 사실은 바람직하지 않다. 남녀 모두 머리이신 예수 그리스도의 몸으로서의 온전함을 위해 필요하다.[52] 하지만 동시에 모든 하나님의 백성은 각기 하나님께 부여받은 은사에 따른 고유의 역할이 있다. 따라서 교회 안에서 여성은 남성과 달리 자신만의 독특한 장점과 역할을 가진다. 여성의 리더십은 여성의 고유한 역할과 성품에 이미 부여되어 있다. 이 독특한 역할 안에서 여성은 남성에게 영향력을 끼치고 리더십을 행사하고 있다. 한국교회의 여성사역자가 이러한 여성 고유의 지도력 패러다임을 인식하고 수용 적용할 때 여성사역자의 역할이 다양해지며 교회 내에서 그 효율성을 인정받을 수 있다.

 하나의 공동체는 다양한 역할 없이는 그 목표를 성취할 수 없다. 그리고 역할이 주어졌으면 그 역할을 수행하는데 필요한 권위가 주어져야 한다. 공동체는 역할을 수행하기 위한 공간이다. 역할은 영향력의 합법적인 공간이다. 역할은 영향력이며 영향력은 리더십이다. 그러므로 하나님이 여성에게만 독특하게 주신 기질과 성품을 통해 여성 사역자들은 자신들의 리더십 영역을 계발하고 행사해야 한다.[53]

2) 여성의 특성을 이용한 사역들이 창조적으로 개발될 것이다.

여성의 리더십이 주어지는 곳은 항상 여성들의 독특한 감각과 역할에 근거해 남성들보다 장점이 더 있는 자질들을 사용하는 영역들이 있다. 오늘날 성공적인 여성사역자들은 남성사역자들이 성공적인 교회지도자로서 갖춘 방식과 기질을 받아들이는 것이 아니라, 여성으로서 공유하고 있는 자신들의 경험으로부터 계발한 기법들과 자세들을 뽑아내어서 지도자로서의 위치에 서 있다.[54] U.C. Irvine의 경영학 교수인 Judy Rosener는 이러한 여성 지도자들이 성공하는 이유는 "일반적으로 지도자로서는 '여성적'이고 부적절하다고 여겨지는 어떤 특성들 때문"이라고 말한다.[55] 여성 지도자들은 "참여를 격려하고, 권력과 정보를 나누며, 다른 사람들의 자기 가치를 고양시키며, 사람들이 자신들의 일에 흥미를 가지도록 하는" 특성들의 상호작용을 통해 성공적인 지도력을 발휘한다.[56]

지역교회에서 여성사역자들의 역할이 애매모호하기에 문제가 많다. 대부분의 교회들이 여성사역자들의 자원들을 충분히 활용하지 못하고 있는 형편이다. 오늘날 복음주의 교회들이 직면한 중요과제는 어떻게 여성사역자들의 은사를 발굴하여 자유롭게 활성화시킬 것인지이다.[57] 따라서 증가하는 여성목회자들의 은사를 인정해 주며 활용하는 방안을 고려해야 하는 것이 당면한 과제이다.

또한 여성지도자들은 목표에 도달하는 것만으로 만족하지 않는다. 이들은 목표에 도달하는데 사용된 관계들과 과정 자체에서도 만족을 추구한다. 관계에서의 권위의 핵심은 "머리"가 아니라 "마음"이다.[58] 여성적 리더십은 상호관계를 강조하며, 관계들을 강화하며, 장점을 계발하고, 조직의 포용력을 강조하는 특성을 지니고 있다. 이러한 여성 특유의 지도력은 직관을 통하여 다음에 다가올 것을 보고 기다리는 것에서 오는 인내로 특징지을 수 있다.[59]

교회에서의 여성지도자들 역시 일반 여성사업자들이 지닌 특성들을 지니고 사역하고 있다. 이들은 조직의 진두지휘를 맡는 역할이 아니라 다른 이들이 최대 최선을 다하여 자신의 능력을 발휘하도록 영감을 불어넣고 격려하고 지원해 주는 역할을 한다. 여성사역자들은 다른 이들과 공유하기 위해 힘을 가지며 협동하여 목표를 성취하려고 한다. 여성사역자들의 기본적인 리더십의 바탕은 목표나 이론이 아닌 경험이다. 경험과 밀접한 관련이 있는 것들이 관계, 과정, 변화, 상호작용 그리고 인내 등이다. 사실 이러한 인간관계 중심의 경영이 경영학 분야에서 점차 확인되고 있는 지도력의 실제적인 원리들이다.[60] 전통적인 경영 스타일과는 반대되는 이러한 리더십은 권위나 권력의 자리를 필요로 하는 것이 아닌 섬기는 자 혹은 돕는 자로서의 지도자 상이라 할 수 있다.[61]

Southern Baptist Theological Seminary 교수였던 Wayne Oates는 다른 사람을 돌아보고 관계를 맺는 역량을 지닌 여성사역자의 역할에 대한 제안에서, 장애인, 노인, 빈민 그리고 모든 연령층의 학대받고 가족 성폭력에 시달리며 성 착취에 시달리는 여성들을 돌보는 새로운 사역을 개발하는 것이 필요하다고 주장하고 있다.[62] 또한 여성사역자가 효율적으로 사역할 수 있는 비슷한 영역으로는 학대받은 희생자들, 버려진 십대 아이들, 노숙자들, 외로운 자들 등을 돌아보는 사역을 개발하여 발전시킬 수 있다. 이 밖에 영구적인 지도력의 직책을 맡기보

다는 캠프나 여름성경학교 혹은 결혼가족교실 등의 단기적인 사업 기획지도자로서 활약할 수도 있다.[63]

3. 한국교회 내에서의 여성사역자의 역할에 있어서의 과제
1) 여성 목회지도력 모델 개발의 필요

교회나 기독교 기관들에서는 여성적 지도력 패러다임이 성공적으로 받아들여지고 있는 듯 하며, 이러한 여성적 패러다임이 남성들에 의해 수용되는 비율이 높은듯하다. 목회자들을 연구한 한 조사에 따르면, "다른 사람들과 자원들을 나누기 위해 권력이 필요하다"고 답변한 비율이 남성사역자보다 여성사역자가 더 많은 것으로 볼 때 다른 영역에서보다는 목회사역에서 양성적 지도력 패러다임이 보다 통합적으로 나타나고 있는 것으로 보여진다.[64] 하지만, 이러한 언급은 교회와 목회사역에서 사람들의 기대가 반영된 것이지 현실을 반영하는 것은 아니다.[65]

여성 사역자들이 현장에서 겪는 사역의 두 가지 큰 장애는 역할모델의 부재와 "수퍼우먼 증후군"(superwoman syndrome)이다.[66] 대부분의 경우 여성사역자들을 위한 멘토(mentor)가 거의 없다.[67] 여성 목회지도자의 모델이 많지 않으므로 인해 여성사역자들이 여성 고유의 리더십보다는 남성적 리더십을 모델로 하여 목회사역을 함으로 겪는 어려움이 있다. 그러므로 좀더 효율적인 여성 지도력을 위해서는 여성지도력 모델들이 필요하다.[68]

이러한 여성지도력 모델의 개발을 위해 다음의 세 가지가 필요하다: 1) 여성지도자를 육성, 배출하는 교회와 교단의 노력이 필요하다;

2) 젊은 여성 인재에 대한 선교 강화가 필요하다. 교회의 앞날을 짊어지고 나갈 젊은 인재들을 많이 전도해야 한다. 그리고 이들을 여성지도자로 키우는 지속적인 교육 프로그램을 교회 안과 밖에서 가져야 하며 지도자로 커갈 수 있도록 참여의 기회를 최대한 제공해야 한다; 3) 여성들 각자의 자기계발 노력 확대가 필요하다.[69]

2) 여성사역자에 대한 고정관념의 극복의 필요

목회현장의 여성사역자들에게 있어서 가장 큰 어려움은 남성들이 지도력에 있어서의 여성적 지도력 패러다임의 가치를 깨닫지 못하는 것이다.[70] 이로 인해 여성 지도자들이 남성지도자들과 비교하여 공정한 급여나 승진의 기회를 누리지 못하는 실정이다. 상당수의 여성들이 지도자로서의 자리를 그만 두는 것은 개인 가사의 부담이나 양육의 어려움으로 인한 것이라기보다는 여성들에게 주어지는 승진의 기회가 적기 때문인 것으로 나타나고 있다.[71] 남성들은 자신들이 현재 차지하고 있는 위치에 여성들이 자신들과 나란히 자리하고 있는 것에 대해 불편해 한다. 이러한 불편은 여러 가지 형태로 표현되기도 한다. "이렇게 감독하는 자리를 원하는 것 같지 않다," "이 자리에 필요한 경험이 부족한 듯하다" 혹은 "가족들을 돌보며 이런 일 하는 것을 가족들이 문제 삼지 않을까" 등등. 사실 이러한 여성 지도력에 있어서의 장애물의 대부분은 남성들의 무의식적인 선입견, 고정관념 그리고 기대들에 의해 생긴 것들이다.[72]

3) 여성 사역자 자신과 관련된 돌봄의 필요

여성 사역자들 세울 때, 중책을 맡을 첫 번째 훌륭한 인격과 신뢰할 수 있는 여성을 주의깊게 선정하여 세워야 한다. 또한 빌 하이벨스는 여성 사역자가 교회 속에서 일할 때 교회는 사역자 당사자뿐만 아니라 사역자가 기혼인 경우 배우자도 대화의 당사자 중 하나로 존중하여야 함을 강조하고 있다.[73] 이 밖에도 여성 사역자 자신의 성적 문제에 대해 건전한 주의와 주시가 필요하며, 또한 사역자가 배우자와 친밀한 관계를 유지 발전시키는 것이 필요하다. 사역에서 배우자보다 더 친밀하거나 구체적인 대화를 나눌 이성동료의 관계를 주의하고 조심해야 한다.[74]

VI. 나가는 말

사회적으로 남녀 성별의 구분이 점차 모호해지고 있다. 남성과 여성의 사회적 기대역할이 점차 가정과 직업의 영역에서 이전과는 다르게 변화하고 있다. 여성 지도력에 대한 서로 다른 입장은 각각 모두 자신들의 입장을 뒷받침할 수 있는 성서적 근거와 합당한 이유들을 지니고 있다. 하지만 이러한 입장들이 성서적 논의를 넘어서 목회상황으로 나아간다면 이러한 서로 다른 성서적 입장들을 사역에 관한 신학(Theology of Ministry) 안에서 통합하여 볼 수 있어야 한다. 교회에서 여성들을 리더십 역할에서 제외시키고 여성들을 영적 은사를 사용하지 못하게 하는 것은, 교회의 리더십 잠재력의 50%가 이용되지 못한 채 방치되고 있는 것이며 이는 마치 훌륭한 교향악단 앞에 지휘자가 서 보

니 단원들의 절반만이 연주를 하겠다는 것과 같은 모양이다.[75]

　이러한 사역 신학의 출발점은 은사와 이 은사를 주시는 하나님으로부터 시작된다.[76] 신약성서는 영적 은사가 성령(고전 12:7-11)과 부활하신 그리스도(엡 4:7-11)의 주권적인 뜻에 따라 주어짐을 가르친다. 이러한 영적 은사는 선택적이거나 차별적이지 않다. 그리스도인 모두가 받은 은사는 전 교회의 유익을 위해(고전 12:7) 그리고 그 교회에 주어진 임무의 완성을 위해(엡 4:12-13) 주님께서 나누어 주신 것이다. 즉 주권자 성령께서 그분이 원하시는 대로 자신이 택한 사람들에게 사역에 필요한 은사를 나누어 주신다. 이러한 성령의 사역에 성별의 구별이나 노소의 구별이 있음을 성서는 말하고 있지 않다.[77] 따라서 여성이든 남성이든 모든 신자들이 그리스도의 몸을 세우기 위해 하나님께 받은 은사를 사용할 수 있도록 교회가 적절하게 자리를 만들어 주어야 한다.[78]

　남녀의 차이는 지도력에 있어서 남녀 모두를 포함할 필요를 보여준다. 본질적으로 성의 차이에 근거한 것이든 아니면 서로 다른 삶의 경험에 근거한 것이든 남자와 여자는 서로 다른 시각으로 세상을 바라보기 때문에 교회 지도자에 남녀가 다 포함됨으로써 교회사역의 질을 향상시킬 수 있다.[79] 여성사역자의 가능성에 심각한 방해가 되는 것은 권위와 능력을 남성적인 특성으로 보는 반면, 복종과 무능함을 여성적인 특성으로 보는 일반적인 이해이다.[80]

　끝으로, 역사와 사회의 흐름이 평등화, 민주화, 개방화를 향해 나가가며 동시에 교회 현장이나 목회현실에서 여성목회자의 비중이 높아져가는 오늘의 상황은 모든 차원에서의 여성사역자의 역할에 대한 패러다임의 전환을 필요로 한다. 이러한 패러다임 변화를 위해 한국교회에서 다음의 세 가지 영역의 변화가 필요하다: 1) 현 한국교회 조직의 수평화, 탈중앙화, 커뮤니케이션 통로의 다원화, 소집단화, 합의과정의 활용 등의 교회 조직구조의 혁신; 2) 여성을 포함한 남성 리더 자신의 의식 및 행동변화, 역할 수행의 변화 노력; 3) 교회 공동체 구성원의 자발성과 책임감의 제고를 통한 조직구성원의 의식 변화.[81]

주(註)

1) 본 연구가 목회자에 대한 용어를 엄격하게 구분지을 필요가 있는 목회지도자나 사역자들의 정의나 정체성 그리고 기능 등에 관한 주제가 아니기에 본문에서 '사역자,' '목회자,' '목회지도자' 그리고 '지도자' 등의 용어를 학문적인 엄격한 구별을 짓지 않고 문맥에 따라 상호교환해서 사용한다.

2) Bonnie J. Miller-McLemore and Herbert Anderson, "Gender and Pastoral Care," in *Pastoral Care and Social Conflict*, ed. Pamela D. Couture and Rodney J. Hunter (Nashville, TN: Abingdon, 1995), 100.

3) 참고로 여의도 순복음 교회에서 돌봄의 영역에서 가장 효율적으로 사역하고 있는 사역자의 80-85%가 여성들이다. Carl F. George, *Prepare Your Church for the Future* (Grand Rapids, MI: fleming H. Revell, 1992), 52, 134.

4) "민족, 민주, 민중과 함께 사는 새로운 길을 향하여";
hattp://kcm.co.kr/lorchur/female/text08.html; 2002년 3월 1일 인터넷 접속.

5) Miller-McLemore and Anderson, 102.

6) 김광수, "침례교회와 여성목회자" (1) 『성광』 (2003년 1월): 43; 김광수, "침례교회와 여성목회자" (3), [성광] (2003년 3월); 27.

7) 김광수, "침례교회와 여성목회자" [성광] (2003년 5월): 28.

8) Robert G. Clouse, "Introduction," in *Women in Ministry: Four Views*, ed. Bonnidell Clouse and Robert G. Clouse with contributions from Robert D. Culver, Susan Foh, Walter Liefeld, and Alvera Mickelsen (Downers Grove, IL: InterVarsity, 1989), 9.

9) Ibid., 10. 지금도 한국의 어떤 교단에서는 여전히 공적 예배에서의 여성의 지도력을 인정하지 않고 있다.

10) Ibid., 11.

11) Ibid., 12.

12) 서부 켄터키대학교(Western Kentucky University)의 복음주의 여성신학자인 E. Margaret Howe는 다음과 같이 언급하고 있다. "초대교회의 지도력에 대하여는 정해진 기준이 없으며… 장소에 따라 명칭과 기능이 다르다. 개별 공동체의 필요가 지도력 기능의 성격을 결정하였다." E. Margaret Howe, *Women and Church Leadership* (Grand Rapids, MI: Zondervan, 1982), 69.

13) 한완상, "한국교회의 양적성장과 교인들의 가치관," 『한국의 근대화와 기독교』, 한국기독교 문화연구소 (서울: 숭전대학교, 1986), 139; Douglas E. Wingeier, "New Leadership Patterns in Korea," *Quarterly Review* 10 (Summer 1990): 83-103; Andre Woonki Kim, "Protestant Christianity in South Korea: A Historical Sociology of Its Cultural Reception and Social Impact, 1910-1989," Ph.diss., (University of Toronto, 1996), 134. 한국의 무교신앙의 지도자들 중 약 75%는 여성인 무당이다. 이러한 무당들은 초기에는 매우 존경받았다. 이러한 무당들은 그들의 영적 힘으로 지도자의 대접을 받았으며 여성차별은 존재하지 않았다. 영적 힘을 지닌 사람은 누구든지 종교적 권위를 가지게 되었다.

14) 박근원, 『한국교회의 성숙론』(서울: 대한기독교서회, 1992), 14.

15) Wingeier,: 85; Kim, "Protestant Christianity in South Korea," 123; "민족, 민주, 민중과 함께 사는 새로운 길을 향하여."

16) 임성이, "21세기 교회와 여성지도력 개발" [새가정] (2004년 12월호 vol 562), 110-2.

17) "민족, 민주, 민중과 함께 사는 새로운 길을 향하여"; hattp://kcm.co.kr/lorchur/female/text08.html; 2002년 3월 1일 인터넷 접속.

18) 박보경, "지역교회의 통전적 성장을 위한 여성목회자의 리더십 개발에 관한 연구" 『기독교사회연구』, 2 집 (2004): 60. 한국 최초의 여성목사는 재건파 교회를 세운 최덕지이다. 최덕지는 일제치하에서 신사참배 반대 운동으로 옥고를 겪고 해방 후 출옥성도로 석방된 후, 신사참배에 대한 한국교회의 과오를 문제시하면서 한국교회의 회개운동을 전개하게 되었다. 하지만, 신사참배에 가담했던 대다수의 기성교회들로부터 배척을 받게 되자 재건파 교회를 세우고 1951년 한국 최초의 여성목사가 되었다. 이처럼 한국 최초의 여목사 탄생은 일본제국주의 청산의 과정에서 생겨났다. 김애영, "여성안수와 참된 교회공동체," 한국기독교신학논총, vol. 37 (2005. 3월): 305를 참조하시오.

19) 김양희, "여성 리더쉽의 특질," 『여성과 리더쉽』, 한국여성개발원 편 (서울: 한국여성개발원, 1992), 47.

20) 한국교회문제연구소,『한국교회의 갈 길과 교회 문화』(서울: 여수룬, 1996), 15.

21) Ibid., 17.

22) 다른 영역에서 좀더 자세하게 다룰 주제이기에 본 연구에서는 대략 두 가지 견해로 구분해서 여성사역자 역할을 살펴본다.

23) Letha Dawson Sanczoni and Nancy Hardesty, *All We're Meant ti Be: Biblical Feminism for Today*, 3rd ed. (Grand Rapinds, MI: Eerdmans, 1992), 333.

24) 박보경, 61.

25) 이성희,『미래목회 대 예언』(서울: 규장문화사, 2000), 350.

26) Ibid.; Wingeier, 98.

27) 이성희, 350.

28) 김애영, 314.

29) 박보경, 62.

30) Ibid., 63.

31) Thomas C. Oden, *Pastoral Theology* (San Francisco : Harper & Row, 1983) 35, 45.

32) Ibid.

33) 김애영, 304, 306.

34) 박보경, 64.

35) 박근원,『오늘의 목사론』(서울: 대한기독교서회, 2001), 238; 김애영, 315.

36) John Naisbitt and Patricia Aburdene, *Megatrends 2000* (New York: William Morrow and Company, 1990), 13, 217, 224-5.

37) 이성희, 7.

38) Naisbitt and Aburdene,, 218, 220-1.

39) 이성희, 357-8. 이성희 목사는 미국의 경우 1970년의 여성 목회자가 차지하는 비율이 전체의 2%에 불과하였으나, 84년에는 약 3배가 늘어나 7%가 되었으며, 이러한 추세라면 21세기 중반에는 여성 목회자가 전체 목회자의 약 절반을 차지할 것으로 예측하고 있다.

40) 사미자, "여성지도력의 본질," 『교육교회』 (2002년 9월): 8; 김양희, 46-7. 리더십의 두 가지 측면을 과제지향성(Task or Goal Orientation)과 상호관계지향성(Interpersonal Orientation)으로 나눈다. 과제지향성은 조직 및 집단의 과제수행을 위한 성원의 역할을 명시하고 행동의 원칙을 제시하며 추진력을 발휘하는 등의 리더행동을 의미한다. 반면 상호관계지향성은 과제나 목적의 수행보다는 집단 성원들의 정서적 만족과 복지, 안녕을 염두에 두고 배려를 해주는 리더행동을 의미한다. 이에 관한 연구는 실험식 연구에서는 남녀의 차이가 나타났으나 조직의 현장연구에서는 남녀의 차이가 발견되지 않았다. 또 하나의 리더십의 성차에 관한 연구는 리더행동의 민주성(Democratic Style)과 전체성(Autocratic Style)의 측면이다. 이는 각각 참여적(Particiaptory) 리더십 또는 지시적(Directive) 리더십이라 분류하기도 한다. 민주성과 전제성의 영역에서의 성차의 연구결과는 성차가 강하게 드러났다. 즉 실험실과 현장 모두에서 여성들은 남성들에 비해 더 민주적이며 참여적인 리더행동을 취하는 반면, 남성리더는 여성 리더보다 더 지배적이며 독재적 행동을 취하는 것으로 나타났다. 즉 남녀 모두 실재 조직현장에서는 리더십의 두 가지 측면, 즉 과제 지향적 행위와 대인 관계적 행위에 있어 크게 차이는 없지만 분명한 사실은 여성이 남성보다 민주적이며 참여적인 리더십 유형을 행사한다는 것이다.

41) 박보경, 67.

42) Joan Brown Campbell, "Toward a renewed Community of Women and Men," Melanie A. May, ed. *Women and Church* (Grand Rapids, MI: Eerdmans, 1991), 85-7.

43) Judy B. Rosener, "Ways Women Lead," *Harvard Business Review* (November/December, 1990), 125.

44) Washington, D.C.에 위치한 Georgetown University의 언어학 교수이자 베스트 셀러인 *You Just Don't Understand: Women and Men in Conversation*의 저자인 Deborah Tannen 는 대화에서의 남성의 목표는 힘(power)이나 여성의 목표는 관계라고 주장한다. Deborah Tannen, *You Just Don't Understand: Women and Men in Conversation*, (New York: Ballantine, 1991), 24-5를 참조하시오.

45) 신응섭, 이재윤, 남기덕, 문양호, 김용주, 고재원, 『리더십의 이론과 실제』, 개정판 (서울: 학지사, 2003), 485-7.

46) 사미자, 8; 김양희, 47.

47) 이성희, 15, 345.

48) Carol E. Becker, "Women in Church Leadership: An Emerging Paradigm," in *Leading the*

Congregation, ed. Norman Shawchuck and Roger Heuser (Nashville, TN: Abingdon, 1993), 256; Rosener: 125.

49) Anne Marie Nuechterlein and Celia A, Hahn, *The Male-Female Church Staff* (Washington, D.C.: Alban Institute, 1990), 32.

50) Becker, 257.

51) C. W. Brister, *Pastoral Care in the Church*, 3rd ed., rev. and expanded. (San Francisco: HarperSanFrancisco, 1992). 223.

52) Oden, 312.

53) 정혜숙,『파워 여성 리더십』(서울: 작은행복, 2001), 35.

54) Becker, 254.

55) Rosener: 119-20.

56) Ibid., 120.

57) 수잔 헌트. 페기 허치슨,『교회 안에서의 여성 리더십』(*Leadership for Women in the Church*), 이희녕 옮김 (서울: 쿰란출판사, 2000), 23.

58) Sally Helgesen, *The Feminine Advantage: Women's Ways of Leadership* (New York: Doubleday, 1990), 55.

59) Ibid., 59; Becker, 254.

60) Becker, 255.

61) 헌트, 허치슨, 47.

62) Wayne Oates, *The Christian Pastor*, 99-100.

63) 헌트, 허치슨, 101, 104.

64) Nuechterlein and Hahn, 31.

65) Becker, 259.

66) Harry Hale Jr., Morton King, and Doris Moreland Jones, *Clergywomen: Problems and Satisfaction* (Lima, OH: Fairway, 1985), 72.

67) Brister, 12.

68) Naisbitt and Aburdene, 240.

69) 임성이, 111.

70) Becker, 257.

71) Ibid.

72) Ibid., 257-8.

73) 빌 하이벨스, 엘리자베스 마링, 앤드리아 마이너, 낸시 비치 면담, "윌로우크릭 결단의 순간들 (51): 여성들의 사역 참여," 『목회와 신학』, 2005년 1월 (vol 187): 121-2.

74) Ibid., 122.

75) 빌 하이벨스, 엘리자베스 마링, 앤드리아 마이너, 123.

76) Marianne Meye Thompson, "Response to Richard Longennecker," *Women, Authority and the Bible*, ed. Alvera Mickelsen (Downers Grove, ILL: InterVarsity, 1986), 94.

77) Stanley J. Grenz and Denise Muir Kjesbo, 『교회와 여성』 (*Women in the Church*), 이은순 역 (서울: 기독교문서선교회, 1997), 248.

78) Ibid., 247.

79) Ibid., 299.

80) Ibid., 293.

81) 김양희, 51-2.

참고자료

단행본

박근원.『한국교회의 성숙론』. 서울: 대한기독교서회, 1992.

박근원.『오늘의 목사론』. 서울: 대한기독교서회, 2001.

신응섭, 이재윤, 남기덕, 문양호, 김용주, 고재원.『리더십의 이론과 실제』, 개정판. 서울: 학지사, 2003.

이성희.『미래목회 대 예언』. 서울: 규장문화사, 2000.

정혜숙.『파워 여성 리더십』. 서울: 작은행복, 2001.

한국교회문제연구소.『한국교회의 갈 길과 교회 문화』. 서울: 여수룬, 1996.

수잔 헌트, 페기 허치슨.『교회 안에서의 여성 리더십』. 이희녕 옮김. 서울: 쿰란출판사, 2000.

Brister, C. W. *Pastoral Care in the Church*. 3rd ed., rev. and expanded. San Francisco: HarperSanFrancisco, 1992.

George, Carl F. *Prepare Your Church for the Future*. Grand Rapids. MI: fleming H. Revell, 1992.

Grenz, Stanley J. and Denise Muir Kjesbo.『교회와 여성』(*Women in the Church*). 이은순 역. 서울: 기독교문서선교회, 1997.

Hale Jr., Harry, Morton King, and Doris Moreland Jones. *Clergywomen: Problems and Satisfaction*. Lima, OH: Fairway, 1985.

Helgesen, Sally. *The Feminine Advantage: Women's Ways of Leadership*. New York:

Doubleday, 1990.

Howe, E. Margaret. *Women and Church Leadership*. Grand Rapids, MI: Zondervan, 1982.

Naisbitt, John and Patricia Aburdene. *Megatrends 2000*. New York: William Morrow and Company, 1990.

Nuechterlein, Anne Marie and Celia A, Hahn, *The Male-Female Church Staff*. Washington, D.C.: Alban Institute, 1990.

Oates, Wayne. *The Christian Pastor*. Philadelphia: Westminster, 1982.

Oden, Thomas C. *Pastoral Theology*. San Francisco : Harper & Row, 1983.

Sanczoni, Letha Dawson and Nancy Hardesty. *All We're Meant ti Be: Biblical Feminism for Today*, 3rd ed. Grand Rapids, MI: Eerdmans, 1992,

Tannen, Deborah. *You Just Don't Understand: Women and Men in Conversation*. New York: Ballantine, 1991.

소논문 및 정기간행물

김광수. "침례교회와 여성목회자." 『성광』, 2003년 1월, 43-45.

──── . "침례교회와 여성목회자." 『성광』, 2003년 3월, 24-27.

──── . "침례교회와 여성목회자." 『성광』, 2003년 5월, 26-29.

김양희. "여성리더쉽의 특질." 『여성과 리더쉽』, 한국여성개발원 편. 서울: 한국여성개발원, 1992, 41-58.

김애영. "여성안수와 참된 교회공동체." 『한국기독교신학논총』, 37집 (2005. 3월): 301-19.

박보경. "지역교회의 통전적 성장을 위한 여성목회자의 리더십 개발에 관한 연구." 『기독교사회연구』, 2집 (2004): 49-79.

사미자. "여성지도력의 본질." 『교육교회』 (2002년 9월), 4-9

임성이. "21세기 교회와 여성지도력 개발." [새가정] (2004년 12월호 vol 562): 110-2.

한완상. "한국교회의 양적성장과 교인들의 가치관."『한국의 근대화와 기독교』, 한국기독교 문화연구소 편. 서울: 숭전대학교, 1986, 121-56.

Becker, Carol E. "Women in Church Leadership: An Emerging Paradigm." In *Leading the Congregation*, ed. Norman Shawchuck and Roger Heuser. Nashville, TN: Abingdon, 1993, 253-77.

Campbell, Joan Brown. "Toward a renewed Community of Women and Men." Melanie A. May, ed. *Women and Church*. Grand Rapids, MI: Eerdmans, 1991, 85-7.

Clouse, Robert G. "Introduction." In *Women in Ministry: Four Views*, ed. Bonnidell Clouse and Robert G. Clouse with contributions from Robert D. Culver, Susan Foh, Walter Liefeld, and Alvera Mickelsen. Downers Grove, IL: InterVarsity, 1989, 9-21.

Bonnie J. Miller-McLemore and Herbert Anderson, "Gender and Pastoral Care." In *Pastoral Care and Social Conflict*, ed. Pamela D. Couture and Rodney J. Hunter. Nashville, TN: Abingdon, 1995, 99-113.

Rosener, Judy B. "Ways Women Lead." *Harvard Business Review*. November/December, 1990: 119-20.

Thompson, Marianne Meye. "Response to Richard Longennecker." In *Women, Authority and the Bible*, ed. Alvera Mickelsen. Downers Grove, ILL: InterVarsity, 1986, 91-96.

Wingeier, Douglas E. "New Leadership Patterns in Korea." *Quarterly Review* 10 (Summer 1990): 83-103.

인터넷 및 기타 자료

"민족, 민주, 민중과 함께 사는 새로운 길을 향하여"; hattp://kcm.co.kr/lorchur/female/text08.html. 2002년 3월 1일 접속.

빌 하이벨스, 엘리자베스 마링, 앤드리아 마이너, 낸시 비치 면담. "윌로우크릭 결단의 순간들 (51): 여성들의 사역 참여."『목회와 신학』, vol. 187. 2005년 1월, 94-124.

Kim, Andrew Woonki. "Protestant Christianity in South Korea: A Historical Sociology of Its Cultural Reception and Social Impact, 1910-1989." Ph.diss., University of Toronto, 1996.

"너희는 유대인이나 헬라인이나 종이나 자유인이나 남자나 여자나
다 그리스도 예수 안에서 하나이니라" 갈라디아서 3장 28절

교회와 여성의 리더십

초판발행 2006. 5. 15
편　자 침례교신학연구소
발행인 도 한 호
등록번호 출판 제6호 (1979. 9. 22)
발행처 침례신학대학교 출판부
주소 대전광역시 유성구 하기동 산14 (305-358)
전화 (042)828-3255, 3257 / E-mail: public@kbtus.ac.kr
FAX (042)825-1354 / 홈페이지 http://www.kbtus.ac.kr

〈값 12,000원〉
ISBN 89-87763-79-X 03230